Comparta las buenas nuevas

CON SUS AMIGOS CATÓLICO ROMANOS

Daniel R. Sánchez, Ph.D.
y Rodolfo D. González, Ph.D.

COMPARTA LAS BUENAS NUEVAS

CON SUS AMIGOS CATÓLICO ROMANOS

Albin's

COMPARTA LAS
BUENAS NUEVAS
CON SUS AMIGOS CATÓLICOS

Por Daniel R. Sánchez, D. Min., Ph.D.
Rodolfo D. González, Ph.D.

COMPARTA LAS BUENAS NUEVAS CON SUS AMIGOS CATÓLICOS

© Copyright 2005 de
Daniel R. Sánchez y Rodolfo D. González

Todos los derechos reservados.

Para más información de este libro y otros recursos y materiales de capacitación, o para contactar a los autores, tenga la bondad de referirse al sitio de la web de la Red de Sembrar Iglesias: www.churchstarting.net

A menos que se señale de otra manera, las citas bíblicas se han tomado de la Nueva Versión Internacional, (New York: Internacional Bible Society, 1984). Usada con permiso. La versión DIOS HABLA HOY (American Bible Society, 1995). Usada con permiso.

Traducción al Español por
Roberto Gama, Ph.D.

Diseño de la cubierta por
Cinthia Makey

Tabla de contenido

RECONOCIMIENTOS

Deseamos expresar nuestra más sincera gratitud y deuda a las personas sin las cuales la publicación de este libro no hubiera sido imposible. Nuestras gracias al Dr. José Borrás y al Dr. Batholomew F. Brewer, dos ex-sacerdotes católico romanos cuyo ejemplo, ánimo y deseo de "compartir la verdad en amor" nos ha inspirado en nuestro trabajo. También deseamos agradecer a personas cuya erudita investigación y escritos nos han iluminado inmensurablemente en nuestra tarea. Entre ellos se encuentran James McCarthy, Paul G. Schrotenboer, Eric D. Svendsen y James R. White. También les debemos mucha gratitud a nuestras asistentes administrativas Lisa Seeley y Jennifer Githens quienes nos han ayudado grandemente en la preparación del manuscrito para este libro. Va también nuestra inmensa gratitud a nuestras respectivas esposas Carmen B. Sánchez y Virginia L. González por su estímulo, sacrificio y paciencia mientras que trabajábamos para completar este libro. Tampoco queremos dejar de expresar nuestra gratitud a Lisa LeBlanc y a Ken James por el excelente trabajo que hicieron al leer nuestro manuscrito y proveer valiosas sugerencias editoriales. Queremos también expresar nuestra profunda gratitud al Doctor Roberto Gama por traducir este libro al Castellano y a Xergio Chacín por la revisión de la traducción. Deseamos reconocer también la contribución de personas cuyos testimonios utilizamos en las descripciones breves al principio de los capítulos. Su disposición de abrir sus corazones y mentes al Señor y a Su Palabra, a pesar de las presiones tradicionales y sociales es de inspiración para todos nosotros. Como los habitantes de la Berea antigua (Hechos 17:11), estos nuevos creyentes escucharon el mensaje con gran vehemencia y cada día estudiaron las Escrituras para ver si lo que decían sus líderes religiosos era realmente verdad. Les agradecemos a todos. Sobretodo, *¡toda la gloria sea para Dios!*

PRÓLOGO

Lo más significativo que podemos hacer es llevar a alguno a la *experiencia de salvación personal en Jesucristo.* Esto tiene implicaciones profundas en *esta vida* y por *la eternidad.* Sin embargo, esta tarea llega a ser desafiante y complicada cuando la gente ya tiene una tradición socio-religiosa que contiene muchos de los maravillosos elementos del cristianismo, pero que falla en presentar directamente a Cristo como el único medio de salvación. Con tristeza, debemos indicar que existen muchos cristianos nominales entre los protestantes, ortodoxos griegos, católico romanos que caen en esta categoría. Otros han respondido a la necesidad de la evangelización entre los dos primeros grupos.[1] En este libro nos enfocaremos en los cristianos nominales que a sí mismos se identifican como católico romanos. Aunque se reconoce que existen otros grupos católicos que puedan creer diferentemente, este libro se refiere primordialmente a los católico romanos. De aquí en adelante el término "católicos" se usará en referencia a los católico romanos.

Muchos de ellos son sinceros, devotos y gente muy amable que, en varios grados, dan asentimiento intelectual a las doctrinas básicas de la iglesia católica y que participan en sus ritos litúrgicos.[2] Sin embargo, no han respondido arrepentidos y con fe en Jesucristo como su Salvador y Señor personal y no tienen un estilo de vida que demuestra un sentido de libertad de la culpa del pecado, alivio del temor del juicio y el gozo de su relación con Dios.[3] Como resultado de esto, a menudo se sienten confundidos y alienados cuando encaran las pruebas y tribulaciones de la vida y o tienen un esperanza falsa o no tienen un sentido de seguridad cuando piensan en su destino eterno.

Nuestro propósito en este libro no es analizar todas las enseñanzas y prácticas de la iglesia católica romana.[4] Sin embargo, seremos diligentes en comparar sus enseñanzas con lo que enseña la Biblia concerniente a la salvación. Simplemente no es provechoso que someramente veamos doctrinas bíblicas vitales sobre las cuales descansa el destino eterno del hombre. A la vez que reconocemos que tenemos intereses comunes en relación con los asuntos morales de nuestro día,[v] deseamos ser extremadamente cuidadosos de no perder de vista nuestra prioridad mayor, que es la de compartir el mensaje de salvación que produce el cambio radical en el estilo de vida de los creyentes y que progresivamente se conforma a la semejanza de Cristo. Por lo tanto, seguiremos el consejo bíblico de *hablar la verdad en amor* (Efesios 4:15) y siempre estar preparados para responder a los que nos pregunten de la esperanza dentro de nosotros, pero haciéndolo con *gentileza* y *respeto* (1 Pedro 3:15-16). En otras palabras, no practicaremos *amor indeciso* sino *amor celoso* (Gálatas 4:16). Estamos de acuerdo con James White en que el amor cristiano no se puede separar de la verdad cristiana. El amor se regocija con la verdad y el verdadero amor *dice* la verdad.[6] Este amor, por lo tanto, nos compele a ir a la Palabra de Dios para aprender lo que enseña de la salvación y sostenerla como la medida por la cual evaluamos nuestra experiencia religiosa, sin que importe nuestra afiliación religiosa. En este libro, por lo tanto, examinaremos asuntos relacionados con un entendimiento de la doctrina bíblica de la salvación, el espíritu en el cual debe de comunicarse y los métodos más apropiados que se deben usar para guiar a la gente a una experiencia personal de salvación en Cristo Jesús.[7]

Existen varios grupos de personas a quienes deseamos ayudar con el material de este libro. Primero, deseamos ayudar a los cristianos evangélicos que desean compartir el evangelio de la salvación con sus queridos familiares y amigos católico romanos, pero que no se sienten preparados porque saben muy poco de las enseñanzas y prácticas de la iglesia católica. Para suplir esa necesidad, usaremos las fuentes católico romanas para familiarizar a nuestros lectores con las enseñanzas de esa iglesia, especialmente las que tiene que ver con la salvación. Segundo, deseamos ayudar a los eran católico romanos pero que ahora son cristianos evangélicos. Este grupo a menudo comete el error de pensar que si solamente convencen a los católico romanos que están equivocados en todo lo que creen, que automáticamente vendrán a ser receptivos al mensaje del evangelio. En su celo por la nueva fe que han encontrado, los que eran católico romanos, a veces, les testifican a sus familiares en un espíritu de *condenación, enojo* e *impaciencia*, lo cual a su vez llega a ser contraproducente. Para ayudar a este grupo, compartiremos métodos probados que pueden usar para testificar a sus amados en un espíritu de *amor* y de *sabiduría*. El tercer grupo que deseamos ayudar con este libro es el de los cristianos nominales entre los católico romanos que no han tenido una experiencia salvadora personal en Cristo Jesús y que sinceramente buscan conocer la verdad de su destino eterno. Con ellos respetuosamente exploramos la pregunta: "¿Si aquello con lo cual usted está contando para darle paz con Dios aquí en la tierra y darle entada al cielo no es lo que enseña la Biblia quisiera saberlo?"[8]

Una característica singular de este libro es que no solo se propone analizar las enseñanzas principales de la iglesia católico romana concerniente a la salvación a la luz de las Escrituras, como varios libros excelentes lo han hecho recientemente,[9] pero también se propone equipar a los lectores para comunicar el mensaje de salvación con el uso de estrategias que son *sanas bíblicamente* y *pragmáticamente eficaces.* Estas estrategias se basan en los sesenta años de experiencia cultivada, que nosotros como autores hemos tenido al ministrar a la gente con trasfondo católico romano. Este libro, por lo tanto, considerará las *doctrinas principales, los factores culturales pertinentes* y *los asuntos históricamente relevantes* que capacitarán a los lectores para testificar a sus amigos católico romanos de una manera *informada, apropiada, cordial, positiva* y *eficaz.*

El formado de los primeros cinco capítulos contienen los siguientes segmentos: (1) Introducción: estudio de casos, (2) Estudios bíblicos, (3) Actividades de aprendizaje y (4) Instrucción práctica. El estudio de casos, basado en experiencias reales de la gente, que contienen valiosa información sobre el peregrinaje transitado por la gente cuando llegan a la relación salvadora personal con Cristo Jesús. Por medio de los estudios bíblicos, se establecerá un sólido fundamento bíblico para los conceptos que se comparten en cada capítulo. Las lecciones aprendidas de estos estudios serán valiosísimas para saber cómo preparar el terreno para sembrar la semilla del evangelio eficazmente. En las actividades de aprendizaje, se compartirán procedimientos y métodos apropiados para conducir a los cristianos nominales a una fe personal en Cristo al eliminar obstáculos innecesarios para establecer una relación significativa y una comunicación eficaz. En las secciones de instrucción práctica, se busca ayudar a los lectores a tener un entendimiento más claro de las enseñanzas y prácticas de la iglesia católico romana. Esto capacitará al lector para conversar confiadamente en cuanto a lo que la Biblia enseña en contraste con algunas de las enseñanzas de la iglesia católico romana. En los últimos cuatro capítulos del libro, se han incluido estudios de casos tanto como una serie de lecciones que tratan con estrategias para *evangelizar, discipular* y *congregar* a los creyentes y ayudarles a crecer en su nueva vida en Cristo.

Este libro se puede usar de varias maneras. Primera, el lector individual puede leer los estudios bíblicos, hacer las actividades de aprendizaje y dedicar tiempo las secciones de instrucción práctica. El lector individual también puede usar secciones seleccionadas de este libro para estudios bíblicos de evangelización y para discipulado. Segunda, este libro se puede usar en varias situaciones (p.ej., retiros, series de capacitación en las iglesias) para capacitar a grupos para testificar y para hacer discípulos de los fmiliares, amigos, y otras personnas interesadas. Instrucciones específicas para el formato del grupo de estudio se encuentra en la sección de la tabla de contenido de ete libro.

NOTAS

[1] Otros han escrito de cristianos nominales entre los protestantes y el grupo ortodoxo griego. Vea el Reporte de Tailandia: Testificar Cristiano a los Protestantes Nominales, y Testificar Cristiano a los Ortodoxos Griegos. Comité de Lausanne para la Evangelización del Mundo.

[2] Vea, Christian Witness to Nominal Catholics, Lausanne Occasional Papers, No. 10, Wheaton: Lausanne Committee, 1980.

[3] Un libro excelente en cuanto a la seguridad de la salvación es el de Donald D. Whitney, *How can I be sure I'm a Christian?* (¿Cómo estoy seguro que soy cristiano?) (Colorado Springs: NAVPRESS, 1994).

[4] Para una encuesta de los diferentes tratamientos vea James Leo Garrett, Jr., *Baptists and Roman Catholicism* (Nashville: Broadman Press, 1965). Algunos católico romanos dividen a los evangélicos en tres categorías: (1) lunáticos, (2) sofisticados-intolerantes, (3) informados-conciliadores. Vea Philip St. Romaní, *Catholic Answers to Fundamentalism* (Respuestas católicas al fundamentalismo) (Ligouri Publications, 1989), audio casete presentado por el padre Juan Vargas, C.SS.R.

[5] Algunos aun sugieren que ahora tenemos inquietudes sociales en común con los amigos católico romanos y que debemos olvidar cualquier diferencia doctrinal y concentrar nuestros esfuerzos conjuntamente en la arena política para combatir los males de la sociedad moderna (p. ej., aborto, pornografía, etc.). La implicación es que los asuntos morales en los cuales estamos de acuerdo son más importantes que las diferencias doctrinales que nos dividen. Una discusión que explora el poner de lado algunas de las diferencias doctrinales para consolidar conjuntamente nuestros esfuerzos es la de Charles Colson y Richard Newhouse, *Evangelicals and Catholics Together: Toward a Common Mission* (Dallas: Word, Inc, 1995), 18. Un punto de vista opuesto es el de James McCarthy, *The Gospel According to Rome* (Eugene: Harvest House, 1995), 7.

[6] Nuestra convicción basada bíblicamente es que la obra de la redención se obró por *solo Christo* (por Cristo únicamente). Somos adoptados como hijos de Dios por la *sola gratia* (solo por gracia). Nuestra justificación es por *sola fide* (solo por fe). Nuestra adoración y servicio es *soli Deo gloria* (solo para la gloria de Dios). Paul G. Schrotenboer, *Roman Catholicism: a Contemporary Evangelical Perspective,* (Grand Rapids: Baker House, 1998), 16.

[7] Este asunto ha sido adptado de la pregunta de William Fay & Ralph Hodge, *Sharing Jesús Without Fear* (Nashville: Lifeway Press, 1997), 16.

[8] Esta pregunta se ha adoptado de la pregunta de William Fay en Willima Fay & Ralph Hodge, *Sharing Jesús Without Fear* (Nashville: Lifeway Press, 1997), 16.

[9] Vea, McCarthy. White, Schrotenboer op. cit

PRIMERA PARTE

ENTENDER EL MENSAJE DEL EVANGELIO

CAPÍTULO 1

ENTENDER EL CONCEPTO BÍBLICO DE LA SALVACIÓN

Introducción: El luto de Lidia

Mis esfuerzos para entender el concepto de salvación comenzaron temprano en mi vida. Cursaba el sexto año en la escuela elemental, cuando desarrolle una amistad con una bella compañera de clase, Lidia.[1] Ella y su familia eran muy activos en la iglesia católica que se encontraba a una cuadra de su casa. Un día, la tranquilidad de su familia se hizo pedazos cuando la madre de Lidia murió en forma inesperada. Por mi aprecio por Lidia, decidí asistir al funeral de su madre. La iglesia se encontraba repleta con los miembros de su familia, líderes de la comunidad y compañeros de clase. El ritual, la vestimenta del sacerdote y los acólitos, tanto como las pinturas en las paredes y los iconos eran muy impresionantes. Sin embargo, en todo el servicio funeral me preguntaba a mí misma: "¿Cuándo es que el sacerdote le va a dar palabras de consuelo y seguridad a la familia de que la madre de Lidia está en el cielo con el Señor? Bueno, nunca lo hizo. El sacerdote recitó el pasaje "Yo soy la resurrección y la vida. El que cree en mí vivirá, aunque muera," pero lo hizo de una manera fría y no lo aplicó a la madre de Lidia. Antes de guiar la procesión hacia la puerta de entrada de la iglesia, el sacerdote hizo la señal de la cruz sobre el ataúd con el receptáculo que llevaba el incienso. La vista del humo y el olor del incienso le dieron al ritual una calidad mística. Con todo, en mi corazón había un anhelo por una palabra de consuelo y ánimo.

En el cementerio el sacerdote dijo unas pocas palabras amables de la madre de Lidia, recitó una oración y luego se fue. Con lágrimas que corrían por la cara del hermano mayor de Lidia se arrodilló junto a la tumba, se hizo la señal de la cruz y permaneció allí por largo tiempo. Cuando llegó el tiempo de irse, Lidia y sus hermanos y hermanas se mantuvieron llorando y diciendo: "¡Adiós mami, ya no te veremos jamás!" Lloré con ellos y al alejarme me hacía la pregunta ¿por qué nadie les dice que su madre está en el cielo y que de nuevo la verán?

Dos años antes, después de un período de duda y confusión, yo había recibido a Jesucristo como mi mejor amigo y Salvador. Luchaba con dos preguntas: "¿cuál es el propósito de mi vida?" y "¿qué sucederá cuando yo muera?" No había cometido ningún crimen, sin embargo, sabía que había ofendido a Dios con mis pensamientos y mis acciones y tenía miedo de morir. Fue en ese tiempo que empecé a leer la Biblia. Mi hambre por la Palabra de Dios era tan grande que cuando mis padres apagaban la luz, usaba una linterna bajo las cobijas para continuar leyendo. Una noche en una reunión evangelizadora de la iglesia, el evangelista predicó un mensaje que atravesó mi corazón. Pasé al frente, me arrodillé en el altar, le pedí a Dios que me perdonara todos mis pecados e invité a Cristo a mi vida. El cambio fue milagroso. Inmediatamente sentí paz en mi corazón y el temor de la muerte desapareció. Algo dentro de mí me decía que si moría de inmediato iría a estar en la presencia de mi mejor amigo Jesucristo.

En el día del funeral empecé a preguntarme si habría algo en las enseñanzas o en las prácticas de la iglesia católica que me faltaban. En un esfuerzo por entender lo que Lidia estaba experimentando me ponía el agua bendita sobre mi frente, haciendo la señal de la cruz, usaba el escapulario y repasaba en mi mente todo lo que el sacerdote había dicho en el funeral. Hice un gran esfuerzo pero simplemente no encontraba ningún sentido de seguridad en cuanto a la salvación de los amados que habían partido o de la gente que seguía las enseñanzas y prácticas da la iglesia católica. Como resultado de esa experiencia, decidí enfocarme en lo que la Biblia dice de la salvación de los que ponen su confianza en Cristo como su Salvador personal. Con eso presente, examinemos lo que Jesucristo le dijo a Nicodemo sobre la salvación eterna.

ESTUDIO BÍBLICO

Jesús y Nicodemo (Juan 3:1-2)
[Parte 1]

El encuentro de Jesús con Nicodemo es un fascinante caso de estudio que revela la gran diferencia entre la religión tradicional sin vida y un fe espiritual vibrante. A pesar de su posición como "Maestro de Israel" se hace evidente en el diálogo que a Nicodemo le faltaba un entendimiento espiritual real y que no tenía una vibrante relación personal con Dios. Aunque educado como *fariseo*, alguien a quien el judío promedio miraría para guía espiritual, su entendimiento de la manera en que una persona es aceptable a Dios era verdaderamente deficiente. Este diálogo muestra que a pesar de su gran educación en cuanto a la ley, la conexión espiritual le *faltaba* en su vida.

El hecho que Nicodemo viniera a Jesús de todas maneras indica que la enseñanza del Mesías tuvo que haber tenido un gran impacto en su mente. Seguramente, debió de haber escuchado algo que lo tocó; no podía fácilmente deshacerse de las palabras de este maestro galileo. Existen indicaciones posteriores en el evangelio que Nicodemo estuvo dispuesto a concederle a Jesús el beneficio de la duda (Juan 7: 50-51). Por otra parte, el hecho que vino a Jesús de noche sugiere que no estaba dispuesto a ser visto con Él abiertamente, mucho menos ser identificado como uno de Sus discípulos, por lo menos no todavía. Nicodemo enfrentó un dilema y todo porque se arriesgó a concederle a Jesucristo una audiencia honesta. Se debe admirar a Nicodemo porque el vino a hablar con Jesucristo a pesar de arriesgar su prominente posición en Israel.

El diálogo de Jesús con Nicodemo es un componente importante en toda la estructura de la narración del evangelio de Juan. Al estar relativamente al comienzo en el evangelio, funciona como el Sermón del Monte en el evangelio de Mateo (Mateo 5-7) — es una declaración programática. Desde el comienzo, este breve diálogo revela la naturaleza espiritual de la salvación, una premisa teológica que permanece constante en todo el evangelio. Así que, cuando quiera que aparezca una referencia posterior a la adoración espiritual, es esta discusión, que yace como la base de nuestro entendimiento.[2]

Sobre todo, el encuentro revela lo deficiente que estaba el entendimiento de Nicodemo en relación con la naturaleza espiritual del concepto de la salvación. Irónicamente, el mensaje de Jesús es incomprensible para este educado "maestro de Israel." Se hace evidente por sus preguntas (v. 4, 9) que a pesar del vasto almacén de su tradición religiosa tiene dificultad para entender el concepto del nuevo nacimiento. Nicomdemo nunca responde con un contra argumento teológico. Aunque Nicodemo buscó a Jesús, tal vez para debatir, el Señor fue el que se mantuvo con alta calidad y el que enseñó esa noche. Podríamos preguntarnos cómo este formidable teólogo podría ser tan impotente.

Se tiene que entender que en el evangelio de Juan Nicodemo representa la religión israelita, así que, el Señor lo domina al dirigirse a él. Aquí tenemos lo que es una religión de obras muertas. A pesar de lo que podríamos "sentir" por este hombre bueno, su clase de religión es una amenaza mortal para todos sus adherentes. Jesús desafía el mejor campeón de la religión israelita y revela por primera vez en este evangelio la fe superior del Espíritu.

La discusión de Jesús con Nicodemo se enfoca esencialmente en el tópico de la salvación. El propósito primario de la historia en el evangelio es exponer dos teologías competidoras y demostrar cuál es superior. En ésta vemos el poder superior del mensaje de Jesús. Así, de acuerdo con el programa de Juan, el objetivo de este estudio bíblico es preparar al lector para que entienda el distintivo espiritual de la salvación bíblica. No avanzamos el reino de Dios si todo lo que hacemos es ofrecerle a la gente una religión sin vida en cambio de otra. Por medio de este estudio, el lector entenderá dónde yace el poder del evangelio (Romanos 1:16-17). Sabiendo lo que hace poderoso el evangelio para la salvación equipará a los lectores para compartir su fe con seguridad. Note las siguientes lecciones que Nicodemo aprendió.

Las enseñanzas de Jesús en cuanto a la Salvación: (Juan 3:1-21)

La salvación es una experiencia *espiritual*.

El contexto para la reunión entre Jesús y Nicodemo es importante. Note que desde Su primera visita de pascua a Jerusalén, Jesús caminó en la ciudad y afirmó Su autoridad sobre el establecimiento religioso (Juan 2:13-17). A diferencia de los evangelios sinópticos, que tienden a aminorar Su estatura mesiánica hasta la parte final en los evangelios, aquí Jesús es mucho más proactivo en presentar Sus credenciales mesiánicas.[3] En el trasfondo para entender el interés de Nicodemo para buscar a Jesús es claro; Jesús había respondido un poco enigmáticamente a la petición de los líderes religiosos para que hiciera alguna señal que confirmara Su autoridad en ordenar el precinto del templo (2:18-22). Es más, aunque Él obró muchas señales a favor del pueblo común (v. 23), Juan nota que Jesús permanece reservado, rehusando confiar totalmente en el pueblo (vv. 24-25). No hay razón para dudar que Nicodemo vio los milagros, pero ¿eran verdaderas "señales" que corroboraban la afirmación que Jesús venía de Dios? Después de todo, ¿por qué el hombre venido de Dios trataba a los representantes religiosos de Dios con tanta reserva?

La decisión de Nicodemo de visitar a Jesús bajo la cobertura de la noche ha sido discutida antes y la trataremos nuevamente. Baste con decir que tenemos que aceptar la declaración inicial de Nicodemo de Jesús como una apreciación honesta del Señor. Él consistentemente demuestra ser una figura religiosa honesta en todo el evangelio de Juan (Juan 7:50-51; 19:39-42). Así basado en lo que había visto de Jesús desde la fiesta de la pascua verdaderamente cree que Jesús tiene el *imprimatur* (aprobación) del favor de Dios e impresionantes credenciales de maestro (3:1-2).

La elogiosa introducción de Nicodemo no detuvo a Jesús para ver más allá de las galanterías humanas hasta el corazón del problema que este hombre representa. Jesús respondió a sus primeras palabras al decir: "Yo te aseguro que quien no nazca de agua y del Espíritu, no puede entrar en el reino de Dios" (v. 5). Desde el principio de la discusión, una gran realidad viene a la superficie. Nicodemo no entiende lo que Jesús está diciendo. Nicodemo no tiene nada que decir. Su débil pregunta es reveladora: "¿Cómo puede uno nacer de nuevo?" Entre tanto Jesús comienza un monólogo, afirmando que Nicodemo es incapaz de entender la verdad espiritual porque no "sabe" ni ha "visto" las cosas celestiales (vv. 10-12). En contraste las palabras de Jesús son verdad porque se encuentran fundamentadas en su conocimiento personal de los celestial (vv. 13-15).

El patrón de la verdad espiritual celestial se presenta en aposición al conocimiento humano terrenal. Jesús explica que una persona nace físicamente de padres humanos, pero que nace espiritualmente del Espíritu (v. 6). Jesús estaba consciente que Nicodemo había hecho todo esfuerzo posible para ser una persona religiosa, pero que ser religioso no era suficiente para entrar en el reino de Dios. Jesús aclaró que tenemos que tener una trasformación espiritual tan radical que la mejor manera para describirla es compararla con un nuevo nacimiento.

Aplicación: ¿Ha tratado alguna vez de pretender tener un conocimiento de algo de lo cual no sabía absolutamente nada y se da cuenta que eso es obvio a los que ha tratado de impresionar? Para mucha gente, las salvación es una de esas cosas que creen que saben: buenas obras, buena vida, no hacerle mal a nadie, ayudar al necesitado; esta clase de cosas son las obras que aseguran la salvación, o por lo menos eso piensan. Sin embargo, nosotros que hemos experimentado la gracia salvadora de Dios, sabemos personalmente que ninguna cantidad de buenas obras puede ameritar jamás el perdón de Dios y ganar Su salvación. De alguna manera, la gente necesita llegar al punto en el cual su superficialidad e insuficiencia de su tradición religiosa viene a serle evidente. Mientras que la Biblia enseña que la salvación es por la obra del Espíritu Santo (Juan 16:7-14), cooperamos con el Espíritu de Dios al enfatizar consistentemente la naturaleza espiritual de la salvación como obra únicamente de Dios.

La implicación de lo directo que Jesús fue con Nicodemo al testificar no se debe perder: no existe punto de contacto entre la religión generada humanamente y la transformación espiritual, en lo que tiene que ver con la salvación (Romanos 8:1-5). La ignorancia total de Nicodemo reveló que su religión no estaba vitalmente conectada al camino de Dios para salvación. ¡Alguien diría que esto es cruel, pero es verdad! Lo que esto significa para que testifiquemos es serio. No es nuestro lugar permitir que buenas personas confíen en sus propias obras para alterar la presentación del evangelio. Debemos en forma amante y fiel elevar a Jesús ante ellos como su única esperanza de salvación (Juan 3:14-15, 12:32; vea Colosenses 1:24-29; 2:8-14) y confiar que a Su hora el Espíritu Santo los acercará al conocimiento salvador que reconoce la futilidad de confiar en las obras de la carne (Juan 3:6; Romanos 8:6-7).

La salvación es un *regalo*

Reconocer que la salvación es un regalo de Dios es importante. El siguiente silogismo ayudará: La salvación es una experiencia espiritual. Toda la gente perdida está espiritualmente muerta; por lo tanto la gente perdida es incapaz de salvarse a sí misma. Si recordamos que todos son pecadores y que están espiritualmente muertos, entonces nos damos cuenta el porqué la salvación jamás se puede ganar. Una persona espiritualmente muerta es incapaz de hacer nada "espiritual" y ya se ha establecido que la salvación es una obra espiritual. ¿Qué es la salvación? Esencialmente, es el don de la vida espiritual y esto es algo que solamente Dios puede dar.

Nicodemo estaba tan abrumado con la idea del nuevo nacimiento que preguntó, "¿Cómo es posible que esto suceda?" (v., 9). ¿Cómo pueden ser borrados todos mis pecados, mis hábitos del pasado? ¿Cómo puede empezar de nuevo una persona que ha vivido tanto como yo? ¿Cuántos sacrificios tengo que ofrecer para ser totalmente limpio de todo mi pecado para que Dios me pueda aceptar? Jesús respondió de tal manera que Nicodemo empezó a entender. Al recordarle del evento de la serpiente (Juan 3:14-15: vea Números 21:4-9), se le dijo a Nicodemo que el pecado, como mordida de la venenosas serpientes de antigüedad es una herida mortal con la cual la gente no puede hacer nada. La salvación solamente viene por medio de un remedio divino: el Hijo del Hombre fue el remedio de gracia de Dios para la aflicción universal del pecado.

Juan 3:16 es único en que es el único versículo en Juan que presenta la enseñanza de Jesús como el regalo de Dios para la humanidad.[4] El pasaje también declara que Jesús fue enviado al mundo (v. 17). Las dos ideas se complementan la una a la otra. Un comentarista capta también la fuerza de los dos verbos: "*'Enviar'* Jesús es más claramente asociado con la voluntad de Dios para el mundo, mientras que *'dar'* parece usarse en 3:16 para subrayar que la encarnación se deriva del amor de Dios por el mundo tanto como de Su voluntad."[5] Fue la voluntad de Dios enviar a Su Hijo. Su voluntad fue motivada por Su amor por el mundo. Esta es la naturaleza del regalo de Dios. No hay manera que podamos ganarlo o merecerlo.

Aplicación: el concepto de la salvación como regalo de Dios es difícil de aceptar por muchos católico romanos. Aunque están suficientemente familiarizados con el lenguaje de gracia, en la práctica, su piedad diaria está impulsada por las acciones del ritual religioso y de sacrificios materiales. Muchos católico romanos sienten que las buenas obras pueden hacer mucho para ayudarlos a asegurar su salvación. Esto es muy irónico, ya que la mayoría de los católicos confesará que nadie jamás puede estar seguro de su salvación.

El testigo cristiano necesita tener un buen entendimiento del lugar y función de las "buenas obras" en la vida de la persona redimida (Gálatas 5:22-26; Efesios 2:8-10; Colosenses 3:10-11). Aunque tenemos que descontar las "obras humanas" como ayudas para la salvación, tenemos que enfatizar el lugar de las "buenas obras" en la vida cristiana. De otra manera, muchos católico romanos sentirán que les estamos pidiendo que sigan un truco verbal barato si las obras son totalmente desacreditadas. Recuerde que cuando una persona viene a la fe en Cristo como un regalo inmerecido de Dios, las obras de justicia vienen a cobrar un nuevo significado. Y no se hacen por puramente motivos ulteriores (p. ej., ser salvo; para salvar a otros del purgatorio; etc.). En vez fluyen del corazón trasformado como obras inspiradas e impulsadas por el Espíritu de Dios que habita en nosotros. Salvar el bebé de las obras inspiradas por el Espíritu mientras que tiramos el agua del baño de la salvación basada en las obras no comprometerá el mensaje de salvación.

La salvación se recibe por medio de la *fe*

El lugar de la fe en la obra de la regeneración es importante para entender. Mientras que la "fe" sustantiva no se usó en el evangelio de Juan su forma verbal "creer" es prominente en todo el evangelio. Es interesante que Juan establece el propósito de escribir el evangelio como "Pero éstas se han escrito para que ustedes crean que Jesús es el Cristo, el Hijo de Dios, y para que al *creer* en su nombre tengan vida" (Juan 20:31). El evangelio no habla de fe como algún principio abstracto. En vez, demuestra matices de creer (Juan 4:1-42, 46-54; 5:1-9; 7:31; 8:26-30; 9:35-38; etc.) y de incredulidad (7:5, 48; 8:48-59; 12:37-41; etc.). En un pasaje elocuente, las multitudes preguntan: "¿Qué tenemos que hacer para realizar las *obras* que Dios exige?" Jesús les responde: "Ésta es la obra de Dios: que *crean* en aquel a quien él envió" (Juan 6:28-29). Claramente la salvación viene por la fe separada de las obras (Efesios 2:8-9; 1 Pedro 1:5; 2 Timoteo 1:9; Tito 3:5-6). Hacia el fin de Su ministerio público, Jesús hizo una importante declaración. La gente será juzgada sobre la base de si guardan y creen Sus palabras (12:46-50). En todo el evangelio, se le dio oportunidad a la gente para que viera Su autoridad mesiánica y simplemente creyeran. En ninguna parte se menciona la necesidad de realizar obligaciones religiosas para ganar la salvación.

Es especialmente importante que Jesús le enfatizara a Nicodemo que la salvación se obtiene por medio la fe solamente. Nicodemo dependía de la observación de la ley y de las prácticas religiosas prescriptas para salvarse a sí mismo. Jesús tenía que dejar en claro que cualquiera que *cree* en Él no perecerá sino que tiene vida eterna. Jesús enfatizó este punto tres veces (vv. 15, 16, 19) a Nicodemo.

Aplicación: La doctrina bíblica de la fe tiene que ser claramente entendida. Muchos católicos ven la fe y la obras como componentes integrales, y en verdad, también la Escritura. Por lo tanto, nos importa conocer cómo la fe y las obras se relacionan. Mero asentimiento intelectual a las verdades de la Biblia jamás salvarán a la persona (Santiago 2:19). La clase de fe que salva es en sí misma un regalo de Dios (Hechos 15:11; Juan 4:10; Efesios 2:8) y lleva a la persona al arrepentimiento (1 Corintios 7:9-10). Cuando se ejercita la fe, la persona salva realiza obras de justicia (Santiago 1:22-25; 2:14-26). Pablo nos recuerda que somos justificados sólo en base a nuestra fe (Romanos 11:20). Hebreos demuestra, de una manera panorámica, las obras poderosas hechas a través de las edades por el pueblo de Dios que ejerció la fe. Los católico romanos tienen que entender la diferencia entre el regalo de la fe que capacita a la persona perdida a creer y el don de la fe en la vida del hijo de Dios, que le capacita para servir (Romanos 12:3-8; 1 Pedro 4:10-11).

La salvación es una *posesión presente*

La salvación como una posesión *presente* fuertemente se enfatiza más por Juan que por cualquier otro de los escritores del Nuevo Testamento (vea, sin embargo, 1 Timoteo 6:19). En el versículo 16 Juan afirma: "para que todo el que cree en él no se pierda, sino que tenga vida eterna." Note que cree y tener son eventos sincronizados. El hincapié en la salvación como realidad presente se hace para sobresaltar su cualidad permanente e instantánea. Existe una seguridad mediada al punto de la conversión que sólo Dios confirma por medio del Espíritu (Efesios 1:13-14; 1 Juan 1:1-4; 5:10-12), transformándonos en herederos "en Cristo" (Gálatas 3:23-29; 4:4-6). Sin embargo, la salvación no es solamente un realidad presente; es eterna. La mayoría de los comentaristas reconocen el rico significado teológico de la palabra "eterna." Significa más que mera seguridad de una vida que no termina. Vida eterna es vida en comunión con Dios, quien solo habita en la eternidad (Deuteronomio 33:27; Salmo 90:1-2; 1 Pedro 1:3-5).

Aplicación: La doctrina católico romana no reconoce la posibilidad de la salvación como una posesión *presente* y *segura*. La mayoría de los católicos cree que su salvación eterna está ligada con vivir una vida que, en la balanza, se inclina hacia el bien y lejos del mal. Como continuamente pesan lo bueno contra lo malo en sus vidas la seguridad nunca está garantizada. El asunto de la "santidad" es una ilustración de que tan lejos el católico promedio se siente de su estado eterno. Mientras que los evangélicos reconocen la santidad de todos los creyentes se basa en la obra terminada de Cristo, el catolicismo romano reserva el título de santidad sólo para un número selecto de personas y únicamente después de una extensa investigación eclesiástica que puede tomar décadas o más tiempo. El punto es que nuestro amigo católico romano no se considera a sí mismo santo.

Saber que tenemos salvación, sin embargo, nos libra de tratar de ganarla en base de obras imperfectas. El católico romano desesperadamente necesita entender esto. Podemos hacer hincapié en esto al pedirle que tome en serio las promesas de Dios en la Escritura. Después de todo, su fe debe fundamentarse en las inmutables promesas de Dios (1 Corintios 1:9; Hebreos 10:23; 2 Pedro 1:3-4; 3:13) y no en la persuasión humana.

Los niveles de comunicación que Jesús usó

En la sección previa enfatizamos el mandamiento teológico que Jesús le manifestó de Nicodemo. Es importante recordar que aunque tenía que indicarle la deficiencia de la religión de Nicodemo, Jesús no trató a este principal de Israel con desdén. Al contrario, es evidente por pasajes posteriores en Juan que Nicodemo no abrigó una mala impresión de Jesús, y que al final estuvo dispuesto a identificarse abiertamente con el Salvador crucificado (19:39-40). Esto difícilmente hubiera sucedido si Jesús no lo hubiera tratado con dignidad. El Señor no lo empequeñeció, aun si su religión no era perfecta.[6] Como el siguiente estudio demostrará, la comunicación tuvo lugar en todos los niveles.[7] Recuerde la importancia de las habilidades comunicativas, porque Dios ha escogido la locura de la predicación para alcanzar a los perdidos para Cristo. Note la progresión siguiente:

El contacto empezó con una conversación *cara a cara*

La conversación entre Jesús y Nicodemo empezó donde comienzan la mayoría de las conversaciones, en el nivel de cara a cara (vv. 2-3). Nicodemo inició la conversación al articular la percepción popular. Jesús era el maestro venido de Dios, validado por el número de señales que Él realizó. Es importante notar eso canónicamente, al reconocer que Jesús era un maestro con *bona FIDES*, aunque los elogios, estaban lejos de un entendimiento completo de Su persona única y Su ministerio.[8]

Jesús no era sólo un maestro enviado por Dios. Juan el Bautista reconoció la naturaleza sacrificial de Su persona y ministerio (Juan 1:29, 36).

Jesús no negó los conceptos de los hombres, aunque era deficiente. Esta parte de la conversación le ayudó a Jesús a evaluar la condición del visitante nocturno. Aunque muy corto, la declaración inicial de Nicodemo sugiere que la conversación se inició sobre buenas bases. No hay ni rastro de un espíritu adversario. Ciertamente, Nicodemo mostró respeto básico por Jesús y es cierto que Jesús fue motivado por la más altruista de todas la razones, alcanzarlo para la vida eterna.

Aplicación: Las amistades usualmente empiezan intercambiando atenciones y toman tiempo para cultivarlas a relaciones genuinas. Esto solamente puede suceder cuando se muestra un deseo genuino de conocer la gente, su familia su trabajo, intereses, pasatiempos y todo lo demás. Evangelización relacional no es simplemente sufrir el conocimiento inicial para adquirir alguna información del "blanco" con tal de presionarlo a que reciba a Cristo. La mayoría de la gente capta cuando nuestro interés está mezclado.

Sin embargo, la conversación cara a cara nos ayuda a formar impresiones preliminares, que pueden ayudar en la oración con discernimiento por la persona. Pero, estas oportunidades iniciales son una vía de dos direcciones. Su vida como creyente en Cristo se debe cimentar firmemente en este comienzo, a menos que su amigo católico recién encontrado falle en ver la vida de Cristo en usted (Mateo 5:13-16).

La conversasión progresó al nivel de mente a mente

Inmediatamente después que Nicodemo inició la conversación, Jesús empezó a revelar la verdad espiritual. De nuevo, recuerde que Juan probablemente dejó fuera mucho de la conversación que tuvo lugar. Esto es común en todo el Nuevo Testamento.[9]

En el diálogo vemos que Nicodemo no rechazó totalmente la idea del nuevo nacimiento. A diferencia de muchos líderes religiosos que juzgaron a Jesús (5:16-17; 7:1; 10:31-33), Nicodemo mantuvo una mente abierta todo el tiempo. Sin embargo, él expresó sus inquietudes en cuanto a la posibilidad del nuevo nacimiento (vv. 4, 9).

Jesús tomó tiempo para tratar con estos asuntos. Explicó que estaba hablando del nacimiento *espiritual*. Él entonces le advirtió a Nicodemo que no permitiera que su intelecto le impidiera su investigación: "No te sorprendas de que te haya dicho: 'Tiene que nacer de nuevo'" (v. 7). Que Jesús estuvo dispuesto a interactuar en un nivel intelectual con Nicodemo se reenforza más por la ilustración que ofrece: "El viento sopla por donde quiere, y lo oyes silbar, aunque ignoras de dónde viene y a dónde va. Lo mismo pasa con todo el que nace del Espíritu" (v. 8). Aquí Jesús usó la analogía metafórica para ayudarle a entender a Nicodemo la naturaleza del nacimiento espiritual al hacer referencia al viento, que él experimentaba cada día.[10] De hecho Jesús había hecho todo lo posible para ayudar a Nicodemo. En arameo (el idioma que probablemente Jesús usó) la palabra para viento y espíritu es la misma (*ruah*). Así, como ilustrando la naturaleza de una experiencia "espiritual" con el fenómeno del "viento" el idioma mismo de la analogía mucho más fuerte. Como Nicodemo lo sospechaba, Jesús usó en verdadera forma rabínica.[11]

Aplicación: Muchos católico romanos no están familiarizados con las palabras y frases que los creyentes dan por sentado. Términos tales como "nacer de nuevo" continúan siendo grandemente mal entendidos en la sociedad a pesar de décadas de uso y libros populares escritos sobre el asunto. También, recuerde que el lenguaje teológico común también puede tener un significado diferente para un católico romano. Los cristianos tienen que ser conscientes de esta barrera potencial para la comunicación eficaz. Compartir el evangelio puede requerir que busquemos claridad y una base común en el idioma. Los conceptos teológicos tiene que ser claramente definidos y redefinidos y aun definidos nuevamente. El evangelio no es "espiritual" en el sentido que contradice la razón humana. Aunque Pablo nos dice que el evangelio es locura a los judíos y a los griegos por diferentes razones (1 Corintios 1:21-31), el evangelio tiene una lógica que se puede entender cuando se abrazan ciertas presuposiciones. Por ejemplo, si a la persona se le hace darse cuenta que la humanidad vive bajo el estado caído de muerte espiritual entonces tiene sentido la oferta de la salvación como se entiende en la revelación especial (la Biblia). O, si nos damos cuenta que todas la obras humanas en verdad están manchadas por el pecado empezamos a ver por qué Jesús es, como la única redención por el pecado inmaculada y sin pecado, nuestra esperanza de salvación. Ambos ejemplos se pueden ilustrar desde la experiencia humana. Analogías razonables a la experiencia humana pueden ayudar la verdad del evangelio "amanece" en el entendimiento de la gente. El uso de Jesús de la serpiente es un ejemplo de esto, porque esta fue una experiencia en la historia de Israel que el era familia a Nicodemo. Estas analogías proveen puentes de comunicación.

La conversación culminó en un intercambio de *corazón a corazón*

Finalmente, Jesús llevó la conversación al evento más oscuro de la historia, su muerte eventual. El sufrimiento de Jesús ha sido llamado Su *pasión*, y por buena razón. Jesús le habló a Nicodemo de la profundidad a la cual la obediencia a Dios lo impulsaría a ir. Le dijo que Él iba a morir (Juan 3:14) mientras que dejaba en claro que Su sacrificio era motivado por el amor divino. Jesús le aseguró a Nicodemo que le que creen en Él tendrán vida eterna (v. 15). En este nivel, Jesús comunicaba lo que estaba más cerca de Su corazón (vea Filipenses 2:4-8).

Los apóstoles en sus escritos, también exhibieron gran pasión in la proclamación del evangelio.[12] Este punto difícilmente se puede enfatizar suficientemente. El evangelio no es alguna tesis abstracta que no pide más que el asentimiento intelectual. El evangelio tiene que comunicarse de corazón a corazón.

Aplicación: Para mucha gente (católico romanos y no católicos de igual manera) su religión viene a ser insignificante. A menudo se practica por un sentido de obligación y tradición, pero no con un sentido de su vital importancia. Si va a compartir el evangelio, no solamente presente el mensaje. Inviértase a sí mismo y sus emociones al entregarlo. A menudo, si llega al punto donde se puede comunicar al nivel de corazón a corazón con la gente en relación con sus experiencias (p. ej., penas, victorias, transiciones), comunicar las buenas nuevas de salvación será una consecuencia natural. Recuerde las palabras de Pablo a manera de halago:

"Ustedes mismos son nuestra carta, escrita en nuestro corazón, conocida y leída por todos. Es evidente que ustedes son una carta de Cristo, expedida por nosotros, escrita no con tinta sino con el Espíritu del Dios viviente; no en tablas de piedra sino en tablas de carne, en los corazones" (2 Corintios 3:2-3).

Conclusión

Un aspecto que no se cubrió en el estudio es la mención repetida de juicio en esta narración (Juan 3:17, 18, 19). Mientras que los versículos enfatizan que por el amor de Dios Jesús ha hecho de la salvación una realidad presente a cualquiera que cree, los versículos 16-21 presentan el reverso de la moneda. La gente al presente es juzgada (condenada) por su rechazo de Jesús. Así el imperativo añadido de las incertidumbres de la vida nos debiera hacer conscientes que cada vez que hablamos del evangelio a una persona perdida, su estado eterno está en la balanza. La Biblia no dice nada de otras oportunidades para llegar a la fe salvadora después de esta vida.

Así es importante que nos preguntemos: "¿En qué nivel nos comunicamos con los que necesitan oír el evangelio?" Sabiendo que conocemos de la precaria condición de los perdidos, ¿qué estamos dispuesto a hacer, y qué tan lejos estamos dispuesto a ir en el cultivo de amistades reales y de sacar ventaja de nuestras oportunidades para presentar el evangelio honesta y amantemente?

ACTIVIDAD DE APRENDIZAJE

Los niveles de comunicación

NIVEL	NOMBRE	ESTRATEGIA
		Cara a cara
		Mente a mente
		Corazón a corazón

Use el siguiente gráfico para hacer esta actividad:

1. Coloque los nombre de las personas a las que les desea testificar e indique el nivel en el cual al presente se comunica conellas.

2. Bajo "estrategia" escriba brevemente lo que debiera hacer para ir la siguiente nivel (si no está en el nivel de corazón a corazón).

3. Comparta con sus socios de oración e invierta tiempo en oración, pídale al Señor que le ayude a mejorar sus habilidades para comu nicarse con estas personas.

4. Empiece a buscar oportunidades para profundizar su nivel de comunicación con ellos.

INSTRUCCIÓN PRÁCTICA

La doctrina de la salvación

Aunque los católicos y los evangélicos usan los términos "salvación" y "justificación," es importante saber que los significados asignados a estos términos son bastante diferentes. En este segmento, compararemos la doctrina de la salvación de la iglesia católica con lo que la Biblia enseña de la salvación.

¿Se gana la salvación o es un regalo gratis?

La iglesia católica enseña que la salvación se gana

La iglesia católica enseña que la vida eterna se hace posible por la gracia de Dios y que es un galardón meritorio ganado por las buenas obras que hace la persona. *The Dogmatic theology for the Laity* declara:

> Es un dogma universalmente aceptado de la iglesia católica que el hombre, en unión con la gracia del Espíritu Santo tiene que merecer el cielo por sus buenas obras. . . en verdad podemos merecer el cielo como nuestro galardón. . . Por el cielo se debe pelear; porque tenemos que ganar el cielo.[13]

Esto es el eco de lo que afirmó el Concilio de Trento:

> A los que obran bien hasta el fin y mantienen su confianza en Dios, la vida eterna se debe tener tanto por la gracia prometida en su misericordia por medio de Jesucristo a los hijos de Dios, y como galardón concedido a los fieles, en la promesa de Dios mismo, por sus *buenas obras* y *méritos*. (Se han añadido las itálicas).[14]

The Dogmatic Theology for the Laity, citada anteriormente, afirma que las buenas obras se hacen "en unión con la gracia del Espíritu Santo," pero añade que el cielo puede ser el *premio* que la persona *merece*. De igual manera, el Concilio de Trento menciona la *gracia* de Dios y los *méritos* de Cristo en la justificación de una persona, pero añade que las buenas obras que la persona hace son esenciales para ameritar y aumentar la gracia y

17

obtener la vida eterna. Es claro que las buenas obras de una persona se consideran esenciales para obtener la salvación. La insistencia de la iglesia católica que las buenas obras no son opcionales para la salvación de una persona se refleja en el decreto del Concilio de Trento en que los que no sostengan este punto de vista serán"anatemas."[15]

James McCarthy declara:

> La vida eterna, de acuerdo con la iglesia, es realmente un premio merecido. Es ganado el merecimiento, no congruentemente. No es un regalo gratis que Dios en Su gracia concede aparte de cualquier cosa que el hombre haya hecho para ganárselo.[16]

McCarthy además aclara los términos usados por los teólogos católico romanos. "Congurente" significa "un mérito no merecido debido a la gracia de Dios." "Merecido" significa "un mérito bien ganado."[17]

La iglesia católica enseña que la vida eterna se gana. Es decir que por medio de las buenas obras la persona se merece la salvación.[18]

James White añade:

> Si aseguramos que la obra de Cristo depende de las acciones de la humanidad y que depende de las obras (sean penitencia, bautismo o lo que sea), esto es obras de salvación. . . No es necesario que la gracia o la misericordia de Dios estén ausentes en la salvación para que la doctrina sea catalogada como 'obras de la salvación.' El asunto clave es si estas obras son necesarias y determinantes para la salvación.[19]

De acuerdo a la doctrina católica, la salvación se basa en la redención de Cristo, pero obtenida como un premio a las buenas obras que la persona haya hecho. ¿Cómo se compara esto con lo que la Biblia enseña de la salvación?

La Biblia enseña que la salvación es un regalo gratuito

Las referencias usadas en esta sección se han tomado de la Biblia Dios Habla Hoy.[20] Esto se ha hecho por dos razones. Primera, deseamos borrar cualquier duda que la gente pueda tener en cuanto a la versión de la Escritura que se usa. En otras palabras, no queremos que la gente diga: "Bueno, eso es lo que dice la Biblia protestante." Segunda, deseamos que los evangélicos se sientan confiados al usar una versión aceptada por la iglesia católica al compartir las buenas nuevas de la salvación con sus amigos. En la mayoría de los casos los versículos del Nuevo Testamento que se usan son claros y convincentes. En unos pocos casos, como se indicará, será beneficioso utilizar el original griego para aclarar significados.

La salvación es dada por Dios gratuitamente

"Pues Dios amó tanto al mundo, que dio a su Hijo único, para que todo aquel que cree en él no muera, sino que tenga vida eterna"   (Juan 3:16).

"El pago que da el pecado es la muerte, pero el don de Dios es vida eterna en unión con Cristo Jesús, nuestro Señor." (Romanos 6:23).

"Yo les doy vida eterna, y jamás perecerán ni nadie me las quitará." (Juan 10:28).

"Pues si la muerte reinó como resultado del delito de un solo hombre, con mayor razón aquellos a quienes Dios, en su gran bondad y gratuitamente, hace justos, reinarán en la nueva vida mediante un solo hombre, Jesucristo." (Romanos 5:17)

"Después me dijo: "Ya está hecho. Yo soy el alfa y la omega, el principio y el fin. Al que tenga sed le daré a beber del manantial del agua de la vida, sin que le cueste nada." (Apocalipsis 21:6)

En todas estos versículos de la Escritura, sea el sustantivo "regalo" (*Carisma*) o el verbo "dar" (*didomi*) se usa. El significado claro de estos versículos es que la salvación es un regalo de Dios. Si es un regalo, no se puede ganar o merecer. De otra manera, deja de ser regalo y viene a ser un premio o galardón. La Biblia enseña sin equivocaciones que la vida eterna no se merece, es un regalo gratis de Dios. Como esto es así, no cabe en la Biblia hablar de la "salvación por obras". Las buenas obras que hace el cristiano no son para obtener la salvación, sino el resultado (el fruto) de la salvación que se ha recibido.

La salvación se recibe por gracia por medio de la fe

"Pero Dios nuestro Salvador mostró su bondad y su amor por la humanidad, y, sin que nosotros hubiéramos hecho nada bueno, por pura misericordia nos salvó lavándonos[21] y regenerándonos, y dándonos nueva vida por el Espíritu Santo. Pues por medio de Jesucristo nuestro Salvador nos dio en abundancia el Espíritu Santo, para que, después de hacernos justos por su bondad, tengamos la esperanza[22] de recibir en herencia la vida eterna." (Tito 3:4-7)

"Y si es por la bondad de Dios, ya no es por los hechos; porque si así fuera, la bondad de Dios ya no sería bondad." (Romanos 11:6)

"Pues por la bondad de Dios han recibido ustedes la salvación por medio de la fe. No es esto algo que ustedes mismos hayan conseguido, sino que es un don de Dios. No es el resultado de las propias acciones, de modo que nadie puede gloriarse de nada." (Efesios 2:8-9)

"Y ahora, después que Dios nos ha hecho justos mediante la muerte de Cristo, con mayor razón seremos salvados del castigo final por medio de él." (Romanos 5:9)

"No quiero rechazar la bondad de Dios; pues si se obtuviera la justicia por medio de la ley, Cristo habría muerto inútilmente." (Gálatas 2:21)

"Pero Dios, en su bondad y gratuitamente, los hace justos, mediante la liberación que realizó Cristo Jesús. ¿Dónde, pues, queda el orgullo del hombre ante Dios? ¡Queda eliminado! ¿Por qué razón? No por haber cumplido la ley, sino por haber creído. Así llegamos a esta conclusión: que Dios hace justo al hombre por la fe, independientemente del cumplimiento de la ley." (Romanos 3:24, 27-28)

"Fue un don gratuito, basado en la fe." (Romanos 4:16)[23]

"Sin embargo, sabemos que nadie es reconocido como justo por cumplir la ley sino gracias a la fe en Jesucristo. Por esto, también nosotros hemos creído en Jesucristo, para que Dios nos reconozca como justos, gracias a esa fe y no por cumplir la ley. Porque nadie será reconocido como justo por cumplir la ley." (Gálatas 2:16)

"Ahora bien, si alguno trabaja, el pago no se le da como un regalo sino como algo merecido." [5] En cambio, si alguno cree en Dios, que hace justo al pecador, Dios le tiene en cuenta su fe para reconocerlo como justo, aunque no haya hecho nada que merezca su favor." (Romanos 4:4-5)

"Por tanto, está claro que nadie es reconocido como justo en virtud de la ley; pues la Escritura dice: 'El justo por la fe vivirá'." (Gálatas 3:11)

Estos maravillosos versículos de la Escritura dejan bien en claro que somos justificados (aceptable a Dios) por la gracia por medio de la fe en Jesucristo. Es por la gracia de Dios ofrecida por medio de la muerte de Su Hijo en la cruz que nuestros pecados pueden ser perdonados. Como pecadores, no hay nada que podamos hacer para merecer la salvación de Dios. La Biblia claramente establece: "El pago que da el pecado es la muerte, pero el don de Dios es vida eterna en unión con Cristo Jesús, nuestro Señor" (Romanos 6:23). Como el apóstol lo indica en Gálatas 2:21, si nos hubiéramos podido salvar con nuestras buenas obras entonces Cristo murió en vano. ¿No hubiera Dios guardado a Su Hijo de la muerte en la cruenta cruz si nos hubiéramos podido salvar a nosotros mismos por medio de las buenas cosas que podemos hacer? "La gracia salvadora, por definición, excluye todo el concepto de las obras o méritos humanos. Ningún mérito humano, aun los que supuestamente se producen por la obras humanas realizadas en estado de gracia, jamás resistirán el juicio de Dios. Sólo permanecerá la justicia de Cristo, aprendida por la fe.[24](Para información adicional ve la lección 5).

El poderoso y convincente testimonio de la Palabra de Dios es que somos salvos por gracia por medio de la fe. La gracia de Dios (Su favor inmerecido) perdona todos nuestros pecados cuando ponemos nuestra fe (confianza) en Su Hijo Jesucristo quien murió en la cruz por nosotros. "La justificación es sólo por la fe para que pueda ser por gracia solamente."[25] Es sólo al poner toda nuestra fe en la obra completa de Cristo en la cruz sin reclamo de mérito humano que podemos recibir la salvación como Su regalo gratis para nosotros. "La fe abandona todo esfuerzo a las obras o méritos y obra nuestra total dependencia en Dios, no únicamente por la provisión de una manera de salvación, sino por toda la acción de la salvación."[26] De los siete sacramentos, los tres primeros (Bautismo, Eucaristía y Confirmación) se consideran sacramentos de iniciación. Los dos siguientes (Penitencia y Unción de los enfermos) se consideran sacramentos de sanidad. Los dos últimos (Santas órdenes y Matrimonio) se consideran sacramentos de servicio. Vea McCarthy, op. Cit., 98

> "Mas a cuantos lo recibieron, a los que creen en su nombre, les dio el derecho de ser hijos de Dios" (Juan 1:12).

¿Se recibe la salvación por medio de los sacramentos o como una experiencia personal con Cristo?

La iglesia católica enseña que la salvación se recibe por medio de los sacramentos

La iglesia católica romana enseña que los sacramentos son necesarios para la salvación.[27] Se concibe que los siete sacramentos como los medios "primarios por los cuales Dios concede la santificación y la gracia actual sobre los fieles.[28]

GRACIA

BAUTISMO   EUCARISTÍA   CONFIRMACIÓN   PENITENCIA   UNCIÓN
- - - //- - - -//- - - - - -//- - - - -//- - - -//- - - -

LA PERSONA

Los católicos definen sacramento como: "una señal instituida por Cristo para dar gracia."[29] Cada sacramento no es visto por la iglesia como una expresión meramente simbólica, sino como un canal de la gracia de Dios. Es por medio de los sacramentos que Dios confiere gracia. John O'Brian afirma:

> [Cristo] de igual manera estableció los sacramentos que sirven como tantos canales por medio de los cuales la gracia y las bendiciones de la redención alcanzan el alma de cada individuo recipiente . . . Cristo por Sus sufrimientos y muerte ganó una vasta reserva. Es necesario que algunos de los medios sean diseñados para usar la reserva y llevar sus riquezas a nuestras almas. Los sacramentos son los medios: canales de la gracia divina para las almas de los hombres.[30]

Un catecismo usa un cuadro similar a la siguiente ilustración de los sacramentos por medio del cual la gracia fluye al individuo.

Bautismo

De acuerdo a la teología católica: "el bautismo es el sacramento del renacimiento por medio del cual Jesús da gracia santificadora que no une con su cuerpo místico."[31] El bautismo quita el pecado original, justifica a la persona y hace a la persona miembro de la iglesia católica. El bautismo infunde gracia santificadora al recipiente. El bautismo se considera absolutamente indispensable para la salvación El Concilio de Trento decretó: "Si alguno dice que el bautismo es opcional, que no es necesario para la salvación, que sea anatema."[32] (Para más información vea la lección 9).

Eucaristía

"La santa eucaristía es el sacramento y, el sacrificio en el cual Jesucristo está contenido bajo la apariencia del pan y del vino, es ofrecido y recibido."[33]

La teología católica enseña que en la celebración de la eucaristía el pan viene a ser el cuerpo de Cristo y el vino viene a ser Su sangre. La eucaristía se considera como el acto central del catolicismo.[34] Se anima a que los católicos participen frecuentemente de la eucaristía.

Confirmación

La teología católica enseña que la "confirmación es el sacramento por medio del cual Jesús nos confiere el Espíritu Santo, haciéndonos miembros completamente responsables del cuerpo místico. También recibimos las gracias del Espíritu Santo, especialmente las que nos capacitan para explicar y esparcir la fe."[35] "Usualmente el obispo administra la confirmación."[36] Los católicos usualmente se confirman a la edad de doce años después de recibir la instrucción prescrita en las doctrinas de la iglesia.

Penitencia

La teología católica afirma que "la penitencia es el sacramento por el cual Jesús por medio de la absolución, perdona los pecados cometidos después del bautismo."[37] Generalmente, la penitencia se recibe a la edad de ocho años, anterior a la primera comunión. Subsecuentemente, se espera que los católicos confiesen sus pecados al sacerdote, quien a su vez propone la penitencia y declara la absolución.

La unción de los enfermos

Este sacramento antes se conocía como la extremaunción. "El sacramento de la unción de los enfermos es el sacramento en el cual Jesús, por medio de la unción y las oraciones del sacerdote, ofrece salud y fortaleza a la persona que ahora está seriamente enferma."[38] A veces este sacramento se oficia para rogar por la salud física. Cuando las personas están a punto de morir, sin embargo, este sacramento se da junto con la penitencia y la eucaristía. Este conjunto se denomina como los últimos ritos.

Las santas órdenes

Este es el sacramento de la ordenación.[39] Por medio de este sacramento, los hombres son incorporados al episcopado como obispos, al presbiterio como sacerdotes o al diaconado como diáconos.[40]

El matrimonio

Este es la ceremonia del casamiento de la iglesia católica. Este sacramento "da la gracia para vivir la vida matrimonial cristiana."[41]

La iglesia católica enseña que de los siete sacramentos, *cinco* son esenciales para la salvación (bautismo, confirmación, santa eucaristía, penitencia y la unción por los enfermos). Aun después de participar de todos estos sacramentos, sin embargo, la persona no tiene la seguridad de la salvación, porque si ha cometido un pecado después de haberse confesado, irá al purgatorio y residirá allí hasta que sea purgado de sus pecados. ¿Qué enseña la Biblia de la manera en la cual se recibe la salvación? (Vea la lección 3 para más información sobre los sacramentos).

La Biblia enseña que la salvación es el resultado de una experiencia personal con Cristo

"Y con muchas otras razones les exhortaba insistentemente: —¡Sálvense de esta generación perversa! Así, pues, los que recibieron su mensaje fueron bautizados, y aquel día se unieron a la iglesia unas tres mil personas. Se mantenían firmes en la enseñanza de los apóstoles, en la comunión, en el partimiento del pan y en la oración. Todos estaban asombrados por los muchos prodigios y señales que realizaban los apóstoles." (Hechos 2:40-42).

"Dios envió su mensaje al pueblo de Israel, anunciando las buenas nuevas de la paz por medio de Jesucristo, que es el Señor de todos... De él dan testimonio todos los profetas, que todo el que cree en él recibe, por medio de su nombre, el perdón de los pecados... pues los oían hablar en lenguas y alabar a Dios. Entonces Pedro respondió: —¿Acaso puede alguien negar el agua para que sean bautizados estos que han recibido el Espíritu Santo lo mismo que nosotros? Y mandó que fueran bautizados en el nombre de Jesucristo. Entonces le pidieron que se quedara con ellos algunos días." (Hechos 10: 36, 43, 46-48).

"Una de ellas, que se llamaba Lidia, adoraba a Dios. Era de la ciudad de Tiatira y vendía telas de púrpura. Mientras escuchaba, el Señor le abrió el corazón para que respondiera al mensaje de Pablo. Cuando fue bautizada con su familia, nos hizo la siguiente invitación: 'Si ustedes me consideran creyente en el Señor, vengan a hospedarse en mi casa.' Y nos persuadió." (Hechos 16:14-15).

"El carcelero pidió luz, entró precipitadamente y se echó temblando a los pies de Pablo y de Silas. Luego los sacó y les preguntó: —Señores, ¿qué tengo que hacer para ser salvo? —Cree en el Señor Jesús; así tú y tu familia serán salvos —le contestaron. Luego les expusieron la palabra de Dios a él y a todos los demás que estaban en su casa. A esas horas de la noche, el carcelero se los llevó y les lavó las heridas; en seguida fueron bautizados él y toda su familia." (Hechos 16:29-33).

En estos versículos representativos de la Escritura, vemos un patrón. Primero, la gente colocaba su fe en Jesús y luego fueron bautizados. Hechos 2 dice que los que aceptaron el mensaje fueron bautizados. En el caso de Cornelio, es evidente que cuando él y su casa aceptaron a Jesús como su Salvador el Espíritu Santo vino sobre ellos. Esto convenció a Pedro que habían recibido el perdón de pecados por medio del nombre de Cristo. Fue en esta base que él los bautizó. Hechos 16 claramente afirma que Lidia permitió que el Señor abriera su corazón para aceptar el evangelio como Pablo lo presentó y luego fue bautizada. La clara indicación de Hechos 16 es que el carcelero filipense y su familia siguieron el consejo de Pablo y creyeron en el Señor Jesucristo y luego fueron bautizados. Es claro que la gente mencionada en estos pasajes de la Escritura no se salvó por el rito del bautismo. Fueron salvos porque colocaron su fe en el Señor Jesucristo y luego fueron bautizados. De igual manera, Cornelio y su familia no recibieron el sacramento de la confirmación a fin de ser salvos. Creyeron en Jesucristo como su Salvador, recibieron el Espíritu Santo y luego fueron bautizados. Más adelante discutiremos en más detalle el concepto de los sacramentos como se enseñan por la iglesia católica. Es suficiente indicar aquí que la Biblia no enseña que la gracia salvadora viene por medio de un acto ceremonial (tal como los sacramentos) sino como resultado de una fe personal en Jesucristo. (Para una discusión más completa de los sacramentos, vea la lección 3).

¿Es mediada la salvación por medio de la iglesia católica o por medio de Jesucristo?

La teología católica enseña que la salvación se media por la iglesia.

Los teólogos católicos enseñan que la salvación se obtiene por la mediación de la iglesia. Su posición es que la salvación no se puede obtener fuera de la iglesia católica.[42]

Basados en la experiencia de Cornelio en el libro de los Hechos, que era un hombre devoto y temeroso de Dios, aun antes de ser bautizado, los teólogos católicos afirman que la gente que no tiene herencia católica sin que esto sea su falta puede obtener la salvación.[43] Este beneficio, sin embargo, no está reservado para los que no aceptan la mediación de la iglesia católica.[44] El Catecismo Contemporáneo explica:

> La iglesia católica enseña que Dios desea la salvación de todos que son salvos en y por medio de Cristo; para pertenecer a la iglesia fundada por Cristo, conocida y entendida como la comunidad de salvación, es necesaria para la salvación; lo que tienen este conocimiento y entendimiento y deliberadamente rechazan esta iglesia no pueden ser salvos.[45]

La teología católica enseña que la salvación se media por los sacramentos de la iglesia. En virtud del hecho que los sacramentos se ofrecen por medio de la iglesia, esta es el canal de salvación para la gente. La iglesia se considera como una clase de sacramento general y es visto como un signo e instrumento de gracia que une a los hombres sobrenaturalmente con Dios y al uno con el otro.[46]

John O'Brian declara;

> La administración de los sacramentos se le ha confiado a la iglesia a la cual Jesucristo mismo le dio jurisdicción sobre el depósito de la verdad divina y sobre los medios de justificación. . . Los sacramentos y el santo sacrificio de la misa son los canales principales por medio de los cuales el fruto de la redención, las bendiciones de las gracias de Dios, se aplican a los individuos.[47]

La iglesia católica no enseña que la salvación se obtenga de una manera directa y personal, sino por la mediación de la iglesia.

La Biblia enseña que hay sólo un Mediador

Cristo es nuestro único Mediador

> "Porque hay un solo Dios y un solo mediador entre Dios y los hombres, Jesucristo hombre, quien dio su vida como rescate por todos. Este testimonio Dios lo ha dado a su debido tiempo" (1 Timoteo 2:5-6).

> "Yo soy el camino, la verdad y la vida —le contestó Jesús—. Nadie llega al Padre sino por mí" (Juan 14:6).

> "Yo soy la puerta; el que entre por esta puerta, que soy yo, será salvo. Se moverá con entera libertad, y hallará pastos. El ladrón no viene más que a robar, matar y destruir; yo he venido para que tengan vida, y la tengan en abundancia" (Juan 10:9-10).

> "De hecho, en ningún otro hay salvación, porque no hay bajo el cielo otro nombre dado a los hombres mediante el cual podamos ser salvos" (Hechos 4:12).

Cristo es nuestro único Sumo Sacerdote

> "Mis queridos hijos, les escribo estas cosas para que no pequen. Pero si alguno peca, tenemos ante el Padre a un intercesor, a Jesucristo, el Justo. Él es el sacrificio por el

perdón de nuestros pecados, y no sólo por los nuestros sino por los de todo el mundo" (1 Juan 2:1-2).

"Si confesamos nuestros pecados, Dios, que es fiel y justo, nos los perdonará y nos limpiará de toda maldad" (1 Juan 1:9).

"Por eso también puede salvar por completo a los que por medio de él se acercan a Dios, ya que vive siempre para interceder por ellos" (Hebreos 7:25).

"Por lo tanto, ya que en Jesús, el Hijo de Dios, tenemos un gran sumo sacerdote que ha atravesado los cielos, aferrémonos a la fe que profesamos. Porque no tenemos un sumo sacerdote incapaz de compadecerse de nuestras debilidades, sino uno que ha sido tentado en todo de la misma manera que nosotros, aunque sin pecado. Así que acerquémonos confiadamente al trono de la gracia para recibir misericordia y hallar la gracia que nos ayude en el momento que más la necesitemos" (Hebreos 4:14-16).

Estos versículos abundantemente aclaran que Cristo es el todo suficiente Mediador y Sacerdote, por lo tanto debemos ir directamente a Él para nuestra salvación y nuestra santificación. A veces los católicos romanos presentan el argumento que Jesús es el juez y que María es la misericordiosa mediadora. Otros afirman que es más fácil ir con el sacerdote porque él puede más fácilmente entender su situación. Aunque estas afirmaciones puedan reflejar una lógica humana impecable, están absolutamente equivocados porque no son bíblicas. Note que Hebreos 4 afirma categóricamente que Cristo es el todo suficiente Mediador y Sacerdote. Nadie puede entendernos mejor y ser más misericordioso que Cristo porque nadie más ha muerto por nuestros pecados y nadie más está a la mano derecha del Padre intercediendo por nosotros. Por lo tanto, no desperdiciemos el tiempo en busca de otros mediadores sino lleguémonos confiadamente a Cristo, porque tenemos la seguridad que si sinceramente le confesamos nuestros pecados, Él alegremente nos perdonará.

¿Se puede tener seguridad de la salvación?

La iglesia católica enseña que no se puede estar seguro de la salvación

La iglesia católica define la salvación como "la libertad del pecado, la reconciliación con Dios por medio de Cristo y la unión con Dios en el cielo para siempre."[48]

Aunque estamos de acuerdo que esta es una excelente definición, la verdad es que la iglesia católica no enseña la seguridad de que el creyente tiene de estar con Dios en el cielo para siempre. A pesar del hecho que una persona haya recibido todos los sacramentos, la persona no tiene la seguridad de la salvación del juicio venidero porque la iglesia católica enseña que la salvación no es un evento sino un proceso. Este proceso involucra la frecuente recepción de los sacramentos y la cooperación de la gracia santificadora, que se recibe en el bautismo. Sin embargo, esta gracia santificadora se puede perder al cometer pecados serios deliberados. Así se hace necesario que un persona continúe llenándose de gracia (llamada gracia actual lo cual es temporal) por medio de los sacramentos (especialmente la penitencia). No es, por lo tanto, sino hasta cuando la persona muere y se purifica por las llamas del purgatorio, que un católico puede estar seguro de entrar en el cielo. El Catecismo Contemporáneo Católico dice:

"Hombres buenos que mueren en la gracia pueden ser purificados de todo pecado e imperfección antes que puedan ganar el gozo eterno del cielo. Ninguno de nosotros, no importan que tan cerca esté de Cristo y qué cristiana sea su vida, se sentirá listo para entrar en el cielo como está. La vía del purgatorio, el tiempo, el lugar o la longitud se esconden en el misterio. Dios simplemente no nos a comunicado estas revelaciones."[49]

El catecismo usa primordialmente dos versículos de la Escritura para apoyar la existencia del purgatorio. El primero de ellos es Apocalipsis 21:27, que dice: "Nunca entrará en ella nada impuro." La explicación es que si una persona comete un pecado después de haberse confesado y muere, tal persona no está lista para ir directamente al cielo y por lo tanto tiene que ir al purgatorio para purgar por sus pecados. El otros pasaje está en 2 Macabeos 12:43-46, en el cual Judas Macabeo orden una que se recoja una ofrenda para que se lleve y pueda ser ofrecida en Jerusalén "hizo ofrecer ese sacrificio por los muertos, para que Dios les perdone su pecado." Estos eran soldados judíos que habían muerto en el campo de batalla tratando de liberar a Israel. Es importante que entendamos que esto sucedió en el contexto judío, no en el cristiano. El Nuevo Testamento no enseña tal doctrina. El catecismo admite que "la razón más que las Escrituras guían a la iglesia a creer en el purgatorio para los muertos." Sin embargo, la iglesia enseña el concepto del purgatorio, lo cual contribuye a la inseguridad que muchos católicos tienen en relación con su salvación. Muchos piensan que tienen que ir al purgatorio antes de ir al cielo. Esto se ve claramente en el comentario del católico Nevins:

> "Si uno estudia las vidas de los santos canonizados, se da cuenta que, a pesar de una vida de santidad heroica, ninguno de ellos clamó ser salvo, sino que continúan trabajando por su salvación hasta el momento de la muerte, que vino en la esperanza de la misericordia y la justicia de Dios."[50]

¿Cómo puede la iglesia católica afirmar que la gracia salvadora se recibe en el momento del bautismo, y con todo enseñar que en esta vida la persona no puede estar segura que va al cielo?

En *The Gospel According to Rome*, McCarthy explica:

> Aunque los católicos pueden obtener la justificación en un instante por medio del bautismo, la pueden perder así de rápido por medio de un pecado mortal. En el mismo día, un católico se levanta justificado, pierde la gracia santificadora por un pecado mortal y es justificado por el sacramento de la penitencia. Para algunos católicos, el ciclo se repite ciento de veces durante su vida, con todo sólo el estado del alma al momento de morir es lo que finalmente cuenta.[51]

La iglesia católica enseña que los pecados de la persona pueden ser perdonados, con todo, tendrá que encarar el castigo temporal por sus pecados. Hardon explica:

> Una de las características distintivas del cristianismo católico es la noción del castigo temporal debido al pecado. Detrás de esta noción está la creencia que la culpa de una persona ante Dios se puede remitir sin necesariamente cancelar la deuda del castigo por haber roto la ley divina. Los pecados veniales llevan con ellos sólo el castigo temporal, sea en esta vida o en el purgatorio; los pecados mortales llevan el castigo eterno,

que siempre se remite con la remisión de la culpa, pero el castigo temporal sin expiación puede que venga. La expiación se hace para Dios por medio de los méritos de Jesucristo "por las penitencias enviadas por Dios y pacientemente sufridas, o las que imponga el sacerdote, o por las penitencia voluntariamente asumidas, tales como ayunos, oraciones, limosnas u otras obras de piedad."[52]

Debido a las enseñanzas de la iglesia católico romana concerniente a los sacramentos, las distinción se hace entre pecado venial y mortal, y la noción que el pecado puede ser perdonado, con todo tendrá castigo temporal, la persona tiene que trabajar continuamente hacia su salvación. Si una persona es bautizada y entonces comete pecados, tiene que ir a la confesión para que se le perdonen esos pecados. Si una persona después de confesarse comete un pecado venial y muere, tendrá que ir al purgatorio antes de ir al cielo. Sin embargo, si una persona comete un pecado mortal y muere sin confesarse, la persona va a los infiernos. Esta incertidumbre mantiene a la persona adivinando y esperando que haga suficientes buenas obras para merecer la gracia salvadora y que no tenga pecados no confesados al tiempo de morir de otra manera irá al infierno o al purgatorio antes de ir al cielo.

Lo triste es que la gente no tiene seguridad de su salvación aun después de haber observado las prácticas de la iglesia con gran devoción, y esto tiene implicaciones para la vida presente tanto como para la venidera. Les falta el gozo de su salvación y la esperanza viva de la vida eterna.

La Biblia enseña que se puede estar seguro de la salvación

"Ciertamente les aseguro que el que oye mi palabra y cree al que me envió, tiene vida eterna y no será juzgado, sino que ha pasado de la muerte a la vida" (Juan 5:24).

"Les escribo estas cosas a ustedes que creen en el nombre del Hijo de Dios, para que sepan que tienen vida eterna" (1 Juan 5:13).

"Yo les doy vida eterna, y nunca perecerán, ni nadie podrá arrebatármelas de la mano" (Juan 10:28).

"En él también ustedes, cuando oyeron el mensaje de la verdad, el evangelio que les trajo la salvación, y lo creyeron, fueron marcados con el sello que es el Espíritu Santo prometido. Éste garantiza nuestra herencia hasta que llegue la redención final del pueblo adquirido por Dios, para alabanza de su gloria" (Efesios 1:13-14).

"Pero si vivimos en la luz, así como él está en la luz, tenemos comunión unos con otros, y la sangre de su Hijo Jesucristo nos limpia de todo pecado" (1 Juan 1:7).

"El Hijo es el resplandor de la gloria de Dios, la fiel imagen de lo que él es, y el que sostiene todas las cosas con su palabra poderosa. Después de llevar a cabo la purificación de los pecados, se sentó a la derecha de la Majestad en las alturas" (Hebreos 1:3).

"Antes de recibir esa circuncisión, ustedes estaban muertos en sus pecados. Sin embargo, Dios nos dio vida en unión con Cristo, al perdonarnos todos los pecados y anular la deuda que teníamos pendiente por los requisitos de la ley. Él anuló esa deuda que nos era adversa, clavándola en la cruz" (Colosenses 2:13-14).

En esto y en otros versículos vemos (Hechos 10:43; Efesios 1:7; 1 Pedro 3:18; 1 Juan 5:11-13) la seguridad que Jesús da si se lo acepta como Salvador y Señor, la salvación es nuestra posesión. Los dos primeros versículos usan el verbo "poseer" en tiempo presente. La Biblia no dice que los que ponen su confianza en el Señor poseerán o que tienen la esperanza de poseer la vida eterna en el futuro. En los versículos tercero y cuarto se nos asegura la seguridad que Cristo nos da de la salvación. Tenemos la seguridad de Cristo que nadie nos arrebatará de Su mano. También tenemos el Espíritu Santo, que nos ha sellado. Él es la garantía (nuestro anillo de compromiso) de nuestra salvación. En 1 Juan 1:7, tenemos la seguridad que si caminamos en compañerismo con Cristo Su sangre continúa limpiándonos de todo pecado. Esta verdad también se afirma en Hebreos 1:3, que claramente afirma que Jesús "proveyó purificación por los pecados." En Colosenses 2:13-14, tenemos la seguridad que la deuda de nuestros pecados, tanto como su castigo, fueron cancelados por el sacrificio de Cristo en la cruz. Por esto es capaz de decirle al penitente en la cruz: "Te aseguro que hoy estarás conmigo en el paraíso" (Lucas 23:43). Esto hace que el purgatorio sea totalmente innecesario.

Donald Whitney explica:

> "La seguridad de la salvación es la conciencia dada
> por Dios que Él ha aceptado la muerte de Cristo a favor
> nuestro y nos ha personado nuestros pecados. Esto
> involucra la confianza que Dios nos ama, que nos ha
> escogido y que iremos al cielo. La seguridad incluye un
> sentido de libertad de la culpa del pecado, alivio del temor
> del juicio y el gozo en nuestra relación con Dios nuestro
> Padre."[53]

Algunos católicos tienen la impresión que los evangélicos "tienen una seguridad simplista de la certidumbre de la salvación, lograda instantáneamente cuando se acepta a Cristo como Salvador"[54] Citan a Mateo 7:21 ("No todo el que me dice: 'Señor, Señor', entrará en el reino de los cielos, sino sólo el que hace la voluntad de mi Padre que está en el cielo.") para apoyar su argumento. Algunos creen que cometemos el pecado de presunción cuando declaramos que estamos seguros de nuestra salvación.

Al explicar nuestra seguridad de la salvación, necesitamos estar seguros que enfatizamos que esta seguridad se basa en las promesas de Cristo (p. ej., Juan 5:24) y no en nuestro mérito personal. Además, tenemos que enfatizar que la salvación no es un asunto de hacer una profesión pública de fe. Se tiene que ser un discípulo que sigue las enseñanzas de Cristo (Romanos 8:1). En otras palabras, la salvación genuina se expresa a sí misma en un discípulo genuino. Las buenas obras que la persona hace serán el resultado de esta salvación y no el medio para obtenerla (Romanos 11:6).

Conclusión

La iglesia católica enseña que la salvación es mediada, sacramental e incierta. En contraste, los evangélicos basan su concepto de salvación en los versículos de la Escritura que hemos revisado tanto como de numerosos más. Estos versículos enseñan que podemos estar seguros de nuestra salvación, que nuestra salvación es personal (podemos ir directamente a Cristo, nuestro Mediador), y que la salvación es por la gracia por medio de la fe en Cristo y no por medio de los sacramentos. El profesor Borrás lo afirma así cuando dice:

> Tenemos que explicar que la salvación es algo
> personal y que pertenecemos a la iglesia de Cristo porque
> somos creyentes, no al contrario. No es la iglesia lo que
> engendra miembros por medio del sacramento bautismal

sino el Señor que añade a la iglesia, uno por uno, a los que han sido salvos por medio del Espíritu Santo.[55]

En el siguiente capítulo, compartiremos algunos métodos que se pueden usar para explicar el plan de la salvación de Dios a nuestros amigos católicos que no han recibido a Cristo como su Salvador personal. Es importante, sin embargo, indicar al principio que guiar a otros a la fe personal en Cristo involucra más que sencillamente compartirles los "elementos del evangelio." La salvación no es sólo asentimiento mental a una serie de creencias. La salvación viene como resultado de una experiencia personal y espiritual con el Cristo vivo. Esto significa primero que todo, que todos necesitamos orar que el Espíritu Santo trabajará en el corazón de nuestros amigos, tanto como en el nuestro al procurar compartir la enseñanza bíblica en relación con la salvación. También significa que necesitamos compartir el testimonios de nuestra propia experiencia de salvación y como ésta ha cambiado nuestras vidas. Para los cristianos nominales que se consideran a sí mismos católicos, la idea de la salvación no incluye una permanente relación vital con Cristo, sino la observación de una serie de reglas y de una vaga noción que más buenas obras que malas de alguna manera los llevarán al cielo. Aun algunos católicos que asisten a la iglesia regularmente y reciben los sacramentos no tienen una relación personal con Cristo, la confianza que sus pecados han sido perdonados y la seguridad de ir al cielo cuando mueran. Para ellos la salvación es una largo e incierto proceso. Por esto es por lo que el evangelio es la buena nueva de salvación en Cristo Jesús. Este debe motivar a los cristianos que han nacido de nuevo a que compartan el evangelio con los que no lo han oído o no lo entienden.

NOTAS

1   Los autores han conocido personalmente a cada persona descrita en estas presentaciones que se tienen al principio de cada capítulo. A fin de mantener la privacidad, los nombres en estos casos de estudio se han cambiado.

2   Un caso similar se puede ver en Hechos al hablar en lenguas. Hechos 2:1-13 da la completa clave interpretativa para la lectura posterior de narraciones menos detalladas del mismo fenómeno (p. ej., 8:14-17; 9:17-18; 10:44-48 y otros).

3   Note que Juan ofrece dos narraciones de la limpieza del templo por Jesús, la primera al comienzo de su ministerio (2:14-18).

4   Muchos estudiantes de la Biblia creen que los versículos 16-21 no son palabras de Jesús sino la interpretación de Juan del mensaje del Señor a Nicodemo. Sin importar quien sea el que habla es su mensaje el que ofrece una importante elaboración. Marcus Dods, *The Gospel of St. John*, *TEGT* (Grand Rapids: Wm. B. Eerdmans, 1961), 716-717.

5   Gail R. O'Day *The Gospel of John*, (Nashville : Abingdon, 1995), 552.

6   Jesús algunas veces empleó una actitud severa hacia los que lo buscaban, pero lo hizo con miras a extraer la calidad y sinceridad de su búsqueda (p. ej., Marcos 5:25-34; Mateo 15:21-28; Juan 2:1-5).

7   Los cuatro niveles de comunicación en el bosquejo siguiente son tomados de G. Campbell Morgan, *The Great Physician*, (London: Marshall, Morgan, & Scout, 1963), 74-79.

8   Los evangelios sinópticos todos registran la pregunta de Jesús sobre la evaluación de las masas de Su persona tanto como la de Sus discípulos (Mateo 16:13-16; Marcos 8:27-29; Lucas 9:18-20). De la respuesta de los discípulos a Jesús como el Cristo es evidente que reconocer Su oficio profético era insuficiente.

9   La mayoría de los sermones, presentaciones y diálogos son estilizados y formados por las consideraciones teológicas del escritor inspirado. Las narraciones, aunque son cortos sumarios, no son ficticias.

10 La distinción entre la metáfora y el símil yace en el uso o ausencia de conector tal "como, parece," etc. Mientras que los símiles hacen conexiones explícitas éstas con implícitas en las metáforas. Vea Robert H. Stein, *The Method and Message of Jesus' Teachings*, (Philadelphia: Westminster, 1978), 14, 15.

11 Ibid., 1. Stein nota "Maestro" se usó 45 veces de Jesús en los cuatro evangelios.

12 Los ejemplos incluyen el apasionado ruego de Pablo a los Gálatas (Gálatas 4:12-20), Su demostración de afecto a los tesalonicenses (1 Tesalonicenses 3:5-10).

13 Matthias Premm, *Dogmatic Theology for the Laity* (Rockford, IL: Tan Books, 1967), 262.

14 Concilio de Trento, sesión 6, "Decreto sobre la Justificación," capítulo 16.

15 Concilio de Trento, sesión 6, "Decreto sobre la Justificación," canon 32.

[16] James McCarthy, *The Gospel According to Rome*, (Eugene: Harvest House Publishers, 1995), 101, 102.

[17] James McCarthy, obra citada, McCarthy cita a Tomas de Aquino, *Summa Theologica*, Partes 1-11, q. 114. Art. 3.

[18] McCarthy además explica que existen tres formas de merecer el premio: aumento de gracia, vida eternal, y aumento de Gloria en el cielo, obra citada, 98-100.

[19] James White, *The Roman Catholic Controversy*.

[20] Esta versión ha sido aprobada para el uso de los miembros de la iglesia católica (New York: Sociedades Bíblica Unidas, 1983).

[21] Hemos insertado la frase "lavado de regeneración" porque en el griego la palabra "loutpou" (que significa lavar) se ha usado en lugar de la palabra "baptismatos" (que significa bautismo).

[22] En lugar de la frase "en la esperanza de la vida eternal" hemos usado la frase "de acuerdo a la esperanza de la vida eterna" porque el griego usa la palabra "kata" (que significa de acuerdo con).

[23] Aquí hemos usado una traducción del griego para indicar la relación entre la fe y la gracia más claramente. *Novum Testamentum Graece*, (New York: American Bible Society, 1957),899.

[24] James R. White, *The Roman Catholic Controversy* (Minneapolis: Bethany House Publishers, 1996), 150-151.

[25] Ibid., 151.

[26] Ibid., 150.

[27] Michael A. McGuire, Baltimore Catechism No. 1, (New York: Benzinger Brothers, 1942), p.36.

[28] McCarthy, op. Cit., 55-57. McCarthy explica que la "gracia santificadora" es un regalo del Espíritu Santo inicialmente dados a los individuos por medio del sacramento del bautismo. La gracia actual es una ayuda sobrenatural para hacer el bien y evitar el mal.

[29] Killgallon, *Life in Christ*, p. 155.

[30] John O'Brian, The faith of Millions (Huntington, IN: Our Sunday Visitor, Inc., 1974), 142.

[31] Killgallon, *Life in Christ*, p. 160. Vea también *Baltimore Catechism* No. 1, pp. 87-88.

[32] Concilio de Trento, Canon 5 del Decreto Concerniente a los Sacramentos.

[33] Killgallon, *Life in Christ*, p.175.

[34] McCarthy, op. Cit., 333.

[35] Killgallon, *Life in Christ*, p. 167.

[36] McGuuire, *Baltimore Catechism*, p. 90.

[37] Killgallon, *Life in Christ*, p. 187.

[38] Killgallon, *Life in Christ*, p. 198.

[39] William J. Cogan, *Catechism for Adults*, (Yougston, Arizona: Cogan Productions, 1975), p. 59.

[40] McCarthy, op. Cit., 335.

[41] Ibid.

42   *Saint Irenaeus, Adversus Haereses*, II, 24, 1.

43   Origen *Homili in Jesu* Nave, 3, 5.

44   John A Hardon, S. J., *The Catholic Catechism* (New York: Image Books, 1981), 234.

45   *Contemporary Catholic Catechism*, 251; 15. Foy A. Felician, *Catholic Almanac Catechism*, No. 1 (New York: Benzinger Brothers, 1942), 36. A. McGuire, *Baltimore Catechism* (Huntington: Our Sunday Visitor, 1977), 380.

46   Walter M. Abbott, *The Documents of Vatican II* (New York: America Press, 1966), 66.

47   John O'Brien, *The Faith of Millions* (Huntington: Our Sunday Visitor, Inc., 1974), 142.

48   Roy A. Felician, *Catholic Almanac* (Huntington: Our Sunday Visitor, 1992), 326.

49   Williams, *Contemporary Catholic Catechism*, p. 251.

50   Albert J. Nevins, M.M., *Answering a Fundamentalist* (Huntington: Our Sunday Visitor, 1992), 326.

51   McCarthy, Op. Cit., 104.

52   Hardon, *The Catholic Catechism*, 490.

53   Donald S. Whitney, *How Can I Be Sure I'm A Christian*? (Colorado Springs: NavPress Publishing Group, 1994), 12.

54   Albert J. Nevins, *Answering a Fundamentalist* (Huntington: Our Sunday Visitor, 1990), p.13.

55   José Borrá, "Catholicism Today and Our Missin Task," *Baptist Witness in Catholic Europe* (Rome: Baptist Publishing House, 1973), p.109.

CAPÍTULO 2

APRENDER CÓMO COMPATIR EL MENSAJE DE SALVACIÓN

Introducción: El descubrimiento de José

Durante las olimpiadas de invierno de 1980 en el Lake Placid, Nueva York, algunos estudiantes vinieron de varios seminarios evangélicos para ayudarnos con la sublime tarea de compartir las buenas nuevas de salvación con la gente que venía de todas partes del mundo. A fin de prepararnos para este evento histórico, instalamos un centro al cual podíamos invitar a la gente para dialogar con ellos y compartir refrescos. También capacitamos muchos voluntarios en adición a los seminaristas. Entre los estudiantes seminaristas que vinieron se encontraba José O'Brien. Después de saludarle comenté que era estupendo tener algunos con trasfondo irlandés entre nosotros porque no tenemos muchos irlandeses en nuestras iglesias evangélicas. Se sonrió y dijo: "Yo era católico. En efecto, estudiaba para el sacerdocio cuando tuve una experiencia personal con Cristo la cual cambió mi vida." Cuando dijo eso, lo invite que nos quitáramos de la nieve y que entráramos al centro. Yo me interesé en saber más acerca de esta experiencia que él había tenido.

Una vez en el centro, mientras que tomábamos chocolate caliente, le pedí a José que me contara de su peregrinaje espiritual. Me dijo que había crecido en un hogar irlandés típicamente católico en la parte noreste del país. Había estudiado en la escuela de la parroquia, había servido como monaguillo y que al graduarse de la universidad se había matriculado en un seminario católico romano. Un día cuando estaba sentado en una banca de un parque un anciano se acercó y se sentó junto a él y empezó la conversación. Él le preguntó a José: "¿Te molesta si te comparto la experiencia más importante de mi vida?" José pensó: "Si se lo permito se contentará y me dejará solo." José entonces le dijo que estaba bien que lo hiciera. El hombre empezó a contarle que acostumbraba ser muy religioso, que seguía las enseñanzas de la iglesia tanto como podía en esperanza que sus buenas obras fueran mayores que las malas y que de alguna manera algún día pudiera entrar en el cielo. Añadió que a pesar de todo eso, no se sentía cerca de Dios, había un vacío en su vida, un agobiante temor que al final tal vez no pudiera ser suficientemente bueno para ir al cielo. Añadió que había compartido su lucha con un compañero de trabajo, quien a su vez, le dio un Nuevo Testamento indicándole que lo leyera. Al empezar a leerlo encontró porciones que hablaban directamente a sus necesidades e indicaban la posibilidad de conocer a Cristo directamente de una manera espiritual.

Después de mucho leer los evangelios, llegó el momento cuando le oró a Jesucristo, le pidió que perdonara sus pecados, y lo invitó a que guiara su vida. El anciano dijo: "Esto resultó en un cambio completo de mi vida." Luego añadió: "Ahora sé que Jesucristo me ha perdonado mis pecados, que está conmigo en cada experiencia de me vida y que estaré listo para encontrarme con Él en el cielo cuando muera, no por ninguna cosa buena que haya hecho, sino porque Él murió en la cruz para hacer posible mi salvación."

El "viejo" le preguntó a José: "¿Te parece bien si te muestro en la Biblia (Nuevo Testamento) cómo puedes tener una experiencia como ésta con Cristo?" José nuevamente pensó: "Si le permito hacerlo, me dejará solo." Cuando José asintió, el "viejo" procedió a usar un Nuevo Testamento marcado en el cual había escrito preguntas como "¿Por qué vino Cristo? ¿Por qué no tenemos esta vida abundante? y ¿Cómo se ha hecho posible esta vida?" En el proceso le ayudó a José a leer los versículos que explican cómo la persona puede recibir el regalo de la salvación. Entonces le preguntó a José si aceptaría esta porción de la Biblia como un regalo. José de nuevo pensó que si lo aceptaba ya se iría y lo dejaría tranquilo. El hombre le agradeció a José por haber recibido el regalo y le dijo: "¿Qué le parece si oro por usted antes de irme?" Como era la petición final, José estuvo de acuerdo que orara. El hombre empezó orando el Padrenuestro, que José lo siguió fácilmente. Sin embargo el hombre luego oró específicamente por José mencionando su nombre y pidiéndole a Dios que lo bendijera y que lo guiara en su deseo de conocerlo mejor Él. Cuando el hombre terminó de orar, José le volvió la espalda para que no pudiera ver las lágrimas que vertía. José me dijo: "Estallé en llanto. Nunca en mi vida nadie había orado mencionando mi nombre y pidiéndole a Dios que me bendijera."

José luego tomó el Nuevo Testamento y se fue. En su cuarto, de nuevo leyó las preguntas y las respuestas. Sin embargo, cada vez ponía el Nuevo Testamento a un lado y decía: "Esto es interesante, pero no es lo que la iglesia enseña de cómo una persona pude tener paz con Dios. Recibimos la gracia salvadora por medio de los sacramentos." Durante los días siguientes, José volvía leer los versículos y luchaba con su significado. Un día tanto le tocó el mensaje de estos versículos que se arrodilló al lado de su cama y oró: "Oh, Señor, si lo que estoy leyendo es verdad, entonces me arrepiento de mis pecados y deseo que Cristo venga a mi vida." José entonces empezó a experimentar la presencia de Dios como nunca antes la había experimentado. Se sintió en paz con Dios y un sentido de seguridad en cuanto a su futuro. No obstante, había muchas enseñanzas de la iglesia católica que eran diferentes de lo que leía en la Biblia. Lo que hacía difícil era que había muchos líderes de la iglesia católica que él apreciaba y admiraba por su sinceridad y dedicación. Cuando les hacía preguntas, sin embargo, le indicaban las enseñanzas de la iglesia católica y nunca trataban con las porciones de la Escritura que se relacionaban con estas doctrinas. Después de meses de lectura de la Biblia, de examen interior y diálogo, José decidió que no podía continuar estudiando para el sacerdocio. Estaba fuertemente convencido que la Palabra de Dios tenía que ser la autoridad final en todos los asuntos doctrinales.

ESTUDIO BÍBLICO

Jesús y Nicodemo (Juan 3:1-2) [Parte 2]

Introducción

Como lo mostró el primer estudio bíblico, el encuentro de Nicodemo con Jesús (Juan 3:1-21) provee una valiosa lección para entender la naturaleza de la salvación. Canónicamente, es decir que está dentro del evangelio de Juan mismo, Juan exitosamente coloca a Jesús en contraste con el mejor y más noble representante de la tradición religiosa de Israel y es capaz de demostrar la debilidad espiritual de sus tradiciones. En esta historia también vemos la diversidad y progresión de la comunicación que tuvo lugar. Lejos de ser un intercambio de información a la ligera o condescendiente, tanto Nicodemo como Jesús se trataron con respeto y dignidad. Nicodemo tomó el camino menos transitado y en contraste con sus correligionarios demostró deferencia sincera hacia Jesús. Por su parte, Jesús contestó las preguntas honestas de Nicodemo. El intercambio fue desafiante intelectual y afectivo. Se transformó en una conversación de corazón a corazón.

A diferencia de muchos personajes que aparecen una sola vez en el evangelio, Nicodemo aparece tres veces muy importantes (Capítulos 3, 7, 19). La decisión de Juan de traer el evangelio en forma tan secuencial se debe a la inspiración. Al hacerlo así, lo presenta como persona de carne y hueso. La pantalla en que los presentan es un poco pálida; los asuntos se presentan inmediatamente, como lo es la resolución para bien o para mal. Aunque existe evidencia que muchos pasan por un tiempo de lucha personal, como lo veremos, sus asuntos, como en un programa de televisión de 30 minutos, son resueltos rápidamente. Nicodemo, sin embargo, al "resurgir" se ve como quien vive en un contexto más dinámico. En efecto, Juan nos da la oportunidad de ver a Nicodemo en todo lo que él es al presentarlo en el trasfondo de su lucha personal (Capítulo 3), el esfuerzo de balancear el creciente compromiso con Jesús y las presiones sociales (Capítulo 7), y finalmente permitirnos ver su compromiso en acción al encararse con el Cristo crucificado (capítulo 19). Nicodemo es la extrapolación de lo que sólo podemos ver en forma germinal en las vidas de mucha gente mencionada en el evangelio de Juan.[1] Así hay implicaciones en la vida de Nicodemo al avanzar en el evangelio con las decisiones existenciales, los desafíos sociales y las decisiones con costosas ramificaciones. En el proceso Jesús declara,

"Pero yo, cuando sea levantado de la tierra, atraeré a todos a mí mismo" (Juan 12:32).

Es importante notar que Jesús había predicho Su crucifixión a Nicodemo (3:14) y en el final, esta líder religioso se encuentra al pie de la cruz (19:39-40). El apóstol Juan ha escogido a Nicodemo como un caso de prueba, para mostrarnos que este peregrinaje hacia el Salvador a menudo sucede en la vida. Esta lección nos permite ver el progreso de Nicodemo hacia su identificación pública con Jesús como un proceso de cinco fases.[2]

Nicodemo empezó en el punto de *descubrimiento*

Queda sobreentendido que si Jesús nunca hubiese visitado Jerusalén, las impresiones de Nicodemo acerca de Jesús se hubieran formado con información de segunda mano, chisme, calumnia, superstición, etc. Este líder religioso de Israel, sin embargo, tuvo la oportunidad de ver a Jesús obrando a distancia (Juan 2:23) y también habló con Él personalmente (3:1-21). Tuvo la oportunidad ideal para evaluar la integridad del hombre. ¿Igualaban Sus enseñanzas la calidad de Sus acciones? A sabiendas o no, el conocimiento de Nicodemo del Galileo lo llevó al camino del descubrimiento. A lo largo de este camino, descubrió varias verdades con las cuales tuvo que luchar y llegar a una decisión. Al verlo obrar milagros Nicodemo descubrió que Jesús venía de Dios. Estuvo convencido que nadie podría hacer tales señales a menos que Dios estuviese con Él (v. 2). Al escucharlo hablar Nicodemo descubrió que para ver y entrar en el reino de Dios (v. 3, 5), la persona necesitaba haber nacido de nuevo, esto es, nacer espiritualmente.

En este punto temprano en su vida, Nicodemo descubrió la información que no podía ignorar fácilmente. Como ya había concluido que Jesús contaba con el favor de lo alto, Sus palabras y enseñanzas tenían que tomarse seriamente.

Aplicación: Evangelio está cargado de contenido. Muy a menudo, las presentaciones del evangelio son historias sin profundidad que realmente trasmiten débilmente la esencia de la verdad salvadora. Nos conviene entender la naturaleza del *Kerygma* en la predicación de Pablo y Pedro como ocurre en muchas de las cartas del Nuevo Testamento. Aunque no sugiero que cada presentación del evangelio debiera ser el curso completo en teología 101, insisto que la presentación bíblica del evangelio debe incluir un número básico de hechos con los cuales cuando la gente los descubre, el Espíritu puede obrar en la vida de la persona y llevarlo a la fe salvadora.[3]

Nicodemo avanzó a la *deliberación*

Oír la verdad y realmente entender su significado son dos cosas diferentes. Nicodemo no sólo tomó tiempo para escuchar, sino que deseaba comprender completamente. Al saber que Dios había enviado a Jesús, encontró dificultad entender lo que Jesús decía. Por eso preguntó: "¿Cómo puede uno nacer siendo ya viejo?" (v. 4) "¿Cómo es posible que esto suceda?" (v. 9).

Por la conversación es obvio que Nicodemo pensaba en términos físicos en vez de espirituales. La enseñanza de Jesús era muy diferente de a que se le había enseñado a creer. Su tradición religiosa decía que la salvación se obtenía por medio de la observación de la ley, pero Jesús hablaba de la salvación por la fe en el Hijo de Dios (v. 16). Su tradición hacía hincapié en la responsabilidad personal en guardar los minuciosos detalles de la ley y las seiscientas trece ordenanzas estipuladas por la tradición rabínica. Sin embargo, Jesús enfatizó la necesidad de confiar en Él como el único camino para ganar la salvación. Estos dos métodos no podrían ser más contradictorios. Confianza en sí mismo o confianza en Jesús, ¿cuál era el camino correcto? Esto no fue fácil de entender para Nicodemo. Él tenía muchas preguntas.

Aplicación: Los cristianos evangélicos que sinceramente desean alcanzar la gente con el evangelio tienen que pensar sobriamente en la manera en que presentan el mensaje. Aunque no debemos omitir ningún aspecto del plan de la salvación de Dios porque sea ofensivo a la sensibilidad de las personas, podemos hacer mucho más claro el mensaje. Considere que el evangelio nunca se presenta en el vacío. La gente escuchará su presentación, pero las voces de su tradición religiosa resonarán también en sus mentes. Al optar por el evangelio, a menudo, viene de la lucha entre lo que se les ha enseñado por muchos años y lo que se les presenta como el seguro mensaje de Dios. Aunque retrospectivamente es más fácil ver, de seguro, que nunca es fácil renunciar a lo que se ha creído. Recuerde que la verdad espiritual, que nos pueda parecer tan obvia, es absolutamente foránea para el perdido. No hay nada equivocado en presentar la misma verdad de varias maneras que faciliten captar el significado. Se sobreentiende que no existen preguntas "estúpidas." Debemos estar listos a responder todas las preguntas sin importar su naturaleza. Si toma diez intentos traer claridad a la discusión, que así sea.

Nicodemo hizo una *decisión* personal

La pregunta de cuándo Nicodemo llegó a la fe en Cristo es difícil de responder. En ninguna parte se establece claramente su conversión. Sin embargo, el hecho de su salvación está claramente implicado por su disposición de identificarse con Jesús en la crucifixión. Nicodemo debió de haber hecho su decisión en algún punto entre su entrevista con Jesús en la noche oscura y el día en que el Señor murió. Por lo menos, este aspecto de Nicodemo es enigmático, pero existe una razón. Ya se da una indicación de un lapso de tiempo que tiene lugar con algunas personas que se encuentran con Jesús. En dos casos (p.ej., el hombre inválido en el estanque de Betesda, capítulo 5:1-15; el hombre que nació ciego, capítulo 9:1-38) Jesús realizó un milagro inicial (5:1-9; 9:1-7). La persona se presenta ante las autoridades religiosas y/o la familia sin un conocimiento completo (5:10-13; 9:35-38). Es como si Juan deseara que nosotros supiéramos que cualquier clase de "encuentro" con Jesús la posibilidad de las dificultades sociales y las repercusiones familiares. Existe la evidencia que como, Nicodemo, algunas personas a quienes se les presenta el desafío del mensaje de la salvación tienen un tiempo de lucha. Es con este propósito que a Nicodemo se le presenta con mayor detalle, y con todo con la molesta incertidumbre. Nicodemo sirve de paradigma de la persona que toma el mensaje de Jesús seriamente. Puede que tome tiempo para procesarlo todo. La familia y los amigos que no entienden a menudo pesan en la decisión. Al final, la decisión de recibir a Cristo es un evento muy íntimo que tiene lugar en lo recóndito del corazón. Desde el punto de vista de Juan, no es tan importante saber cuándo Nicodemo se entregó completamente a la gracia de Dios. Es importante saber que eventualmente su fe en Cristo lo cambio de "seguidor en la noche" a uno que caminó en la luz completa de la verdad.

Aplicación: Se sobreentiende que el acto de la regeneración es algo que sucede en la presencia de Dios. El milagro no se nos manifiesta a nosotros. Sólo Dios sabe el momento exacto de la conversión. No obstante, estamos obligados suplicar vehementemente porque las personas actúen de su libre albedrío y que hagan un compromiso con Jesús como su Salvador (Mateo 11:28; Hechos 2:38-40; 2 Corintios 5:20; Hebreos 10:22-24). La salvación nos es dada automáticamente, sino que es un regalo que tiene que aceptarse. Es importante también discernir. A menudo, las decisiones son hechas en los corazones de las personas, desconocidas al creyente que trabaja con ellas, y tal vez no completamente entendidas por el nuevo creyente tampoco (Romanos 6:26; vea 1 Corintios 2:6-13). Aunque Dios toma nota inmediatamente, pueda tomarnos un tiempo para que nos demos cuenta. Como niños recién nacidos, los nuevos convertidos no entienden la jerga de la salvación y puedan no saber cómo expresar lo que Dios ha hecho en sus vidas. Los cristianos tienen que ser sensitivos a la obra del Espíritu en las vidas de las personas. Esto lo hacemos la hacer preguntas de diagnóstico, y realmente escuchar a la persona, y al observar por los obvios frutos del Espíritu que acompañan la salvación.

45

Nicodemo experimentó *disonancia* con la sociedad

El hecho que Nicodemo tomara la decisión de recibir a Jesús no garantizaba que las cosas serían fáciles para él. En Juan 7, notamos que sus compañeros eran enemigos de Jesús. En el versículo 48, preguntan: "¿Acaso ha creído en él alguno de los gobernantes o de los fariseos?" En el versículo 51, Nicodemo hace un intento velado de defender a Jesús al preguntar: "¿Acaso nuestra ley condena a un hombre sin antes escucharlo y averiguar lo que hace?" Sin embargo, note que no desmintió la declaración: "de Galilea no ha salido ningún profeta" (v. 52) ni respondió a la pregunta: "¿Acaso ha creído en él alguno de los gobernantes o de los fariseos?"

Como el inválido en el estanque de Betesda y el hombre que nació ciego, Nicodemo recibió mucha disonancia de los que lo rodeaban. Lo que ellos dicen contradice y cuestiona las cosas que ha oído de Cristo. Nicodemo desesperadamente deseaba continuar creyendo, pero siendo un fiel seguidor no siempre es fácil en un mundo que rechaza el evangelio.

Aplicación: Casi todos los que vienen a creer en Cristo de un trasfondo católico romano experimentan en carne propia los "dolores" de la disonancia. Como la mayoría de las religiones en el mundo, el catolicismo romano es más que un conjunto de creencias religiosas. Esta religión está empapada con la promoción de "contratos santos" con los conocidos y la familia, que cuando se rompen equivalente a traición. Para muchos miembros de la familia, la conversión a cualquier fe fuera de la iglesia católica es imperdonable. Últimamente, muchos nuevos creyentes sucumben a las presiones de la familia, amigos y el sacerdote de la parroquia. Los cristianos evangélicos deben anticipar que será necesario ayudar a los nuevos convertidos durante las dificultades de los días iniciales. Esto puede incluir resolver los asuntos de las responsabilidades sociales y de cómo el cristiano puede mantener el compañerismo con Dios y honrar las instituciones socioculturales.[4]

Nicodemo siguió a Jesús *al hacerse discípulo*

En Juan 19:39-40, se nota que Nicodemo, junto con José de Arimatea, tomaron el cuerpo de Jesús de la cruz, lo prepararon para la sepultura, y delicadamente lo colocaron en la tumba. Indudablemente, que Nicodemo al ver el cuerpo de Jesús en la cruz, sintió en su corazón las palabras de Jesús: "Tiene que ser levantado el Hijo del hombre" (Juan 3:14).

Nicodemo dejó clara evidencia que había llegado a ser un discípulo. Primero, estuvo dispuesto a gastar buena cantidad de dinero para los aceites para preparar el cuerpo del Maestro (v. 39). Segundo, estuvo dispuesto a tocar un cuerpo muerto (el del Señor), que la haría impuro ceremonialmente de acuerdo con los judíos. Tercero, estuvo dispuesto a hacerlo públicamente. Esto evidencia que Nicodemo llegó al punto de estar dispuesto a profesar su fe en Cristo abiertamente. Pudo haber iniciado su búsqueda bajo la protección de la oscuridad, pero la fe en Cristo no es algo que de puede esconder por largo tiempo (Juan 8:12; 1 Juan 1:5-7).

Ser discípulo es un estilo de vida costoso. El Nuevo Testamento dice mucho de la naturaleza de la nueva vida "en Cristo." Aunque Pablo usa el lenguaje de "desvestirse" del hombre viejo y de "vestirse" del nuevo hombre (Colosenses 3:1-17), Pedro habla de ser discípulos como un proceso que empieza con la infancia espiritual y progresa hacia la madurez (1 Pedro 2:1-5). Ser discípulo es para toda la vida; no termina en este lado de la eternidad (Filipense 3:12-17). Ser discípulo es una decisión diaria que permite ser conformado a la semejanza de Cristo en pensamientos y en acciones (Romanos 8:28-29; 12:1-2; Gálatas 2:20; Filipenses 3:8-11).

Aplicación: La decisión de caminar como discípulo algunas veces es instantánea. A menudo, sin embargo, la persona lucha con las implicaciones de ser discípulo por el nuevo estilo de vida. Téngase en cuenta que muchas de las prácticas y hábitos de la iglesia católica son conductas profundamente impresas que pueden tomar tiempo para superarlas. Existe evidencia que los creyentes en Cristo continúan realizando las actividades su anterior estilo de vida no regenerado (1 Corintios 5:6-8; 1 Tesalonicenses 4:1-8). Aunque se les anima a progresar en su conducta diaria, en ninguna parte se les trata como apóstatas o falsos hermanos. La primera carta de Juan (1 Juan 1:5-10) puede ayudar en el trabajo con nuevos creyentes. El pasaje reconoce la presencia del pecado en la vida del redimido, pero enfatiza en ser continuamente transformados por medio de la confesión a Cristo. El creyente peca, pero no es vencido por el estilo de vida pecaminoso. El cristiano elimina los hábitos pecaminosos cuando viene a estar consciente de esto por medio de la obra del Espíritu Santo. Así, la comunión con Dios se mantiene. Incidentalmente, este "remedio" no es sólo para los nuevos convertidos que vienen de estilos de vida reconocidamente pecaminosos. El proceso bosquejado aquí se tiene que continuar por todos los cristianos sin importar el tiempo de servicio cristiano ni el rango de su posición.

Finalmente, al trabajar con nuevos creyentes que todavía tienen que tratar con todas las complicaciones en detrimento de su vida anterior al final, también puede ser una prueba de nuestro amor y paciencia. Debemos evitar los extremos legalistas farisaicos, por una parte, y por la otra, ayudarles a racionalizar su situación y así venir a ser promotores de la continuación en el pecado.

Conclusión

¿Qué aprendemos de la experiencia de Nicodemo? Existen personas (principalmente los que no han crecido en hogares evangélicos) que pasan por etapas similares en su peregrinaje a ser discípulos. Van de descubrimiento a deliberación, a disonancia y a ser discípulos. Esto tiene implicaciones para la manera como compartimos el evangelio con ellos. Tenemos que ser pacientes y responder a sus preguntas (¿cómo puede ser esto?). Tenemos que ofrecerles nuestra amistad y ayudarles en los períodos de disonancia y continuar compartiendo la Palabra de Dios con ellos hasta que abiertamente confiesen que son discípulos del Señor Jesucristo.

Diálogo: Este diálogo revela el peregrinaje de

Nicodemo	Simpatizante
1. Oyó de Jesús (Juan 3). Creyó en Cristo como "Maestro" Nadie puede hacer estas cosas a menos que Dios esté con él. a. Jesús le compartió el plan de salvación. b. No se dice que recibió a Cristo. En la primera visita tuvo muchas preguntas.	Tenía un punto de vista positivo de Jesús como un "maestro extraordinario." Oye el evangelio pero debido a tradiciones pasadas necesita tiempo para pensar bien estas cosas.
2. Trató de defender a Jesús (Juan 7). Ninguna evidencia que se identificó con Jesús (vv. 48, 52). No respondió a la pregunta "¿has creído?"	Es un seguidor "secreto" de Jesús como José de Arimatea (Juan 19:38). Temía el ostracismo cultural.
3. Se identifica públicamente (Juan 19:36-40). a. Invirtió (en el aceite) b. Ayudó (en la preparación del cuerpo). c. Violó una de las reglas de tocar un cuerpo muerto.	Se identificó completamente con Jesús y en su disposición de pagar el precio.

ACTIVIDAD DE APRENDIZAJE

Prepare su testimonio

Uno de los medios más poderosos para testificar es compartir el testimonio. La gente generalmente escucha cuando se comparte la diferencia que Jesús ha hecho en nuestras vidas. Comparta su testimonio con humildad, breve y claramente. Evite la "jerga eclesiástica" y use un vocabulario que la gente entienda.

El testimonio de Pablo

Cuando el apóstol Pablo (Hecho 26) contó su testimonio, generalmente usó el siguiente bosquejo:

1. Lo que era mi vida antes de conocer a Cristo.
2. Cómo llegué a conocer a Cristo.
3. Cómo Cristo me ayuda a encarar la vida hoy.
4. Cómo puede usted llegar a conocer a Cristo.

El testimonio de Nicodemo

Otra manera de compartir su testimonio es seguir el bosquejo del estudio bíblico sobre Nicodemo:

1. **Descubrimiento** – Cómo descubro que Cristo murió para salvar me.
2. **Deliberación** – Preguntas que surgen al tratar de entender cómo se invita a Cristo a la vida.
3. **Decisión** – Cómo decidir invitar a Cristo a la vida.
4. **Disonancia** – Dudas y presiones que tuve después de decidir ser un seguidor de Cristo.
5. **Ser discípulo** – Cómo me ayudó el Señor a vencer esas dudas y presiones y lo que mi vida es ahora que tengo una relación perso nal con Cristo.

El testimonio de Timoteo

Si usted ha crecido en una familia evangélica, su testimonio puede ser similar al de Timoteo. Pablo le dice a Timoteo, que desde la niñez ha conocido las Escrituras, las cuales lo han hecho sabio para la salvación que se encuentra en Cristo (2 Timoteo 3:15). Es obvio que Timoteo aprendió las

Escrituras al crecer y luego llegó a poner su fe en Cristo como su Salvador personal. Por eso es que llegó a ser "sabio para la salvación." Si su experiencia fue similar a la de Timoteo su testimonio se puede organizar de esta manera:

1. Cómo crecí aprendiendo las Escrituras en casa.
2. Cómo decidí personalmente recibir a Cristo.
3. Cómo Cristo me ha librado de muchas caídas.
4. Lo que Cristo significa para mí en mi vida diaria.

Testimonio de porciones de la vida

Algunos testimonios pueden no empezar con la descripción de una experiencia de conversión, sino con una experiencia de la vida en la que la presencia de Jesucristo ha cambiado por completo la situación. Estos tipos de testimonios son más eficaces cuando la persona que se desea alcanzar con el amor de Cristo atraviesa una experiencia similar. Algunas de estas experiencias son:

1. **Duelo** – la pérdida de un amado, enfermedad, ansiedad.
2. **Transición** – en la vida personal, en el trabajo, en la familia, en la comunidad.
3. **Gozos** – logros, reconocimientos, reconciliación.
4. **Influencias** – personas que han influido nuestra vida.

En estos ejemplos lo mejor que puede hacer es escuchar cuando la persona habla lo que hay en el corazón, hacen preguntas, y empatice con su experiencia. Después de hacer esto, puede compartir con ellos una experiencia similar que usted ha tenido e indique cómo el conocer a Cristo como su Salvador personal le ha ayudado en estas experiencias y ha enriquecido su vida. Luego puede compartirle cómo Cristo puede bendecir sus vidas con Su presencia permanente.

Practique su testimonio

Use el bosquejo que mejor se encaje a su experiencia. Escriba un párrafo breve bajo cada división y diga cómo vino a conocer a Cristo como su Salvador personal. Después que haya preparado su testimonio, dedique tiempo para compartirlo con alguien en su grupo. Cuando presente su testimonio con un amigo, diga de las dudas lo temores que tenía y luego comparta, con entusiasmo, la diferencia que su fe personal en Cristo ha significado en su vida.

Preparación para presentar el evangelio

Guía

Existen algunas guías que tenemos que seguir si vamos a guiar a nuestros amigos católicos a la experiencia de salvación en Cristo.

1. No discuta religión. Su propósito principal es guiar a la persona a Cristo.
2. Presente el evangelio con simplicidad y buena lógica.
3. Distinga entre la posición oficial de la iglesia católica y lo que cada individuo cree.
4. Cuando estudien la Biblia juntos, permita la oportunidad de descubrimiento de lo que dice la Palabra de Dios. Anime a que la persona lea los versículos, a pensar el significado y deje que la Palabra de Dios les hable.
5. Concéntrese sólo en los asuntos esenciales para la salvación. No discuta asuntos equivocados.
6. No pregunte: "¿Es usted cristiano?" (Los católicos se consideran a sí mismos cristianos) o "¿Es usted salvo?" La pregunta debe ser: "¿Cuál es su relación personal con Cristo?"
7. Use una Biblia católica o una versión aceptable a los católicos tal como *La Versión Popular*.
8. Haga hincapié que un regalo no se posee sino hasta cuando se recibe (Romanos 6:23; Juan 1:12).

Marque un Nuevo Testamento

1. Instrucciones

Una de las mejores maneras de presentar el plan de salvación a los católicos es usar el Nuevo Testamento marcado. Esto ayuda a leer los versículos directamente de la Palabra de Dios. También ayuda para entregarle el Nuevo Testamento al simpatizante. Ha habido numerosas ocasiones cuando el simpatizante no ha entendido todo el significado de los pasajes hasta cuando los ha leído varias veces en período de tiempo.

a. En la primera página del Nuevo Testamento escriba la pregunta: "¿Cuál es su relación personal con Cristo?" Luego incluya "Vaya a la página _."

    b. Despúes de ir la página _ donde se encuentra Juan 10:10:
       1. Subraye el versículo con un marcador amarillo claro.
       2. En el margen superior escriba la pregunta: "¿Por qué vino Cristo?"
       3. Escriba en el margen inferior de la página: "Vaya a la página _" (Donde se encuentra Romanos 3:23).
    c. Repita los pasos del 1-3 para cada versículo de la presentación de evangelio y escriba las preguntas apropiadas de la presenta ción del evangelio (vea la lista más adelante).
    d. En la última página del Nuevo Testamento escriba:

MI DECISIÓN DE ACEPTAR A CRISTO

Admito ante Dios que soy pecador y que Cristo murió por mis pecados. Ahora abro la puerta de mi vida para aceptar a Cristo y Su regalo de salvación.

       Nombre _____

       Fecha: _____

2. Preguntas

Empiece con la pregunta: "¿Cuál es su relación personal con Cristo?" Explique: "No vamos a hablar de religión; sólo queremos encontrar lo que la Biblia dice de nuestra relación con Cristo." Pase de allí a las preguntas que se encuentran en el Nuevo Testamento marcado.

    a. ¿Por qué vino Cristo? (Juan 10:10)
    b. ¿Por qué no tenemos ese regalo? (Romanos 3:23)
    c. ¿Cuál es el resultado del pecado? (Romanos 6:23a)
    d. ¿Cuál es el regalo de Dios? (Romanos 6:23b)
    e ¿Cómo hizo Dios esto posible? (Romanos 5:8)
    f. ¿Podemos ganarnos este regalo? (Efesios 2:8-9)
    g. Si nos pudiéramos ganarnos este regalo (Gálatas 2:21), ¿hubie ra tenido que morir Cristo? (Gálatas 3:1-5)
    h. ¿Cómo llega a ser nuestro ese regalo? (Juan 1:12)
    i. ¿Cómo recibió el ladrón en la cruz ese regalo? (Lucas 23:39-43)
    j. ¿Podemos estar seguros que hemos recibido ese regalo? (Juan 5:24)
    k. ¿Desea abrir la puerta de su vida a Cristo? (Apocalipsis 3:30)

Entréguele a su amigo el Nuevo Testamento como un regalo. Sugiera que lean estas porciones de la Escritura subrayadas. Déjeles saber que estará orando por su vida y que le gustaría seguir conversando con él y contestarle sus preguntas.

Presentación del plan de salvación con el Nuevo Testamento marcado

1. Si la oportunidad se presenta y su amigo es receptivo para escu char lo que la Bilia dice de la salvación, puede usarse el mismo Nuevo Testamento marcado para presentar el evangelio. Sin embargo, existen algunas g´uías que le gustará tener en cuenta.[5] Tiene que permitir que su amigo lea en voz alta la primera pre gunta, luego el versículo bíblico y entonces responda la pregun ta en voz alta. La Biblia dice que la fe viene por el oír la Palabra de Dios.[6]

2. Si su amigo no responde correctamente, pídale que lo lea de nuevo. Es muy importante que la gente descubra por sí misma lo que dice la Palabra de Dios. Por ejemplo, si usted les dice a sus migos que son pecadores, puede que respondan defensivamente. Pero si leen, "todos pecaron," sabrán que están incluidos.[7]

3. Pida a su amigo que haga la oración de aceptación juntamente con usted.

Si su amigo no está listo todavía, hago lo siguiente:

4. Ore por su amigo. Empiece con el Padrenuestro.

5. Luego pídale a Dios que ayude a su amigo a aprender las cosas que Dios desea que su amigo sepa. Ore por alguna necesidad que él pueda tener.
    (Sugerencia: haga la oración tan personal como sea posible. Si desea tome de la mano a su amigo)

6. Pida que su amigo firme cuando haya hecho la decisión de acep tar a Cristo.

Un plan de la salvación

Otra manera muy simple de presentar el plan de salvación es el de J. B. Rowell.[8]

"1" "Todos han pecado y están privados de la gloria de Dios. (Romanos 3:23)

"2" "Aquí tiene el Cordero de Dios, qe quita el pecdo del mundo" (Juan 1:29).

"3" "Cree en el Señor ³esús; así tú y tu familiaserán salvos" (Hechos 16:31).

"4" "Vengan a mí todos ustedes que están cansados y agobiados, y yo les daré descanso" (Mateo 11:28).

Usar un tratado

Hay veces cuando conviene use un tratado breve y bien escrito para explicar el plan de salvación a un amigo o familiar. Se pueden usar en el curso de la conversación o se pueden dar como regalo para que la persona lo lea y discutirlo juntos posteriormente. Al seleccionar el tratado, sin embargo, evite los que son muy confrontacionales o que básicamente intentan probar que las creencias de la iglesia católica son totalmente erróneas. Ese tipo de tratado ofende y aliena a la gente.

INSTRUCCIÓN PRÁCTICA

Uno de los principios más básicos de la enseñanza es empezar con lo que se conoce y de allí progresar hacia lo desconocido. Nuestro Señor Jesucristo usó este principio con Su uso de las parábolas. Jesús tomó las parábolas de la vida cotidiana de la gente. Cuando Jesús habló del sembrador, de la oveja perdida, de los talentos y de la viuda y el juez, los oyentes estaba familiarizados con las situaciones que estaba describiendo y estaban en buena posición para entender la enseñanza de lo que deseaba compartirles.

Cuando es un asunto de presentar el mensaje de salvación a nuestros amigos católicos, es importante que sepamos lo que tenemos en común y las cosas en que diferimos. Primero, lo que tenemos en común nos puede servir como puente de comunicación. Si empezamos con lo que tenemos en común, muchos católicos se sentirán más calmados cuando dialoguemos con ellos en vez de pensar que nosotros los evangélicos nos oponemos a todo lo que ellos creen. Segundo, si entendemos lo que tenemos en común (y las doctrinas en las cuales diferimos), como evangélicos evitaremos el error de acusar a los católicos de creer en cosas en las cuales en realidad no creen. Una de las cosas que más les molesta a los católicos de los evangélicos que los visitan en sus hogares y que los acusen de ser "idólatras, de no creer en Cristo, o de creer que se salvarán por sus buenas obras en vez de la gracia de Cristo, etc." Hay cierto sentido esto se puede decir de algunos católicos, pero como veremos adelante, los católicos informados ven estas doctrinas desde otro punto de vista y se sienten insultados cuando nosotros los evangélicos los acusamos de creer cosas que en verdad no creen. Tercero; si conocemos nuestras diferencias, evitaremos el error de pensar que el concepto de la salvación es el mismo en ambos grupos. Desde el Vaticano II (1962-65), ha habido un grupo de personas que cree que los cambios en la misa (la música, la participación de la congregación, etc.) indican que los católicos no necesitan oír el mensaje de salvación. Para evitar errores, es importante que sepamos las similitudes y las diferencias entre los católicos y los evangélicos. En esta sección nos enfocaremos en las similitudes a fin de establecer los puentes de la comunicación.

LO QUE TENEMOS EN COMÚN

Creencias que tenemos en común

El credo apostólico

Lo que se ha venido a conocer como el "Credo apostólico" probablemente se originó en el siglo segundo como una fórmula básica de la fe profesada antes que la persona fuera bautizada. Hacia el siglo cuarto, una fórmula similar a la que se usa hoy se empezó a usar entre las iglesias cristianas del oeste. Para el siglo octavo, la fórmula presente empezó a aparecer en libros de las doctrinas cristianas. Este credo se reconoce oficialmente por la iglesia católico romana.

Revisemos y evaluemos este credo para ver qué tanto estamos de acuerdo con lo que se encuentra allí.

Creo en Dios Padre todopoderoso, Creador del cielo y
de la tierra; y en Jesucristo Su único Hijo, nuestro Señor;
que fue concebido por el Espíritu Santo, nacido de la

virgen María, sufrió bajo Poncio Pilato, fue crucificado, muerto y sepultado. Descendió a los infiernos; el tercer día resucitó de entre los muertos; subió a los cielos, está sentado a la diestra de Dios Padre todopoderoso, desde allí ha de venir a juzgar a los vivos y a los muertos; creo en el Espíritu Santo, la santa iglesia universal, la comunión de los santos, la resurrección del cuerpo, y la vida eterna. Amén.[9]

A fin de enfatizar lo que tenemos en común con la iglesia católica, prestemos atención a las doctrinas principales que se encuentran en el credo.[10]

La doctrina de Dios Padre todopoderoso

El catecismo católico enseña que Dios es el Padre de toda la humanidad que ha creado a todos los seres humanos, ha provisto para las necesidades de Sus hijos, y ha compartido Su vida con la humanidad. Dios se ha revelado a Sí mismo por medio del universo que creó y por medio de Su Palabra. En Su revelación, Dios nos dice que es amor, que conoce todas las cosas, que es infinito, que es justo, que es inmutable, que es eterno, que es todo poderoso, que está en todas partes y que es Espíritu.[11] Dios es el Espíritu sin límites. El Espíritu es todo poderoso y sabe todo. No necesita nada de nadie fuere de Él mismo, sino que todas las cosas dependen de Él. No obstante, Dios se interesa en sostener todas las cosas que ha creado. Él invita a todos los hombres para que sean sus hijos adoptados.[12]

La doctrina de Jesucristo, el único Hijo de Dios

El catecismo católico enseña que Jesucristo es el Dios-hombre que nació de la virgen María en Belén de Judea y que vivió en Nazaret donde empezó la primera parte de Su ministerio. Cuando predicó las Buenas Nuevas, Jesús le habló a la gente del amor infinito de Dios hacia ellos, del misterio de la Trinidad, de Su propia divinidad, de la iglesia, de amar y de cómo orar. Al morir en la cruz Cristo pagó el precio por los pecados de la humanidad y ha hecho posible la salvación para la humanidad. Después de levantarse de la tumba, Cristo les enseñó a los apóstoles que no sólo era el Mesías prometido, sino también el Hijo eterno de Dios. Después de Su resurrección, Cristo apareció a sus discípulos por cuarenta días, prometió la venida del Espíritu Santo, les dio el mandamiento de llevar el evangelio por todo el mundo, y entonces ascendió como Sumo Sacerdote a los cielos, desde donde regresará a juzgar a los vivos y a los muertos.[13]

La doctrina del Espíritu Santo

El catecismo católico afirma que el Espíritu Santo es el Espíritu del Padre y del Hijo, la tercera persona de la Trinidad. Como el "Dador de la vida," el Espíritu Santo da vida a la iglesia y vive en los creyentes. El Espíritu Santo confirmó el ministerio de Jesucristo en Su bautismo, en Su transfiguración, en Su pasión, Su muerte, Su resurrección y Su ascensión. El Espíritu Santo está activo en las vidas de los creyentes animándolos, purificándolos y fortaleciéndolos. Él da dones espirituales y produce frutos en los corazones de los cristianos. Él da vida, unidad e inspiración a la iglesia.[14]

La doctrina del nacimiento virginal

La doctrina del nacimiento virginal de Jesucristo está íntimamente ligada a la doctrina de la divinidad y deidad de Jesús. El catecismo católico explica que si Jesús en realidad no fuera humano no podría salvarnos. . . (Hebreos 2:7). Si Jesús no fuera Dios, no podría redimirnos, porque sólo un Dios santo e inmortal puede: 1) salvar la raza humana del pecado y la muerte, y 2) darnos nuestra parte en la vida plena y devota. El nacimiento virginal es una de las pruebas de la divinidad de Jesús.[15] Al describir la parte que tuvo María, el catecismo católico explica:

> Mateo describe la concepción virginal de Jesús en María como cumplimiento de la profecía de Isaías (Mateo 1:23; Isaías 7:14). Lucas describe el llamamiento de Dios a la virgen María por medio del Espíritu Santo, el poder de lo alto, para ser la madre de Jesús, el Hijo de Dios (Lucas 1:26-38. En la primera parte del evangelio de Juan, se describe a María como la "madre de Jesús." En la última parte del evangelio, la "hora" de Jesús ha llegado. María, al pie de la cruz, es encargada al discípulo amado por el Cristo crucificado (Juan 19:25-27).[16]

En otra parte, el catecismo católico cita el Concilio de Calcedonia (451 D.C.), el cual dice:

> Cristo es Uno y el mismo Hijo, nuestro Señor Jesucristo,. . . el mismo verdadero Dios y verdadero hombre. . . del mismo ser del Padre concerniente a su divinidad y uno en ser con nosotros concerniente a su humanidad, como nosotros en todo excepto en lo que tiene

que ver con el pecado. El mismo uno, nacido del Padre antes de todas la edades en relación con su divinidad, y en los últimos días por nosotros y nuestra salvación, nació en lo que tiene que ver con su humanidad de María, la virgen, Madre de Dios.[17]

Las discusiones con respecto a la divinidad y a la humanidad de Jesús están íntimamente ligadas al tema de Su nacimiento virginal. En esta doctrina en particular, los evangélicos tenemos más en común con los católicos conservadores que con algunos protestantes liberales que niegan la el nacimiento virginal de Jesús.

La doctrina de la iglesia

El catecismo católico enseña que la iglesia fue fundada por Cristo para continuar su misión salvadora sobre la tierra. La iglesia ha recibido los dones de su fundador y ha recibido la misión de proclamar y establecer el reino de Cristo y de Dios entre los hombres. El catecismo añade que la iglesia tiene un mandato misionero (Mateo 28:19), cuyo origen y meta es la Santa Trinidad, motivada por el amor de Dios (2 Corintios 5:2) y con el Espíritu Santo como el Agente principal. La misión central del "pueblo de Dios" es el tema central de los cuatro evangelios. Marcos presenta la misión de la proclamación del evangelio para guiar a otros a la fe: "Verdaderamente este era el Hijo de Dios" (Marcos 15:39). La misión de Mateo enfatiza la enseñanza de la comunidad cristiana (Mateo 28:19-20: 16:18). Lucas enfatiza el poder transformador del evangelio para efectos de la conversión por medio del amor misericordioso de Dios y la liberación de la raíz del pecado. En el evangelio de Juan, Jesús envía a los discípulos en una misión, tal como el Padre lo envió. La iglesia es apostólica porque Jesús la estableció sobre el fundamento de los apóstoles (Efesios 2:20) y porque protege y lleva el testimonio de las enseñanzas de los apóstoles (Mateo 28:19-20).[18]

La doctrina de la resurrección

El Concilio Vaticano Segundo (1962-1965) da un resumen de la "fe en la resurrección" de los cristianos con el uso de una serie de textos del apóstol Pablo. "Mientras aguardamos la bendita esperanza, es decir, la gloriosa venida de nuestro gran Dios y Salvador Jesucristo" (Tito 2:13); "Él transformará nuestro cuerpo miserable para que sea como su cuerpo glorioso" (Filipenses 3:21); "El día en que venga para ser glorificado por medio de sus santos y admirado por todos los que hayan creído, entre los cuales están ustedes porque creyeron" (2 Tesalonicenses 1:10). Como cristianos, firmemente creemos que Cristo resucitó de entre los muertos y que vive para siempre con el Padre y el Espíritu Santo. "Porque la voluntad de mi Padre es que todo el que reconozca al Hijo y crea en él, tenga vida eterna, y yo lo resucitaré en el día final" (Juan 6:40).[19]

El catecismo católico explica:

> Esta noción de la "vida eterna" primero se basa sólidamente en el Dios viviente, la fuente de la vida, quien se reveló a Sí mismo en la historia de la salvación en el Antiguo Testamento, y especialmente en Su Hijo, nuestro Señor Jesucristo. Segundo, esta noción se deriva de la convicción de nuestra fe que hemos sido redimidos por Su Hijo, quien por su resurrección ha venido a ser el dador de la vida: "Porque así como el Padre resucita a los muertos y les da vida, así también el Hijo da vida a quienes a él le place" (Juan 5:21). Finalmente, esta "vida eterna" es ya "presente" y basada en los discípulos, cuyo testimonio y obras cristianas atraen a otros a "creer que Jesucristo es el Hijo de Dios," para que creyendo "tengan vida en su nombre."[20]

La doctrina de la Biblia

Los documentos del Concilio Vaticano Segundo enseñan lo siguiente sobre las Santas Escrituras:

> En su bondad y sabiduría, Dios escogió revelarse a Sí mismo y permitirnos conocer el propósito de su voluntad (Efesios 1:9), haciendo posible, que por medio de Cristo, la palabra hecha carne, una persona pueda tener acceso al Padre en el Espíritu Santo y llegue a tener parte en la naturaleza divina (Efesio 2:18; 2 Pedro 1:4). Por lo tanto, Cristo el Señor, en quien la completa revelación del Dios Supremo alcanza su plenitud (2 Corintios 1:20; 3:16; 4:6), comisionó a los apóstoles a predicar ese evangelio que es la fuente de toda la verdad salvadora y la enseñanza moral y de esa manera impartirles los dones divinos. Esta comisión se cumplió fielmente por los apóstoles que, por medio de su predicación oral, por ejemplo y por órdenes, comunicaron lo que habían recibido de los labios de Cristo, en relación a la coexistencia con Él y concerniente a lo que Él hizo, o concerniente a lo que habían aprendido

movidos por el Espíritu Santo. La comisión se cumplió también por los apóstoles y el pueblo apostólico que, bajo la inspiración del Espíritu Santo, puso el mensaje de salvación por escrito. . . siendo que todo lo que fue declarado por los autores inspirados de santos escritores tiene que ser aceptado como inspirado por el Espíritu Santo, es lógico pensar que uno tiene que aceptar lo que los libros de la Escritura enseñan firmemente, fielmente, y sin error la verdad que Dios deseaba que fuera contenida en las Santas Escrituras para nuestra salvación. Por lo tanto "Toda la Escritura es inspirada por Dios y útil para enseñar, para reprender, para corregir y para instruir en la justicia, a fin de que el siervo de Dios esté enteramente capacitado para toda buena obra" (2 Timoteo 3:16-17).[21]

Una nota de explicación tenemos que incluir. En este segmento nos enfocaremos en las creencias que los evangélicos y los católico-romanos tienen en común que se pueden usar como puentes de comunicación. Esto llevaría a la pregunta de que si todas estas creencias se tienen en común ¿existen algunas diferencias significativas? La respuesta es que hay muchas diferencias cruciales. Estas parten principalmente de lo que la iglesia católica ha *añadido* a las doctrinas bíblicas. Un ejemplo son las doctrinas en relación con María que la iglesia católica ha añadido tales como la inmaculada concepción, la asunción y la coronación de María, todas las cuales no tienen fundamento bíblico. En otra sección trataremos con estas diferencias. El propósito de este segmento es indicar las creencias que tenemos en común las cuales puede servir como punto inicial en el proceso de la evangelización.

Prácticas que tenemos en común

Debido a las creencias que tenemos en común, hay ciertas prácticas que los católicos y los evangélicos tenemos en común. Algunas de estas se centran en las celebraciones religiosas. Entre éstas están las celebraciones del nacimiento, la pasión, la muerte y la resurrección de Jesús. Otras son celebraciones familiares y sociales o reuniones que giran alrededor de las transiciones de la vida, tales como: (1) nacimiento, (2) cumpleaños, (3) bodas, (4) aniversarios, (5) funerales y (6) reuniones memoriales. Estas reuniones proveen oportunidades para cultivar amistades y compartir el evangelio en medios que son cordiales y positivos.

Valores que tenemos en común

Un líder católico-romano escribe:

> Cuando lo pensamos, existen muchos valores
> espirituales y morales que nosotros los católicos y los
> evangélicos tenemos en común. Una encuesta que se hizo
> entre católicos y evangélicos revela que "la mayoría de
> católicos y evangélicos consideran la pornografía como un
> problema serio, que los padres están menos dispuestos a
> disciplinar a sus hijos, que excepto por la necesidad
> financiera, las mujeres y los niños no deben de trabajar
> fuera del hogar, que el divorcio debe ser más difícil y que
> no se debe de permitir el aborto.[22]

Además de los valores mencionados aquí, hay gran preocupación en
ambos grupos por las guerras y la exterminación de grupos en diferentes
partes del mundo, el hambre en muchos países, enfermedades (plagas, etc.)
en ciertas regiones del mundo, la proliferación de las drogas, la alta
proporción de hijos ilegítimos, la disolución de muchos hogares y el crimen
en sus comunidades.

Como podemos observar, tenemos muchas cosas en común en relación
con las doctrinas (de Dios, Jesucristo, el Espíritu Santo, el nacimiento
virginal de Jesús, la resurrección, las Santas Escrituras), y con ciertos valores
relacionados con la sociedad que nos rodea. Posteriormente hablaremos de
las diferencias que tenemos, pero es importante que lo que tenemos en
común lo usemos como puente de comunica

61

NOTAS

[1]   Nicodemo representa asuntos inherentes a confesar a Cristo en un medio hostil, algo que Juan también reconoce (Juan 12:36-43).

[2]   Vea Hasselgrave, *Communicating Christ Cross-cuturally*, (Grand Rapids: Zondervan, 1978).

[3]   El testigo cristiano debe preparar anticipadamente una presentación del evangelio. Hay muy buenos métodos disponibles que incluye The *Roman Road to Salvation, La RED un estrategia de la evangelización.*

[4]   Tales costumbres incluyen las responsabilidades que tiene el padrino hacia el ahijado, las expectativas de los debutantes, participación en los ritos del bautismo y de bodas, etc.

[5]   Adaptado del Rev. Joe O'Connel's *"Witnessing to Catholics"* ensayo no publicado.

[6]   Adaptado de las sugerencias de Fay en William Fay and Ralph Hodge, *Sharing Jesus Without Fear* (Nashville: LifeWay Press, 1997), 16.

[7]   Ibid.

[8]   J. B. Rowell, *How to Lead Catholics to Christ* (n. p. 1966), p. 10.

[9]   John A. Hardon, *The Catholic Catechism*, (New York: Doubleday, 1981), 157.

[10]   A fin de evitar una discusión ahora sobre la palabra "católica," usaremos el sinónimo "universal."

[11]   James Killgallon, Gerard Weber, Loenard Ziegmann, *Life in Christ* (ACTA Foundation, 1976), 11-17.

[12]   Ibid., 17

[13]   Ibid., 44-76.

[14]   Episcopal Commission, *The Catholic Faith Catechism* (Manila: Metro Life Publication, 1994), 288-289.

[15]   Ibid., 108.

[16]   Ibid., 109.

[17]   Ibid., 108.

[18]   Ibid., 300-306.

[19]   Ibid., 451.

[20]   Ibid., 451.

[21]   Abbott, *Documents of Vatican II*, 12-19.

[22]   George Barna, "Christian Marketing Perspective" (Glendale, Springs, 1988), Volume 4, Number 2.

SEGUNDA PARTE

COMUNICAR EL MENSAJE DEL EVANGELIO

CAPÍTULO 3

RECONOCER LAS OPORTUNIDADES PARA COMPARTIR EL MENSAJE DE SALVACIÓN

Introducción: La desilución de Nora

Mientras servía como misionero en la república de Panamá, me invitaron para servir de pastor interino en una iglesia. Típicamente nuestros servicios dominicales fueron los de mayor asistencia. Sin embargo, los miércoles por la noche, tuvo especial significado para nuestra congregación porque teníamos más tiempo para el estudio expositivo de la Biblia. Una joven que empezó a asistir a estos estudios bíblicos siempre se quedaba después de las sesiones y hacía un buen número de preguntas. Me dijo que ella era católico romana y que tenía algunos amigos carismáticos que la habían animado al estudio bíblico. Me complacía que mostrara tanto interés en la Biblia y que ella estuviera buscando guía espiritual. A veces se le veían las lágrimas cuando hablaba de las verdades espirituales que iba descubriendo.

Una noche después del estudio bíblico, me preguntó: "¿Qué piensan ustedes los evangélicos acerca de la virgen María?" De una manera autoritativa, el respondió: "En primer lugar, usted ha usado una terminología incorrecta, porque María no permaneció virgen, tuvo otros hijos después del nacimiento de Jesús. En segundo lugar, ustedes los católicos están totalmente equivocados porque adoran a María y la Biblia enseña que eso es idolatría." Completamente chocada me respondió: "Eso es imposible, nuestra santa Madre no tuvo más hijos. Se mantuvo por siempre virgen."

Con mucha confianza, le respondí: "Permítame mostrarle lo que la Biblia dice de María." Luego abrí la Biblia en Juan 2:12, que menciona que la madre de Jesús y los hermanos y los discípulos. Rápidamente fui a Mateo 12:46, Marcos 3:31 y Lucas 8:19 todos los cuales se refieren a los hermanos de Jesús. Aún le mostré los pasajes tales como Mateo 13:55-56 y Marcos 6:3-4 que también mencionan sus hermanas. También le indiqué que inicialmente, ni aun Sus hermanos creían en Jesús (Juan 7:5). Replicó: "Pero el sacerdote nos ha dicho que esos eran los primos de Jesús no Sus hermanos o hermanas." Apresuradamente le repliqué: "los sacerdotes católico-romanos a propósito han mantenido en la oscuridad a la gente para mantenerlos dentro de la iglesia. El sacerdote sabe bien que en el griego las palabras para hermanos y primos son totalmente diferentes y donde la Biblia se refiere a los hermanos de Jesús se está refiriendo a los hijos que María tuvo después de haber tenido a Jesús." Además le indiqué que la Biblia claramente afirma que "[José] No tuvo relaciones conyugales con ella hasta que dio a luz un hijo, a quien le puso por nombre Jesús" (Mateo 1:25). Esto significa que después tuvieron relaciones matrimoniales normales. También enfaticé que el término "primogénito" significa que hubo otros hijos que le nacieron. De otra manera, ¿para qué usar el término?

Además le indiqué que la iglesia católica enseña doctrinas de María que no tienen absolutamente ninguna base bíblica. Por ejemplo, le dije que la iglesia católica enseña que María es mediadora entre el pueblo y Cristo. Abrí la Biblia en 1 Timoteo 2:5, le leí el versículo que dice que "Porque hay un solo Dios y un solo mediador entre Dios y los hombres, Jesucristo hombre." Mientras hablaba, la joven meneaba su cabeza y decía "no puedo creer esto. Eso no es lo que la iglesia católica enseña." Le respondí, "Bueno, ese es el problema con ustedes los católicos, que se guían por lo que la iglesia les enseña y no por lo que la Biblia enseña." Y añadí: "Lo que usted tiene que hacer es decidirse. ¿Va a dejar que la iglesia o la Biblia determinen lo que va a creer? Lo que tiene que hacer este tomar una posición firme y clara, darle la espalda a la iglesia católica y empezar a seguir lo que la Biblia enseña." De nuevo estaba confundida y decía que tendría que pensar esto un poco más.

Mi emoción inicial fue una de satisfacción. Sentí que en verdad le había presentado a ella lo que la Biblia enseña y lo que nosotros debemos hacer. Mi gozo pronto disminuyó por el hecho que ella *nunca regresó*. Yo había ganado el *argumento*, pero había perdido a la *persona*. Al reflexionar sobre esto, he tenido que admitir que mi intención era buena, pero mi método equivocado. Hubo varias cosas que hice mal. Primero, pasé juicio. La acusé de que a sabiendas se dispuso a participar en la idolatría. Segundo, fui impaciente. Deseaba que ella entendiera todas las doctrinas bíblicas a la vez sin conceder tiempo para que el Espíritu Santo obrara en su corazón. Tercero, me enfoqué en su *afiliación religiosa* y no es su *relación personal* con Cristo. Al indicar los errores de la iglesia católica, creí que ella vería de inmediato la luz y que sería receptiva al evangelio. Cuarto, fui insensible. Simplemente, ella no estaba lista ni *emocional* ni *intelectualmente* para escuchar lo que yo le indicaba en cuanto a los demás hijos de María. No me concentré suficientemente en guiarla a una experiencia salvadora personal en Cristo Jesús. Quinto, no hice la distinción entre la fase de la evangelización (llevarla a Cristo) y la de hacer discípulos (ayudarles a entender más completamente las doctrinas básicas cristianas y su implicación para la vida). Para que usted no cometa los errores que hice, sentémonos a los pies de Jesús para aprender cómo el Señor compartió las buenas nuevas de salvación con la mujer que tenía conocimiento limitado de la Escritura, una tradición religiosa confusa, una esperanza vaga en cuanto al futuro, una historia patética de su vida y una profunda sed espiritual; la mujer samaritana.

ESTUDIO BÍLICO

Jesús y la mujer samaritana

Introducción

El mensaje esencial del evangelio es la proclamación al mundo que Dios ama a la humanidad caída suficientemente como para dar a Su Hijo como rescate por su pecados (Juan 3:16-17; 1 Timoteo 5:5-6; Hebreos 9:28; 1 Juan 2:2). El amor genuino de Dios no se puede demostrar más claramente que al ofrecer un medio por el cual la persona en rebelión pecaminosa (Job 13:23; Isaías 53:6) sea restaurada a una relación apropiada con Dios y llegue a ser familia de Dios (Juan 1:12; Gálatas 3:26). El evangelio está permeado con la demostración unilateral e inmerecimiento del afecto de Dios que lo ofrece de manera absolutamente completa (Romanos 5:8; 2 Corintios 5:19).

El amor de Dios como lo presenta el evangelio; provee la motivación adecuada para los que proclamen este mensaje que cambia la vida. No es suficiente con simplemente ser capaz de articular los "pasos de la salvación" con gran precisión. Como el Maestro, el mensaje del amor de Dios tiene que entregarse por un mensajero lleno de amor (2 Corintios 6:11-13). Como a menudo sucede, en los asuntos de la salvación el mensajero usualmente es lo primero que nuestro amigo católico-romano enfrenta, antes que su oído esté a tono con el evangelio mismo (Romanos 10:14-15; 1 Corintios 1:22-25). Por esta razón nos urge preguntar ¿cómo es que el cristiano evangélico demuestra el amor al compartir el evangelio?

En el estudio que sigue preparamos a los que participan en el seminario para compartir su fe al enfocarse en las oportunidades, desafíos y actitudes que preparan el terreno en las vidas de las personas para tener una cosecha abundante. El encuentro de Jesús con la mujer samaritana nos ofrece una valiosa lección para poner nuestra compasión en acción. El ejemplo de Cristo nos desafiará para salir de las zonas confortables en muchas maneras a favor de alcanzar a los perdidos.

Jesús como el modelo metodológico

El encuentro de Jesús con la mujer samaritana (Juan 4:1-42) es una instrucción rica para los cristianos evangélicos que toman el testificar seriamente. Esta historia ayuda a tener en cuenta asuntos claves cuando trabajamos con los que no ha experimentado el nuevo nacimiento que tienen preguntas pertinentes a su relación con Dios. Las posibilidades inherentes en esta historia por naturaleza son muchas. A manera de inferencia, esta historia hace resaltar las implicaciones personales que siguen del alcance de Jesús más allá de las convenciones de Su contexto geográfico y social. Aunque estuvo dispuesto a ir más allá de los límites tradicionales, fue capaz de ver con discernimiento profundo a la persona necesitada para identificar el anhelo universal que todos tenemos en común. Al hacerlo así, Jesús sabía cómo tratar con la vida del perdido. Finalmente, en una progresión de cuatro partes Jesús pudo empezar con una persona donde se encontraba e inexorablemente avanzar al encuentro con Él como su Salvador. El encuentro de Jesús con la samaritana desafiará a todos los que desean trabajar con personas muy diferentes a si mismos. Él nos mostrará cómo trabajar con la gente respetuosa pero decisivamente. Note los siguientes aspectos.

Jesús *cultivó* la amistad (Juan 4:1-6)

Al salir de Su medio geográfico

Juan 4:4 dice que Jesús "tenía que pasar por Samaria." Los evangelios muestran evidencia de por lo menos cuatro viajes Jesús hizo entre Galilea y Jerusalén durante Su ministerio. Es probable que viajara entre Judea y Galilea con regularidad. Para ir de una región a la otra, sin embargo, en el camino estaba Samaria, una región vista con mucho desdén y acrimonia cultivada por más de tres siglos. En una irónica ocurrencia del destino, viajar por Samaria ofrecía la distancia más corta que unía a los judíos de las regiones del norte con las del sur.[1] No obstante, viajar por Samaria demandaba un gran costo social que los judíos regularmente rehusaban pagar. Muchos judíos simplemente evadían cualquier contacto con los samaritanos y viajaban en ida y vuelta por Perea en el lado oriental del Jordán. Los evangelios muestran que Jesús también, en ocasiones, usó esta ruta menos controversial (Mateo 19:1; Marcos 10:1).

Por esto, ¿cómo vamos a entender la decisión de Jesús de pasar por Samaria? ¿Nació de la conveniencia, de tener que ahorrarse un día para llegar a Galilea más pronto? Aunque algunos eruditos arguyen que el viaje por Samaria era necesario para acortar el tiempo del viaje y quizá evitar confrontaciones con los fariseos (Juan 4:1-3), el uso de "tenía que" (de dei', *dei*) en el texto indica el uso programático y teológico en Juan. Los eruditos han mostrado que el término se usa a menudo para sugerir una "necesidad divina." Como es evidente en otras partes en Juan (p. ej., 3:14, 30; 9:4) Jesús estuvo motivado a viajar por Samaria primordialmente por el sentido de la voluntad de Su Padre. No había el deseo de evadir a Samaria, ni luchó con la racionalización de la necesidad de viajar por diferente ruta. Dios quería que Él viajara por Samaria y por eso lo hace. Es así de sencillo.

Aplicación: El viaje de Jesús por Samaria desafía nuestra presunción la determinar de antemano que conocemos completamente la voluntad de Dios (Santiago 4:13-17). Como Dios es soberano, Él puede requerir que vayamos "la segunda milla" para demostrar nuestra disposición de cambiar por amor por los perdidos. A menudo, esto pasa al ir más allá de nuestra comodidad y de los patrones bien usados en el ministerio. Apertura a la autoridad de Dios para que dirija nuestro camino aún a situaciones nada confortables (p. ej., el viaje de Pablo a Jerusalén, Hechos 21:7-14) puede ser una preparación necesaria para ser usados por Dios para llevar a la gente diferente a nosotros a la fe en Cristo.

Al ir fuera de Su comodidad social

El costo social por tratar con los samaritanos no era insignificante. Hay necesidad de entender varios aspectos. Como muchos eruditos notan, la hostilidad entre judíos y samaritanos databa del reasentamiento asirio del norte de Israel (2 Reyes 17:14-23). El traer pueblos gentiles produjo una raza mezclada de habitantes que los judíos escrupulosos simplemente no podían aceptar. La historia ínter testamentaria también revela que los samaritanos afirmaban legitimidad religiosa para sí que iba hasta Moisés y el Pentateuco (Deuteronomio 11:29; 27:12; Josué 8:23). Ambos pueblos reclamaban a Moisés como el fundamento de su identidad religiosa por eso es fácil ver cómo los judíos y los samaritanos se veían con malos ojos (Nehemías 4; Esdras 4).

Josefo, el historiador judío, recuenta la construcción del templo en el Monte Gerizim por Sambalat durante el tiempo de los persas.[2] Claramente, para los judíos piadosos que creían que el templo en Jerusalén era el único santuario de Jehová, los samaritanos únicamente podían parecerles como herejes apóstatas. Aunque Juan Hircano, el monarca hasmoneo destruyó el templo en el 128 A.C., los samaritanos aún adoraban en el sitio y mantenían que su fe era superior. La inquebrantable postura teológica de los judíos en Palestina durante este tiempo no concedía espacio para la interacción con los samaritanos. Muchos samaritanos por su parte también sostuvieron posiciones muy firmes con que tan sólo se mencionara Jerusalén (Lucas 9:51-56).

Finalmente, también es posible que la mujer samaritana indirectamente aludiera al temor de algunos judíos de contaminación ritual por cualquier clase de interacción con los samaritanos. Un comentarista capta el asunto de fondo de la mujer "Había un poco de sarcasmo en lo que replicó la mujer, como si hubiera querido decir, '¡Nosotros los samaritanos somos como el polvo debajo de sus pies hasta cuando ustedes desean algo, entonces somos suficientemente buenos!'[3] No es maravilla que la samaritana se sorprendiera que Jesús le hablara (v. 9). El asunto no era que un hombre le pidiera a una mujer algo de beber durante el fuerte calor del medio día (Génesis 24:17; vea Job 22:7), sino que un judío alguna vez se rebajara para pedirle cualquier cosa a un samaritano.

Aplicación: Cuando Jesús inició su interacción con la mujer samaritana lo hizo contra la corriente del bien incrustado odio y sospechas entre los judíos y samaritanos. Sin embargo, la historia nos enseña que todas las cosas edificadas con manos humanas eventualmente se destruyen y caen. Los prejuicios humanos también caen. Alcanzar a la gente de fe y tradición diferente como los católico-romanos nos expondrán a circunstancias similares. A nadie le gusta que se le cuestionen su fe por las creencias de alguien más, especialmente cuando se percibe un aire de superioridad merecido o de cualquier otra manera. Recuerde que el alcance es para traer a la gente a la relación salvadora con Cristo. No es nuestro lugar ganar el argumento a expensas de perder a la persona. Como pronto notaremos, el mensaje de Jesús trasciende los argumentos entre las facciones de Jerusalén y Gerizim. Tenga en cuenta que aunque la iglesia católica pueda ver la conversación como tratando con la legitimidad de la fe católica como opuesta a la fe "protestante," realmente no se trata de ninguno de esos asuntos. Como Jesús, tenemos que estar dispuestos a salir de nuestra comodidad social a fin de testificarles a los amigos católico-romanos.

Jesús *creó* interés: (Juan 4:7-14)

Al reconocer el valor de una necesidad sentida

A la hora del medio día, y con el sol cerca de su cenit, el calor del día estaba en toda su fuerza. Al llegar al pozo de Jacob, la bebida de agua fresca ofrecía un muy necesario refrigerio. El agua, desde luego, es una de las necesidades absolutas de la vida y se establece entre las necesidades más básicas en la jerarquía de las necesidades humanas de Maslow. Alguien ha dicho que el cuerpo humano se compone aproximadamente de un 70 por ciento de agua. Como el aire y la comida, la vida no se puede sostener sin el agua.

Jesús reconoció la necesidad que todos tenemos cuando tenemos sed, pues pone de lado todos los demás intereses hasta cuando se satisface. Al hacerlo, usa este punto de contacto común para revelar la necesidad que todos tenemos de Su mensaje dador de la vida.

Aplicación: A menudo la habilidad para discernir una necesidad sentida solo la podemos experimentar cuando tratamos de "caminar en los zapatos de la otra persona." Esto involucra aprender tanto como podamos de las experiencias de la vida de esa persona y de su mundo cultural, y tomar tiempo para conocerla personalmente y entender su situación. Aunque "entender" a las personas que son bastante semejantes a nosotros socialmente es suficientemente desafiante, ahora trabajar con personas con quienes tenemos poco o ningún punto aparente en común nos probará hasta el límite. Una cosa relativamente simple, tal como la oferta de algo para comer que no es parte de nuestra dieta regular, si no se trata bien, causará una ruptura completa en las posibilidades de resultados fructíferos. Encaremos esto, muchos cristianos evangélicos no están dispuestos a abrazar su propia "Samaria," aun cuando, ostensiblemente, se comprometen a ir a donde Cristo los guíe. "Los samaritanos" tienen el derecho que Dios les ha dado de existir como samaritanos y no es nuestro trabajo ajustar su cultura para que se acomode a nuestra sensibilidad. Muchos evangélicos cristianos bien intencionados jamás entenderán el problema de la persona perdida simplemente por que rehúsan sacrificar alguna comodidad personal.

Al relacionarse con la necesidad espiritual

Las necesidades sentidas son un gran vehículo para relacionarlas con el mensaje evangélico. El evangelio de Juan usa varias metáforas relacionadas directamente con las necesidades humanas básicas (p. ej., Jesús como el pan de vida [Juan 6:35], el agua de vida [Juan 7:37], la luz [Juan 8:12], etc.). En este caso, Jesús no permite que la actitud cínica de la mujer le impida hacer la conexión espiritual. Su referencia al "agua viva," literalmente puede significar una fuente de agua como opuesta a los estanques, cisternas o aljibes (Génesis 26:19; Levítico 14:5). Sin embargo, también existe un uso simbólico que sugiere la habilidad de Dios para calmar la sed del alma (Isaías 41:17; 44:3; 55:1). Aunque la mención de Jesús del agua que ofrecía se predicaba como un "regalo de Dios," la mujer sólo escuchó lo que era capaz de entender en su estado espiritual (vv. 11-12). Aunque Jesús insistía en las dimensiones espirituales de su oferta, ella perecía haber malentendido el regalo del agua como algo mágico, que la libraría de la necesidad futura de agua (v. 14). Claramente, la mujer no entendió la enseñanza de Jesús, pero lo que es importante notar es que por la conversación que interviene la mujer se quedó y pasó de ser una cínica proveedora de agua estancada a mostrar un deseo genuino de tomar del "agua viva" que Jesús le ofrecía (v. 15).

Aplicación: Se debe entender que las "necesidades sentidas" son verdaderos asuntos en la vivencia y calidad de la vida. Quizá, por lo que son tan básicas, a menudo es difícil ver más allá como puentes analógicos que ilustren una mayor necesidad espiritual. Al alcanzar a nuestros amigos católicos, las analogías a las necesidades fundamentales en la vida pueden ser medios útiles para presentarles la gracia salvadora de Dios. La gente, a menudo, hacen una rápida conexión espiritual, pero siempre hay personas que, inicialmente no entienden. El compromiso de compartir el evangelio no debe tener tiempo límite y debe de usar todas las posibilidades para hacer el evangelio claro y entendible. Recibir el evangelio es un ejercicio espiritual y los que no han experimentado el regalo de Dios están espiritualmente muertos y sufren de un entendimiento entenebrecido (2 Corintios 4:4-6; Efesios 2:1; 4:17-18; 1 Pedro 4:6). Entre tanto que haya genuino interés, el testigo evangélico cristiano no debe cansarse, no importa lo lento de algún progreso, o de malos entendidos, lo cual regularmente es el caso. Como Jesús le habló a la mujer samaritana del agua de vida eventualmente una nueva posibilidad empezó a amanecer en su vida. Ella saciaría la sed de su alma y experimentaría una vida diferente. Al cultivar nuestra amistad, estamos en mejor posición de crear interés en asuntos espirituales al ayudarles a ver que nuestra necesidad de Jesús es básica y universal. Una manera de hacer esto es compartir nuestro testimonio de que la clase de vida diferente la ha obrado Jesucristo en nosotros.

Jesús *comprendió* su situación (Juan 4:16-18)

Al examinar su condición espiritual de pérdida

La indagación de Jesús en el estado marital de la samaritana se presta a interpretaciones. Mientras que unos eruditos creen que Jesús se defendía de un cargo de lo inapropiado de discutir un asunto íntimo con la mujer sola y en público no parece probable, los evangelios están llenos de ocasiones cuando las acciones de Jesús enfurecieron "las escuadras religiosas de moralidad" de ese día (Mateo 9:11; 11:19; 12:9-14; Marcos 2:16; Lucas 6:7; 15:1-2; Juan 8:1-6; y otros).

Indudablemente, Su razón primaria tuvo que ser la de preparar su corazón para que recibiera el agua viva del evangelio. Pedirle que trajera a su esposo (v. 16) la condujo rápidamente a la condición patológica de su vida. A menudo, la gente intenta segregar lo "espiritual" de lo "secular," cree que ambas esferas de la vida pueden obrar independientemente una de la otra. Sin embargo, Jesús no vio tal línea de demarcación. Jesús no se extralimitó al considerar su estado civil. El evangelio en su poder presenta la soberanía de Dios a todos los aspectos de la vida.

Es importante notar que Su pedido de que la mujer trajera a su esposo no lo presentó en tono condenatorio. Aunque la mujer era pecadora aun en las esferas más liberales del matrimonio y el divorcio en la cultura, no se presenta una actitud de juicio hacia ella.[4] Sin embargo, Jesús ejerció el "amor firme" que le ayudó a la mujer a darse cuenta de la necesidad de la salvación al forzar hacia la superficie su deplorable historia marital y reforzar su necesidad de transformación espiritual.

Aplicación: No debe tomarse a la ligera la decisión de examinar los delicados asuntos morales en las vidas de los que deseamos alcanzar para Cristo. Aunque Jesús tenía los datos necesarios para presentarle la seriedad de sus lapsos morales a la mujer samaritana, un entendimiento sin prejuicios no nos está disponible. Aun, hasta el grado que la relación madura y en la medida en que crecen los niveles de comodidad, la gente revelará episodios penosos en su vida que reclaman sanidad. Las fallas morales, tan comunes en nuestra cultura moderna, es tan común entre los católico-romanos como entre la gente en general. En tiempos críticos tales como estos es importante recordar que aunque Jesús no aprobó el estilo de vida de la mujer, tuvo que tener un tono de compasión. Al tratar con los católico-romanos, recuerde que la seguridad de la salvación y la declaración de perdón total del pecado no se enseñan en la iglesia católica. Tratar con asuntos de la conducta pecaminosa a menudo tiende a llevarnos a extremos fáciles pero dañinos de juicios contradictorios o permisibilidad no confrontacional. Dios requiere nada menos que la misericordia y la justicia de Sus siervos.

Al encontrar un fragmento redimible de su vida

La respuesta de la mujer a Jesús, aunque lacónica (breve, seca), era verdadera, "no tengo marido." Aunque queda implícito que su historia marital era bien conocida en la comunidad (vea vv. 28-29), reconocer la inmensidad de su fracaso marital no es algo que ella podía admitir fácilmente sin herir más su ego. Es importante notar el trato de Jesús. Aunque hubiera podido presentarle su decepción y falta se sinceridad con Él, se concentró en lo positivo de su respuesta.

La instrucción de Pablo a los filipenses nos ayuda aquí. Como creyentes debemos "permanecer" en los aspectos de la vida más honorables y nobles (Filipenses 4:8). El apóstol usó el verbo "permanecer" para expresar básicamente la idea de *dar razón* o *tener en cuenta, etc.* Pablo desea que sigamos lo que Jesús hizo en nuestra práctica; al mirar a la mujer samaritana, Jesús acreditó a su cuenta lo poco que se podía salvar del desastre de su vida. Jesús es un experto en este trato. De Él se dice en Mateo 12:20 "No acabará de romper la caña quebrada ni apagará la mecha que apenas arde, hasta que haga triunfar la justicia." Jesús tomó la oportunidad para demandar su honestidad básica: "En esto has dicho la verdad" (v. 18). Entre tanto que el rescoldo arda se puede hacer la obra, su conciencia no estaba irreparablemente dañada y Dios aún podía avivar el fuego del evangelio en su vida (vea Tito 1:15-16).

Aplicación: Es bien conocida y abusada la verdad, que como la moneda, toda historia tiene dos caras. Las experiencias dolorosas de la vida, a menudo son el resultado del abuso externo, pero la conducta personal destructiva también cobra su fuerza. Recuerde que el evangelio empieza con el entendimiento de la naturaleza caída del hombre (Romanos 3:23). El evangelio es "buena noticia" específicamente por que es la manera de Dios de redimir nuestra vida de las garras del pecado y la muerte (Lucas 4:18-19; Juan 10:10; 1 Juan 3:8). Cuando se toma seriamente el evangelio forzará a encarar la raíz que causa destrucción y malestar en la vida. Honesta y transparentemente en la persona se debe provocar el entendimiento y la misericordia en el hijo de Dios. Así, al despertar en la persona el interés en un nuevo estilo de vida, Jesús mantuvo el diálogo en una nota positiva. Ella continuó escuchándolo al sentir que Él estaba dispuesto a ver en ella lo mejor.

Jesús se *concentró* en los aspectos esenciales de la salvación (4:19-24)

Al evadir discusiones de "religión"

Como se ha notado, los samaritanos tenían un grupo de creencias teológicas distintas, basadas en parte en su entendimiento "alterno" de la Escritura. A diferencia de los judíos, que reconocían la autoridad de la Torah, los libros proféticos y los escritos (Tanak), los samaritanos aceptaron sólo los escritos de Moisés (Pentateuco) como inspirados. Los samaritanos creían que Moisés había identificado el sitio apropiado para la adoración de Yahwe como opuesto al Monte Ebal – Monte Gerizim (Deuteronomio 27:1-28:68). También creían que Abraham había ofrecido a Isaac en el Monte Gerizim en vez de Sión cerca de Jerusalén. Sin embargo, Jesús no tenía la intención de favorecer a ninguno de los dos lugares. Como el capitán de las huestes del Señor que se encontró con Josué cerca de Jericó, Su espada no se podía comprar ni asumirse de ninguna manera (Josué 5:13-15).

Se debe enfatizar que desde la perspectiva cristiana tanto la religión samaritana como el judaísmo palestinense del primer siglo eran expresiones igualmente ilegítimas de la adoración de Yahwe (v. 21 vea v. 24). Para Jesús, ambas tradiciones habían fallado dar en el blanco. La adoración a Dios no dependía del lugar geográfico, algo que ambas religiones enfatizaban. Esteban el mártir cristiano del primer siglo, pagó con su vida por proclamar que la fe en Cristo libera a los adoradores de las ataduras a localidades terrenales, no importa que tan significativas sean para su fe (vea Hechos 7:48).

Aplicación: Oportunidades para entrar en el debate teológico prolongado crean mucha energía pero en el análisis final va mal encausado. Raramente llevan a una decisión de recibir a Cristo. Tenemos que ser capaces de ejercer discernimiento y saber lo que la persona en verdad necesita y tener la fortaleza de mantenerse enfocado "en las metas del reino." Existe una razón por la cual los cirujanos no le permiten al paciente ingerir comida por doce horas antes de la operación. Comida no digerida en los intestinos, aunque sea nutritiva en sí misma, puede ser mortal, aun en las operaciones quirúrgicas más sencillas. De igual manera el debate teológico en cuanto a asuntos no esenciales de la tradición religiosa sólo enloda el agua y mantiene a los perdidos sin enfocarse en su necesidad del Salvador.

Los testigos cristianos evangélicos deben tener en cuenta la importancia que el católico-romano le da a hacer peregrinajes a los santuarios religiosos. Por ejemplo, hay santuarios a María en muchos países de mundo. Mientras que unos son bien conocidos y endosados por la iglesia católica (p. ej., Portugal, Fátima; Francia, Lourdes; México, Guadalupe; etc.), otros sitios pueden no ser más que hogares privados o en campo abierto. Tales peregrinajes usualmente se tienen para cumplir votos y para agregar méritos, sea para sí mismos o para una persona amada. Recuerde que Jesús presentó la adoración real al elevar la conversación más allá de asuntos geográficos. No corra el riesgo de ofender a su amigo católico-romano al atacar sus prácticas piadosas. Permanezca en el mensaje y continúe demostrando la necesidad de la adoración llena de poder del Espíritu Santo y basada en la relación personal con el Padre por medio de Jesucristo. Cuando los creyentes entiendan la suficiencia que Cristo da, verán lo innecesario de muchas prácticas religiosas.

Finalmente, se debe tener en cuenta que a menudo la gente desea considerar asuntos teológicos específicamente para evitar tratar con la obra del Espíritu Santo en sus vidas. La mujer samaritana hubiera podido haber tratado esas tácticas distractoras en Jesús. De nuevo, necesitamos asociarnos con el Espíritu de Dios (Hechos 8:12-17) y no llegar a ser un impedimento u obstáculo a Su obra de salvación. Con esto no se dice que no haya lugar para discutir diferencias religiosas. Sin embargo, estará de acuerdo que discutir puntos de teología es más productivo cuando se habla con una persona que ha sido movida por el Espíritu para que tenga la mente de Cristo (Juan 14:17; 1 Corintios 2:11-13, 15; 1 Pedro 2:1-3). Tener una discusión teológica con alguien muerto en sus delitos y pecados no tiene mucha esperanza (2 Corintios 2:14).

Al enfocarse en la "relación"

Jesús le respondió al asunto religioso de la mujer al elevar la conversación a la necesidad final, sentida o de otra manera: "los verdaderos adoradores rendirán culto al Padre en *espíritu* y en *verdad*" (v. 23). La religión de los judíos y de los samaritanos era estrecha y nacionalista (vea Hechos 16). Jesús aclara que el "Espíritu" y la "Verdad" son necesarios para la adoración. No están exclusivamente bajo la guardia de ningún grupo "provincial," no importa que tan venerable parezca ser. Un comentarista interpreta el Espíritu y la Verdad pronunciados por Jesús en esta manera: "la adoración se manifestará en la *esfera del espíritu* [Espíritu] (Romanos 1:9; Efesios 6:18), en la vida interior del hombre como opuesta a la adoración en un sitio en particular, . . . y será adoración a Dios *como realmente es* [Verdad], es decir adoración con conocimiento de primera mano en oposición al que es mediado por simbolismos."[5] Parece claro que de ambos conceptos Jesús enfatiza la necesidad el de adorar en el "santuario interno del corazón" (vea 1 Reyes 8:27; Isaías 66:1; Miqueas 6:6-8; Marcos 14:58; Lucas 17:21; Hechos 7:48; 17:25), que sólo puede ser por medio de una *relación personal* con Dios.[6] El Espíritu se relaciona con la parte interior sujetiva de la persona, mientras que la Verdad se relaciona con la presencia de Dios no mediada, el Ser objeto de nuestra adoración (1 Corintios 13:12). Así los verdaderos adoradores son los que tienen una relación espiritual con Él.

Aplicación: El concepto de una relación personal con Dios es difícil de comunicárselo a los católico-romanos. Ricos en simbolismo y llenos de misterio, muchos de ellos están asombrados y abrumados con el mensaje implícito de la pompa religiosa. Para ellos, Dios es totalmente trascendental y sólo se le puede aprender por medio de la meditación, los sacerdotes y de los sacramentos. La revelación de Dios como nuestro Padre celestial, sin embargo, puede ser una metáfora eficaz para enfatizar la necesidad de una relación personal. El testimonio personal de uno puede ser la mejor manera de comunicar la posibilidad de experimentar la comunión real con Dios por medio de Jesucristo.

Jesús *comunicó* el mensaje progresivamente (4:9, 11, 19, 29)

Las diversas maneras en las cuales la mujer samaritana se refiere a Jesús nos da la idea de su creciente entendimiento y apreciación por este hombre que acaba de conocer.

La impresión inicial que tuvo de Él fue que era *"judío."*

Las impresiones iniciales de la mujer acerca de Jesús probablemente se formaron por la acumulación de los siglos de odio, animosidad y sospecha almacenados contra el pueblo judío. Su reconocimiento de Él como judío está en yuxtaposición de ella como samaritana. El encuentro revela de una manera muy sucinta la existencia de una rivalidad que se mantiene y que les impide verse con la buena voluntad de una humanidad común. Esto se afirma más todavía por la explicación parentética del autor en el v. 9: "como los judíos no usan nada en común con los samaritanos." Por su actitud, la mujer samaritana le recuerda a Jesús del gran desafío que Él confronta en Su misión de buscar y salvar lo que está perdido.

Aplicación: Hay los que tienen una muy vaga o aun negativa percepción de la persona de Jesucristo. Esto puede ser verdad por un limitado entendimiento de los evangelios, por las prácticas religiosas que no son bíblicas de los que están a su alrededor, o por las relaciones hirientes con el pueblo que se llama a sí mismo cristiano. El asunto que tenemos que encarar es: ¿cómo podemos ayudarles a conocer al Cristo real y llegar al punto donde ellos deseen tener una experiencia de salvación personal por medio de la fe en Él?

Su actitud hacia Él mejoró al llamarlo *"Señor"*

Casi todos los comentaristas están de acuerdo que Juan no nos ha dado todo el texto de la conversación. Tuvo que haber un intercambio considerable entre Jesús y la samaritana. Lo que resulta claro es que durante la conversación la cortina de hierro del odio se empezó a caer. El término "señor" se puede traducir como "Señor" (de kurie, *kurios*) apropiadamente se traduce como "señor" en sus tres usos se sugiere un respeto creciente de la mujer hacia Jesús (vv. 11, 15, 19). Jesús la trató diferentemente y por eso la mujer empieza a tratarlo con respeto. Y no lo trató con la actitud negativa hacia todos los judíos. El respeto creció. Ella ya no estaba controlada por la actitud negativa hacia los judíos. El respeto que creció hacia Él le permitió a ella poner de lado las rivalidades fútiles y enfocarse en la sustancia del problema; ¿cómo podría este señor sacar agua viva cuando no tiene ninguna vasija con qué extraerla?

Aplicación: ¿Qué tendremos que hacer para que nuestros amigos y familiares tengan una actitud respetuosa hacia el Cristo de la Escritura? La Biblia reconoce el poder de la bondad y de tratar a las personas con respeto (Proverbios 25:21-22; 2 Timoteo 2:24-25). A menudo una buena palabra y una disposición agradable logran mucho para reducir las tensiones. El testigo cristiano evangélico no se debe dejar engañar por los prejuicios paralizantes sino desarrollar un verdadero interés por las personas. Confíe en el poder del amor. Muchos testifican que a menudo no hay más grandes amigos que los que ganamos al demostrar amor.

Posteriormente, ella empezó a llamarlo *"Profeta"*

El reconocimiento de la mujer de Jesús como profeta fue un paso de avanzada en la dirección correcta. Aunque los judíos palestinos veneraban a los profetas de antaño (Mateo 10:41; 23:29; Hebreos 1:1), y creían que los escritos proféticos eran inspirados (Hechos 13:15), la estatura de los profetas en la cultura samaritana no era bien conocida. Por ejemplo, sabemos que los samaritanos no consideraban los escritos proféticos como inspirados. No obstante, como esta narración lo implica, el don profético se reconocía. La mujer llegó a entender que Jesús no era meramente un caballero de buenos modales. En vez de eso, Él tenía poderes divinamente concedidos, como los exhibidos cuando le divulgó toda su historia marital. Por le menos la mujer reconoció que Jesús era un portavoz de Dios. Ella empezó a sentirse en una posición incomoda al darse cuenta que Dios había notado su situación pecaminosa.

Aplicación: Pablo reconoce el don de profecía en varias de sus cartas (Romanos 12:6; 1 Corintios 12:10, 28; Efesios 2:20; 3:5; 4:11). Aunque con frecuencia asociamos la profecía como la habilidad de ver el futuro (p. ej., Juan en Patmos, Apocalipsis 1:3), los profetas siempre tenían relevancia contemporánea en Israel tanto como en la iglesia (1 Corintios 14:31). Como Pablo muestra, los profetas a menudo trajeron palabras de ánimo a la iglesia. Esto es algo que el cristiano que se le requiera hacer al cristiano al trabajar con la gente que lucha para hacer un compromiso de fe en Cristo.

La exhortación ocurre cuando estamos como representantes de Dios y fielmente pronunciamos las medidas no negociables de Dios en cuanto al bien y al mal. La oportunidad de "exhortar" se presenta fácilmente cuando confrontamos la enseñanza de pecado de la iglesia católico romana. A los católico romanos se les ha enseñado a clasificar los pecados como veniales (los menos serios y perdonables por medio de la confesión) o mortales (imperdonables). El entendimiento del concepto bíblico del pecado es esencial para reconocer nuestra necesidad de un Salvador. El punto aquí es que como heraldos del evangelio tenemos que ejercer nuestros propios dones "proféticos." Cuando lo hacemos, tenemos que estar fielmente comprometidos con la Palabra de Dios, pero debemos actuar en un espíritu de humildad no sea que nosotros mismos caigamos (Romanos 11:20; 1 Corintios 10:12; Santiago 4:6; Judas 20-23).

Muchos cristianos nominales con un trasfondo católico romano no tienen dificultad de pensar de Jesús como una persona enviada por Dios. Ese es un punto magnífico para empezar. El problema yace, sin embargo, en el hecho que no tienen entendimiento bíblico de la persona y obra de Cristo Jesús. Para muchos, Jesús es un niño impotente en los brazos de María o un Cristo muerto en la cruz. Aunque Jesús pasó por las etapas de la cuna a la cruz, el hecho es que ni permaneció como niño incapaz ni como muerto en la cruz. Él resucitó de entre los muertos y está sentado a la diestra del Padre intercediendo por nosotros. Por medio de relaciones significativas y los estudios bíblicos debemos comprometernos la guiar a estos cristianos nominales a llegar a un entendimiento del Jesús real de la Biblia. Simplemente conocer que Jesús era profeta enviado por Dios no es suficiente para que la persona se salve.

Finalmente ella lo reconoció como el *"Mesías"*

Juan nota que fue la misma mujer la que trajo el tema del Mesías (v. 25). Es totalmente posible que el rechazo total que hiciera Jesús de la religión nacionalista le diera razón para preguntarse si alguien que hablara con tal audacia no pudiera ser otro que el Mesías. Él no solamente habló íntimamente a su vida personal (vv.16-19) sino que también pasó juicio sobre la religión en general y predijo el establecimiento de la verdadera adoración (vv. 20-24).

Como los judíos, los samaritanos también tenían expectativas mesiánicas. En los escritos de Moisés, particularmente en Deuteronomio 18:15-18, se presenta esta idea inicialmente. Josefa nota que había también un celo mesiánico en Samaria durante el tiempo de Jesús.[7] Los samaritanos anticipaban al que revelaría nuevas verdades sobre Dios y el hombre.

El comentario de la mujer sobre el Mesías le dio a Jesús la oportunidad para dirigir la conversación a un clímax inmediato: "Ése soy yo, el que habla contigo" (v. 26). Con lenguaje reminiscente de Isaías 52:6 (*yo soy quien dice: ¡Aquí estoy!*), y la conexión innegable con Éxodo 3:14 (*Yo soy el que soy respondió Dios a Moisés*), Jesús afirmó que Él es el cumplimiento de su esperanza, ¡y lo hace proclamando divinidad! Aunque el encuentro entre Jesús y la mujer se termina por la llegada de los discípulos y Su subsiguiente discusión con ellos (vv. 27, 31-38), la mujer seguramente fue afectada. En efecto, ella se va dejando el pozo atrás, y olvidando su cántaro (v. 28). Posteriormente, en la villa, ella recuenta a las gentes su estupendo encuentro con Jesús y se pregunta "¿No será éste el Cristo?" Existe la impresión que aun con la proclamación de Jesús por la mujer ella aun guardaba algunas reservaciones. Aunque no se registra que la mujer explícitamente haya confesado a Jesús como el Cristo, es evidente por lo que sigue del encuentro que su testimonio hizo que muchos en la villa buscaran a Jesús (vv. 30, 39-42). significativamente, Juan 4:42 implica que, como muchos en la villa, la mujer había ido más allá de la especulación a la aceptación total de Jesús como su Salvador.

Aplicación: Reconocer a Jesús como el único Salvador enviado por Dios es crucial para la redición humana. El proceso que toma a la persona sólo parte del camino para reconocerlo como Salvador no va suficientemente lejos (vea Mateo 16:13-17; Marcos 8:27-29; Lucas 9:18-20). A menudo, la gente ve a Jesús como una figura religiosa iluminada, como Buda, Mahoma, o un místico oriental. Los católico romanos, aunque ven a Jesús como el Mesías, también tienden a conceder papeles salvíficos a los santos, y a la virgen María. Como la samaritana la gente necesita luchar con sus pobres percepciones hasta que vean la singularidad del ministerio de Jesús. De alguna manera, necesitan ser instruidos cuidadosamente hasta que lleguen a ver el lugar único que tiene Jesús en la historia de la salvación (Juan 14:6; Hechos 4:12; 1 Timoteo 2:5).

Conclusión

La discusión de Jesús con Sus discípulos cuando regresaron de la villa es instrumental para darnos un asidero en cómo interpretar esta historia. Juan nos muestra que el encuentro con la samaritana tiene que preciarse por sus implicaciones evangelizadoras. Cuando los discípulos regresaron estaban tan atrapados en los lazos de las antiguas rivalidades (v. 27) que solamente se enfocaron en el aparente lapso de Jesús. Sin embargo, Jesús usó la oportunidad para mostrarles la gran cosecha que les esperaba en Samaria, si tenían ojos para ver más allá de sus prejuicios (vv. 31-38). El alcance de Jesús hacia la samaritana en el pozo es un poderoso ejemplo que nos desafía a alcanzar más allá de nosotros mismos con confianza sabiendo que Dios alcanzará a muchos con el evangelio.

Repaso

Necesitamos ir fuera de nuestro camino **geográfica** y **socialmente** si vamos a alcanzar a los católico romanos y testificarles eficazmente.

Podemos crear interés en los **asuntos espirituales** al relacionarnos con las **necesidades sentidas**, que experimenta cada persona.

Debemos evitar el **espíritu de condenación** cuando confrontamos el pecado de la gente y recordar que Dios es poderoso y deseoso de perdonar a todos los que a Él vienen.

Debemos reconocer honestamente los **aspectos positivos** de sus vidas que edifican la estima propia y que se enfocan que lo que puede llegar a ser por medio de la gracia y el poder de Jesucristo.

Debemos concentrarnos en lo que es **esencial para la salvación** y evitar discusiones que crean barreras relacionales en vez de puentes de confianza.

Debemos comunicarnos pacientemente confiando en la obra del Espíritu Santo in la mente del simpatizante para crear entendimiento de la persona y del regalo de Cristo.

ACTIVIDAD DE APRENDIZAJE

Examen de las actitudes

Juguemos el juego de asociación de palabras. Haga una nota mental de los primeros pensamientos que le vienen a la mente cuando escucha las siguientes palabras. No trate de evaluar estos pensamientos o de adivinar los míos. Sólo tome nota de los pensamientos que le vienen a la mente inmediatamente cuando escuche las palabras: 1) Mormón; 2) Episcopal; 3) Testigo de Jehová; 4) Moonita; 5) Católico. Tome el tiempo para hacerlo ahora mismo, antes de continuar la lectura.

Ahora, ¿cuántos de esos pensamientos fueron positivos y elogiosos? Si los tuvo déjeme felicitarlo. La mayoría de las veces cuando se ha jugado este juego en seminarios con evangélicos, la vasta mayoría de sus pensamientos han sido negativos e insultantes. Si tal es su caso, ¿cuáles son las implicaciones de esto para testificarle a la gente de otras tradiciones religiosas? ¿Estas ideas y actitudes preconcebidas ayudan o erigen barreras? Si levantan barreras, qué debe hacer en cuanto a esto a la luz del estudio bíblico con relación a la manera que Jesús lo hizo con la samaritana. Por favor, ahora no lo tome equivocadamente. No sugiero que necesitamos estar de acuerdo con estos grupos en términos de sus doctrinas o de los métodos que usan. Lo que estoy diciendo es que tienen cualidades y valores positivos que podemos usar como puentes de comunicación. Déjenme compartirles algunos ejemplos personales.

Mormón

Cuando pienso en la palabra "mormón," pienso de una familiar mía que dedicó toda su vida a ayudar a su joven hija que estuvo severamente paralizada por el polio. Su hija ahora es una exitosa maestra de escuela. Esto no hubiera sucedido sin el amor y dedicación de su madre. Sus valores concernientes a su familia la motivaron a trabajar sacrificialmente a fin de ayudar a su hija físicamente desafiada.

Católico

Cuando pienso de la palabra "católico," pienso de la dama que una vez vivía al otro lado de la calle frente a nosotros. Ella estuvo más cerca de nosotros que nuestros familiares durante la prolongada enfermedad y muerte de nuestra preciosa hija de dos años. A menudo se daba de voluntaria para cuidar a nuestro hijo sin cobrarnos cuando teníamos que ir al hospital con nuestra hija. Esta dama se entristeció casi lo mismo que mi esposa y yo cuando nuestra hija murió. Ella nos ministró en un tiempo crucial en nuestras vidas.

Como puede ver, no tiene que estar de acuerdo con la gente doctrinalmente o comprometer sus convicciones a fin de amarlos y cultivar relaciones para testificarles. Como lo indicamos en el estudio bíblico, Jesús encontró fragmentos redimibles aun en las vidas de algunos de los más marginados religiosamente.

En todo Su ministerio terrenal, Jesús se encontró con personas con quienes no estaba de acuerdo a causa de: 1) su estilo de vida (la samaritana); 2) teología (Nicodemo); 3) afiliación política (Zaqueo) o 4) valores (el joven rico). Sin embargo, es claro que Él los *amaba*.

Por medio de Sus palabras, y por Su ejemplo, Jesús nos enseña a:

Amar a nuestro prójimo como a nosotros mismos– (Mateo 22:37-40)

Ministrar a las necesidades de los que son diferentes a nosotros (el buen samaritano)-(Lucas 10:30-37).

Perdonar a otros-(Mateo 18:21-22)

Amar a nuestros enemigos y orar por los que nos persiguen-(Mateo 5:43-48).

En el pasado, las relaciones entre mucho católicos y evangélicos no han sido cordiales. Existen dos razones por las cuales los evangélicos deben reexaminar sus actitudes hacia los católicos:

> Cristo nos ordenó amar a todos
> Algunos católicos se esfuerzan por establecer amistad con los evangélicos.

Escuchen lo que Gerald Williams, un sacerdote católico, dice:

> En el pasado, los católicos no han tratado bien a otros cristianos. Los tratamos como cristianos dudosos con el mismo calor que les mostrábamos a los comunistas. Tratamos sus iglesias como si no fueran iglesias porque reconocíamos solamente un iglesia y una unidad, la unidad con Roma. Una clase de co-existencia pacífica era lo de esperarse.[8]

Si hay oportunidad para el arrepentimiento en el lado católico, ciertamente hay oportunidad para el arrepentimiento en el lado evangélico. En el pasado, algunos han estado más interesados en probar los errores de los católicos que en guiarlos a un conocimiento salvador de Cristo.

Evite

> a. Criticar la iglesia católica, sus doctrinas, sus prácticas o sus miembros. Aun si siente que tiene un punto válido, es contra- pro ducente criticar por dos razones: (1) No es el Espíritu de Cristo; (2) Solamente se antagoniza a la gente.

> b. Ridiculizar cualquiera de las prácticas de la iglesia católica. Algunos evangélicos están listos para burlarse de los sacramen tales (imágenes, estatuas, crucifijos, etc.) y sus prácticas religio

sas. Estas cosas son muy queridas para los católicos.

c . Ser negativo solamente porque difiere con alguien. Puede estar en desacuerdo sin ser desagradable.

Procure

a. Amar a sus amigos católicos. Halle oportunidades para demos trar amor en maneras prácticas.

b. Ore con y por sus amigos católicos. Muchos de ellos jamás han tenido la experiencia de que alguien ore por ellos por nombre y mencionando sus necesidades al Señor. Ore: "Señor, te presento a ___(nombre)__. Tú sabes que tiene esta necesidad (mencione la necesidad) y Tú has prometido escuchar nuestras oraciones. Bendice a (nombre), ayuda en esta necesidad que tiene." Hallará que ayuda empezar con le Padrenuestro y encontrará que se unen con usted en esa oración.

c. Ver lo mejor en ellos. Cuando alguien le dice, "Yo soy católico," esté en una posición tanto espiritual como emocionalmente para decir: "Tengo mucho gusto de conocerlo." Permita que el amor de Cristo fluya a través de usted. Recuerde, a todo el que usted conoce es una persona por quien Cristo murió.

d. Ponerse en su lugar (vea 1 Corintios 9:19-23). Procure razonar, ¿cómo ir de una posición tradicional a una bíblica?

Podemos aprender del consejo que algunos líderes católicos le dan a su gente.

Williams dice:

"Tenemos que vivir vidas más santas mientras que evitamos el prejuicio y el fanatismo del pasado. Los católicos deben evitar expresiones de juicio y acciones que no representan la condición de nuestros hermanos separados con verdad y justicia."[9]

Tenga la bondad de no malentender este punto. No sugerimos que comprometa su doctrina de ninguna manera. Pero debe *hablar la verdad en amor* (vea Efesios 4:15). Está obligado a hablar la verdad. Debe, sin embargo, hacerlo de una manera que demuestre el amor de Dios. Este amor nos lleva a ser pacientes, corteses y justos al compartir las nuevas de la salvación con nuestros amigos católicos.

Grados de entendimiento

SAMARITANA	SIMPATIZANTE
Extraño: "siendo judío"; Alienado (Esdras 4:1-5) Despreciado (Nehemías 4:1-2)	Jesús es extraño. Casi no sé nada acerca de Él.
Persona respetada, pero aun no igual a su líder religioso (Juan 4:11) ¿Eres mejor que nuestro padre?	Jesús es una persona religiosa respetada, pero no necesaria mente más digna de confianza que los objetos de mi devoción (Virgen María, Santos).
Profeta (Juan 4:25-26, 29); un líder religioso de quien ella está dispuesta a aprender	Jesús es un líder de quien estoy dispuesto a aprender.
Mesías (Juan 4:25-26, 29); el Mesías prometido que tiene poder sobrenatural (Me dijo todo)	Jesús es el Cristo, el Hijo de Dios, cuya enseñanza es divina.
Salvador personal (Juan 4:39-41). Muchos creyeron en Él (v. 37). Él es el Salvador del mundo (v. 42)	Jesús es mi Salvador personal. He puesto en Él mi fe y mi confianza.

Use la tabla para hacer lo siguiente:

1. Tratar de determinar el nivel de entendimiento que tiene su simpatizante.

2. Piense cómo lograr que su simpatizante progrese al siguiente nivel.

3. Comparta esto con sus socios de oración e invierta tiempo orando por sus simpatizantes.

INSTRUCCIÓN PRÁCTICA

A causa del Segundo Concilio Vaticano, ahora tenemos la más grande oportunidad para compartir nuestra fe con nuestros amigos católicos. Los que no entienden las implicaciones de Segundo Concilio Vaticano, toman dos posiciones extremas:

> "Nada ha *cambiado*, debemos ver a todos los católicos como adversarios."

> "Los cambios dentro del catolicismo son tan grandes que ya no hay necesidad de compartir nuestra fe con ellos."

A fin de evitar ambos extremos, examinemos el Vaticano Segundo y sus implicaciones.

Segundo Concilio Vaticano

¿Qué es un concilio ecuménico?

Es un concilio de todos los obispos del mundo de la iglesia católica para considerar el estado de la iglesia, pronunciarse contra herejías y decidir en todos los asuntos concernientes a la fe, la moral y la disciplina de la iglesia.

¿Cuándo tuvo lugar el Segundo Concilio Vaticano?

El papa Juan XXIII convino la primera sesión del Segundo Concilio Vaticano el cual sesionó desde el 11 de octubre hasta el 8 de diciembre de 1962. Él murió el 3 de junio de 1963. El papa Pablo VI reconvino el Concilio para otras tres sesiones que tuvieron lugar desde el 29 de septiembre hasta el 4 de diciembre de 1963; desde el 14 de septiembre hasta el 21 de noviembre de 1964; desde el 14 de septiembre hasta el 8 de diciembre de 1965. El concilio se reunió en la Basílica de San Pedro.[10]

¿Quién participó en el concilio?

Un total de 2,860 padres participaron en los procedimientos del concilio. También hubo más de 40 observadores de las iglesias protestantes.[11]

RECONOCER LAS OPORTUNIDADES PARA COMPARTIR EL MENSAJE

¿Por qué se convocó el Segundo Concilio Vaticano?

"El asunto principal del Concilio fue para explorar y hacer explícitas las dimensiones de la doctrina y de la vida cristiana que requerían énfasis para el completo desarrollo de la iglesia y para cumplir mejor la misión en el mundo contemporáneo."[12]

¿Cuántos documentos produjo el Segundo Concilio Vaticano?

El concilio produjo dieciséis documentos: *Lumen Gentium* (La constitución dogmática de la iglesia), *Dei Verbum* (Constitución sobre la revelación divina); *Sacrosanctum Concilium* (Constitución sobre la liturgia sagrada); *Gaudium et Spes* (Constitución sobre la iglesia en el mundo moderno); *Christus Dominus* (Oficina pastoral de la iglesia); *ad Gentes* (Decreto sobre la actividad misionera de la iglesia); *Unitatis Redintegratio* (Decreto sobre el ecumenismo); *Orientalium Ecclesiarum* (Decreto sobre las iglesias católicas orientales); *Presbyterorum Ordinis* (Decreto sobre el ministerio y la vida de los sacerdotes); *Optatam Totius* (Decreto sobre la formación sacerdotal); *Perfectae Caritatis* (Decreto sobre la renovación apropiada de la vida religiosa); *Apostolicum Acctuositatem* (Decreto sobre el apostatado y los laicos); *Inter Marifica* (Decreto sobre los instrumentos de la comunicación social); *Dignitatis Humanae* (Declaración sobre la libertad religiosa); *Nostra Aetate* (Declaración sobre la relación de la iglesia con religiones no cristianas); *Gravissium Educationnis* (Declaración sobre la educación cristiana). Los documentos claves fueron las cuatro constituciones, que sientan la base ideológica para todas las demás.[13]

¿Cuál era la meta última del Segundo Concilio Vaticano?

El fin último del Segundo Concilio Vaticano se presenta claramente en los *Documents of Vatican II*:

"El resultado es que, poco a poco, al vencer los obstáculos a la perfecta comunión eclesiástica, todos los cristianos se reúnan en una común celebración en la Eucaristía, en la unidad de una y sola iglesia, que Cristo concedió a Su iglesia desde el comienzo. Este unidad, creemos, subsiste en la iglesia católica como algo que no puede perder, y esperamos que continúe y aumente hasta el fin del tiempo."[14]

Esta meta, como James McCarthy lo indica, revela una estrategia ecuménica de parte de la iglesia católica.[15] Este no es un ecumenismo de igualdad entre varios grupos que se consideran a sí mismos cristianos, sino uno en el que la supremacía de la iglesia católica romana se establece cuando los demás grupos participen en la celebración de eucaristía como la define la iglesia católica romana.

Aunque es claro que los cristianos evangélicos no pueden aceptar este tipo de ecumenismo, que no está basado en la doctrina bíblica sana, hay un número de cambios que han ocurrido como resultado del Vaticano II que han abierto nuevas puertas de oportunidad para compartir el evangelio de la salvación con los cristianos nominales dentro de los católico romanos. Con esto en cuenta, examinemos algunos de estos cambios y sus implicaciones.

Cambios desde el Segundo Concilio Vaticano

¿Qué no ha cambiado?

Los dogmas

Los dogmas son "las enseñanzas oficiales propuestas con tal solemnidad que su rechazo equivale a la herejía, que es la negación de alguna verdad de la fe considerada por la iglesia que la enseña como esencial para esa fe."[16]

Algunos de los dogmas principales que permanecen sin cambio incluyen la misa, el papel de María, y el concepto de la salvación. La *forma* de la misa ha cambiado, pero su significado permanece igual. Esta misa todavía se considera como el sacrificio de Cristo. María permanece como *co-mediadora* (media junto con Cristo) de todos los favores y *co-redentora* (redime junto con Cristo) de la humanidad.[17] Otras doctrinas claves relacionadas con la salvación, la tradición y los sacramentos no han cambiado.

La jerarquía ("cadena de comando")

La *estructura* de la iglesia no ha cambiado. La iglesia católica enseña que "es gobernada por el sucesor de Pedro y por los obispos en unión con tal sucesor"[18] La *autoridad* suprema del papa no ha cambiado. Si las doctrinas de la autoridad e infalibilidad del papa se cambiaran, toda la estructura del catolicismo se modificaría.

¿Qué ha cambiado?

La adoración

La misa se celebra en el idioma de la gente. El sacerdote encara la congregación. Los laicos participan más activamente en la misa. Algunos líderes permiten que los católicos participen con los protestantes en la adoración. Gerald Williams anima a los católicos a "unirse con los protestantes para la adoración religiosa formal."[19] Explica: "Puede actuar como testigo en una boda en la iglesia protestante provisto que las leyes de Dios y de la iglesia católica no sean violadas."[20]

El Segundo Concilio Vaticano afirma: "La Escritura ha ganado nueva importancia en la liturgia de adoración católica: lecciones de la Escritura se encuentran en el idioma del pueblo, los Salmos, ahora en el idioma del pueblo, son de la Escritura; muchas oraciones y alabanzas son bíblicas. La homilía presentada por le sacerdote o el diácono es de la Escritura. El estudio bíblico y el análisis ha ganado nueva importancia dentro de la iglesia."[21]

Implicaciones

Los católicos reciben mayor conocimiento de la Escritura durante la misa. Los católicos ahora con más probabilidad asistirán a un servicio de adoración evangélica y no se sentirá tan fuera de lugar.

Actitud

A los evangélicos ahora se les considera como "hermanos separados." Los documentos del Segundo Concilio Vaticano dicen: "Los hermanos divididos de nosotros también realizan muchas de las acciones sagradas de la religión cristiana."[22] A los católicos se les urge a respetar y a admirar muchas de las virtudes cristianas de los protestantes. En su *Contemporary Catholic Catechism*, Williams dice:

> Los protestantes miran a Cristo como la fuente y centro de la unidad cristiana; tienen devoción y amor por la sagrada Escritura. Aunque creemos que no retienen la realidad apropiada del misterio de la eucaristía en su totalidad, especialmente por la ausencia del sacramento de

la ordenación, sin embargo cuando conmemoran la Cena del Señor recuerdan Su muerte y resurrección, profesan que significa vida en comunión con Cristo y esperan Su gloriosa venida. Además, los católicos deben respetar la vida familiar cristiana de los protestantes, su sentido de justicia y verdadero amor hacia su vecino. . . Los católicos se deben unir en oración y acción por el bien común de la humanidad."[23]

Implicaciones

Los católicos que obedecen las enseñanzas del Vaticano II muestran una creciente disposición para tener compañerismo con los evangélicos.

La participación de los laicos

Los laicos tienen mayor participación en el ministerio de la iglesia. El *Contemporary Catholic Catechism* dice: "El apostolado de los laicos se deriva de su vocación cristiana y la iglesia no puede ser sin éste. La sagrada Escritura claramente muestra que tan espontánea y fructífera fue tal actividad en el principio de la iglesia. Nuestros tiempos requieren no menos celo de los laicos. En efecto, las condiciones modernas demandan que su apostolado sea enteramente ampliado e intensificado."[24]

La lectura de la Biblia

Los laicos reciben mucho ánimo para que lean la Biblia. "Después del Segundo Concilio Vaticano (1962-1965), la iglesia católica ha colocado nuevo énfasis sobre sus miembros de la importancia de la Escritura en la vida cristiana."[25]

Podemos animar a los católicos para que lean su Biblia. El clima es más propicio para invitar a los católicos a unirse en compañerismos de estudio bíblico. Mientras que los dogmas y estructura de la iglesia no ha cambiado, los cambios en la adoración, el compañerismo, la participación de los laicos, y la lectura de la Biblia se deben ver como puertas abiertas para que los evangélicos compartan su fe con los católicos que no han tenido la experiencia personal de la salvación en Cristo Jesús.

Conclusión

Anima saber que desde el Vaticano II, muchos católicos buscan compañerismo con los evangélicos, leen más la Biblia, y se les anima a respetar las posiciones doctrinales de los cristianos evangélicos. Esta es suficiente razón para que lo evangélicos estén optimistas de la posibilidad de ayudar a sus amigos católicos para que experimenten la salvación personal en Cristo. Sin embargo, los evangélicos deben de estar conscientes del hecho que existen obstáculos que vencer.[26]

Obstáculos que los católicos encaran al hacer una decisión

Las personas que han crecido en un hogar evangélico no tienen la menor idea de los inmensos obstáculos que previenen a los católicos de hacer la decisión de recibir a Cristo de una manera personal y de identificarse con una congregación evangélica. Estos obstáculos giran alrededor de las cosas que ha aprendido de su tradición, los conceptos que tiene en relación con los evangélicos, y el proceso que generalmente sigue al tratar de hacer una decisión de recibir a Cristo.

Conceptos que los católico romanos tienen de los evangélicos

Cuando tratamos de compartir el mensaje de la salvación con personas católicas es importante que tengamos en cuenta que ya tienen ciertas ideas preconcebidas de los evangélicos. En parte se debe al hecho de que algunos de ellos no distinguen a los evangélicos de cultos y sectas. Muchos han tenido la experiencia de ser atacados, criticados y ridiculizados por personas de ciertas sectas, y piensan que los evangélicos harán lo mismo. Mucha gente de diferentes sectas como los evangélicos entusiastas pero pobremente informados, han visitado hogares católicos y los han acusado de ser idólatras, de adorar imágenes, y de hacer una diosa de María. Es por esto que ponen un aviso en sus puertas que dice: "Este hogar es católico y no aceptamos propaganda protestante." Esta también es la razón por la cual algunos de ellos escuchan cuando los evangélicos los visitan y aún dicen que desean recibir a Cristo, pero lo hacen solamente por cortesía y ansían el momento cuando los evangélicos se vayan de sus hogares.

En una conferencia presentada por el sacerdote católico, Juan Vargas, C.S.S.R., mencionó los siguientes conceptos negativos que algunos católicos tienen de los evangélicos:[27]

Los evangélicos están en contra de la unidad familiar

Muchos católicos creen que los evangélicos que se han convertido del catolicismo están contra la familia porque han hecho la decisión de recibir a Cristo y de unirse a una iglesia evangélica sin consideración a los sentimientos de la familia. Algunas familias ven este tipo de decisión como un abandono de "la religión de sus padres." Existen ocasiones cuando la persona tiene que hacer una decisión para seguir a Cristo aun si su familia se opone. Sin embargo, hay varias ocasiones en que los evangélicos presionan a los simpatizantes para "que hagan una decisión personal de recibir a Cristo y se bauticen" sin haber tenido la oportunidad de comunicar el mensaje de la salvación a sus familiares. Aunque se reconoce que la decisión de recibir a Cristo tiene que ser personal, también se tiene que indicar que no es necesario o que es prematuro cortar las relaciones familiares por que a menudo esto contribuye al concepto negativo que muchos católicos tienen de los evangélicos.

Los evangélicos acusan a los miembros de la familia de estar perdidos

No es difícil entender que, en muchas ocasiones los nuevos creyentes tienen un deseo profundo de ver que sus familiares tengan una experiencia personal de la salvación en Jesucristo. A la vez, es muy probable que los nuevos creyentes adopten un vocabulario de los que han sido miembros de iglesias evangélicas y, por lo tanto, afirmen que sus familiares "están perdidos." Esto enoja a muchos católicos, que piensan que sus familiares los están juzgando, se sienten superiores a ellos, y no toman en cuenta sus sentimientos religiosos.

Los evangélicos ignoran las celebraciones familiares y gastan mucho tiempo en la iglesia

Por el cambio dramático que los creyentes han experimentado, a menudo no desean tener nada que ver con su estilo de vida anterior. Sabiendo que las prácticas que han abandonado aun son una expresión en las reuniones familiares, optan por no asistir, lo cual da la impresión que ya no aprecian o respetan las celebraciones de su familia. Un nuevo creyente en México contaba que no asistió al funeral de su padre porque era en una iglesia católica. Por muchos años su familia no le habló. Les fue muy difícil perdonarlo porque "se había comportado irrespetuosamente hacia su propio padre y hacia la familia." También hay casos en que los nuevos creyentes sienten tanto gozo de tener compañerismo con su "nueva familia" en la iglesia que a menudo no tienen tiempo o deseo de visitar a sus familiares aun en días especiales. Esto lleva a algunos católicos a creer que la iglesia es más importante para los nuevos convertidos que sus propios familiares.

Los evangélicos que desean que todos crean como ellos son agresivos e intolerantes al testificarles a sus familiares

A menudo, los católicos tienen la impresión que los evangélicos desean forzarlos a que tengan la misma experiencia religiosa que ellos han tenido. Los católicos se sienten amenazados por las actitudes de los evangélicos que les dan la impresión que no hay nada bueno en las creencias y las prácticas de los católicos. Además, en su profundo deseo de que sus familiares lleguen a conocer a Cristo de una manera personal, los evangélicos los presionan a hacer una decisión rápida.

Tal vez algunas de estas impresiones se deban al hecho que la verdad del evangelio hace que los católicos se sientan incómodos. En un sentido a veces algunas de estas impresiones son inevitables. La Biblia dice claramente que los que no han recibido a Cristo como su Salvador personal están *perdidos*. Sin embargo, los evangélicos deben preguntarse a sí mismos si algunas de las impresiones que los católicos tienen de los evangélicos no se deberán a insensibilidad de parte de los evangélicos. No tenemos que tener un método negativo a fin de compartir el evangelio. A los nuevos creyentes no se les debe aconsejar que rompan con todas las relaciones con sus familias. La verdad es que los nuevos creyentes deben tener un amor más profundo por sus familias ahora que han conocido el amor de Cristo de una manera personal.

Temores que encaran los católicos al decidir

El temor de ser rechazados por la familia o sus amigos

En la mayoría de los casos, el obstáculo principal que encuentra la gente al considerar hacer una decisión para recibir a Cristo como Salvador personal, seguirlo en el bautismo e identificarse con una iglesia evangélica es el temor de ser criticados, rechazados, y aun perseguidos por sus familias y amigos. Aunque algunas veces están convencidos que deben hacer una decisión, especialmente concerniente al bautismo de creyentes, a menudo, posponen esto por el temor del rechazo que experimentarán. Es muy importante que tengamos en cuenta que para la gente que no creció en un hogar evangélico la decisión de recibir a Cristo tiene dos dimensiones: (1) la dimensión espiritual y (2) la dimensión social. Esto requiere que entendamos su situación, seamos pacientes, los apoyemos con nuestras oraciones y les ofrezcamos el compañerismo de la familia de la iglesia.

El temor de abandonar la religión tradicional

Hay varias razones por las cuales la gente teme abandonar la iglesia católica. Primera, por muchos siglos, la iglesia católica ha enseñado que es la única y verdadera iglesia. El *Contemporary Catechism* afirma: "Existe sólo una iglesia verdadera de Jesucristo, la iglesia católica. Nuestro Señor dio todas la bendiciones del cristianismo a los apóstoles y a sus sucesores, los obispos y sacerdotes de la iglesia católica, para ser impartida a todos en todas las edades."[28] Por muchos siglos, la iglesia católica ha enseñado que fuera de la iglesia católica no hay salvación. Aunque a muchos católicos se les anima a tener compañerismo con los evangélicos, se les recuerda que "la iglesia católica es el medio ordinario de la salvación."[29]

Aunque muchos católicos no entienden las enseñanzas de su iglesia y no participan de sus actividades con regularidad, hay en lo profundo de sus corazones, el temor de abandonar la iglesia que han conocido desde su niñez.

Segunda, muchos familiares del nuevo creyente enfatizan la idea que la iglesia católica "es la religión de nuestros padres." Esto a menudo hace que el nuevo creyente se sienta culpable al abandonar la "verdadera iglesia" tanto como "abandonar su familia" cuando se retira de la religión que la familia siempre ha profesado.

Tercera, algunos tienen el temor de abandonar sus devociones a la virgen María y a los santos que han tenido en tan alta estima en el pasado. Algunos se han preguntado: "¿Qué si el santo me castiga y hace que experimente alguna tragedia porque ya no le doy me devoción?" Otros también se preguntan: "¿A quién voy a ir cuando tenga problemas y necesidades?"

El temor de perder su identidad cultural

Para muchas personas, pertenecer a un grupo cultural significa ser católico. Por mucho tiempo, por ejemplo, los autores católicos han alegado que el alma de la América Latina es católica.[30] Aunque es verdad que muchos latinoamericanos no asisten a la iglesia católica, que hay gran diversidad religiosa, y que el número de evangélicos está creciendo rápidamente, también es verdad que en muchas celebraciones oficiales, políticas y sociales, la presencia de la iglesia católica es prominente. Esto hace que algunos se pregunten qué impacto social, profesional y político puede tener su decisión para adherirse a la iglesia evangélica. Una carta pastoral observa:

94

Por siglos, ser latinoamericano era ser católico. Uno nacía y era bautizado, vivía rodeado de personas que se hacían la señal de la cruz. Ahora los jóvenes que llevan sus Biblias se les puede ver por multitudes juntos en los buses públicos (los católicos latinoamericanos guardan sus Biblias en sus hogares); familias enteras van a lo que antes eran teatros, almacenes convertidos en iglesias al otro lado de la ciudad, no para celebrar misa sino el "servicio de adoración"; las familia están divididas por sus creencias religiosas, y sobre todo se ha elegido un presidente en Perú con la ayuda de los evangélicos. Muchos católicos gritan: "¿Qué le están haciendo a nuestra cultura?"[31]

Por su temor al ostracismo cultural, tenemos que ser pacientes al guiarlos a la experiencia salvadora en Cristo Jesús. También debemos ser cuidadosos al invitarlos a nuestro compañerismo a fin que puedan experimentar un sentido de familia en su grupo de discipulado.

Obstáculos espirituales

Abundan las razones espirituales por las que los católicos no deseen confiar en Cristo como su Señor y Salvador. Como muchos otros, no importa cuál sea su afiliación religiosa, pueden tener una ceguera espiritual que la Biblia describe en Efesios 2.

Es obvio que hay barreras doctrinales, históricas y sicológicas que tienen que vencerse si vamos a guiar a nuestros amigos católicos a una experiencia de relación salvadora personal con Cristo. En muchos casos, exige más que citar versículos de la Escritura durante nuestro primer encuentro para testificarles de Cristo a los católicos. Demandará oración, el cultivo de una relación personal, una clara presentación del evangelio, y estudio bíblico continuo.

Conclusión

Al buscar presentar el concepto bíblico de la salvación a nuestros amigos católico romanos, debemos tener en cuenta los hechos que algunos de ellos tienen serias dudas y aprensiones debido al hecho que a veces sus creencias y tradiciones serás desafiadas por la Biblia. Como hemos visto en el capítulo uno, muchos van a través de un proceso en su peregrinaje hacia una fe personal en Cristo. En este capítulo, hay mucho que aprender de la manera en la cual Jesús trató con la samaritana. El espíritu de amor y entendimiento al compartir la verdad del evangelio mucho nos ayudarán para vencer os obstáculos sociales y tradicionales.

Una palabra final sobre el poder de la oración en nuestros esfuerzos de compartir el evangelio de la salvación. Cuando era seminarista, se me invitó para iniciar una iglesia en un pueblo a setenta millas de distancia. Nuestro equipo iniciador de la iglesia y yo estuvimos muy animados por la respuesta positiva de parte de mucha gente al mensaje del evangelio. En meses pudimos empezar los servicios de adoración.

Un sábado por la tarde visité el hogar de una dama que no había conocido antes. Cuando empecé a presentarme como el pastor de la nueva iglesia evangélica en el pueblo, me interrumpió y me dijo de una manera muy fría: "Soy católica." Sonreí y le dije: "Me da mucho gusto de conocerla. Solamente quiero que sepa que en nuestra iglesia estamos orando por sus dos hijos que se encuentra en las fuerzas armadas en Viet Nam." Me preguntó: "¿Están orando por mis hijos en su iglesia?" Le dije que uno de sus vecinos había mencionado sus nombres durante la reunión de oración y que habíamos decidido orar por ellos continuamente. Ella entonces me dijo: "Entre, por favor, deseo conocer más de su iglesia." Tuvimos una conversación agradable por un rato mientras que hacía el esfuerzo de responder sus preguntas acerca de lo que enseñábamos y lo que hacíamos en la iglesia. Cuando estaba listo para salir, le pregunté si estaba bien que orara por sus hijos. Ella estuvo de acuerdo. Empecé orando el Padrenuestro y podía oír que ella oraba conmigo. Entonces oré por sus dos hijos por nombre y le pedí al Señor que los protegiera y para que regresaran seguros. También oré por la dama y le rogué al Señor que estuviera con ella de una manera porque sabía que estaba muy preocupada por sus hijos. Concluí la oración "en el nombre del Padre, del Hijo, y del Espíritu Santo." Cuando abrí los ojos, noté que tenía lágrimas en sus ojos. Luego me dijo: "¡Qué bella oración! ¿Me la podría escribir para enviársela a mis hijos en Viet Nam?" Le dije que con gusto lo haría, aunque tendría que hacer un esfuerzo para recordarme exactamente lo que había dicho en mi oración espontánea. Sin embargo, esa oración tumbó las barreras de temor y sospecha. Ella estuvo más dispuesta a asistir a nuestro estudio bíblico y a visitar en nuestros servicios. Por medio de la oración pudimos ministrarle a esta dama en un tiempo crucial en su vida. Orar *con* y *por* nuestras amigos Católicos nos ayuda a establecer puentes de amistad y amor cristiano.

NOTAS

[1] Josefo, *Antiquities of the Jews* 20.118; life 269.

[2] *Antiquities* 13.9.1; *Wars* 1.2.6

[3] Merril C. Tenney, *The Gospel of John*, TEBC (Grand Rapids: Zondervan, 1981), 54

[4] Leon Morris, *The Gospel According to John,* TEBC (Grand Rapids: Wm. B. Eerdmans, 1971), n. 43, 264

[5] G. H. C. Macgregor, *The Gospel of John*, (New York: Happer & Row, 1928), 105.

[6] Ibid., 106.

[7] *Antiquities,* 13.9.1; *Guerras* 1.2.6.

[8] Gerald Williams, Contemporary Catholic Catechism (Des Plains, IL: Fare, Inc., 1973), 96.

[9] Ibid., 96.

[10] Foy Felician, editor, *Catholic Almanac*, (Huntington: Our Sunday Visitor, Inc., 1992), 123.

[11] Walter M. Abbott, *The Documents of Vatican II*, (New York: The America Press, 1966), XVIII.

[12] Felician, Catholic Almanac, 123.

[13] Ibid.

[14] Walter M. Abbott, The Documents of Vatican II, (New York: The American Press, 1966), 348.

[15] James G. McCarthy, *El Gospel According to Rome*, (Eugene: Harvest House Publishers, 1995), 319.

[16] Richard P. McBrien, *Catholicism* (San Francisco: Harper & Row Publisher, 1981), 28

[17] Abbott, *Documents of Vatican II*, 91.

[18] Ibid., 25.

[19] Williams, *The Contemporary Catholic Catechism*, 100.

[20] Ibid.

[21] Ibid., 28.

[22] Abbott, *Documents of Vatican II*, 25.

[23] Williams, *The Contemporary Catholic Catechism*, 97-98.

[24] Ibid., 129.

[25] La lectura privaba de la Escritura se urge con mucha más insistencia que antes.

[26] John Allen Moore, *Catholicism today and Our Mission Task*, Baptist witness in Catholic Europe, (Rome: Baptist Publishing House), 116-119.

[27] Philip St. Tomain, "Catholic Answers to Fundamentalism," presentada por el padre Juan Vargas, C. S. S. R.,(Liquori, Missouri: Redempsionist Pastoral Communications, 1989).

[28] Williams, *The Contemporary Catholic Catechism*, 92-93.

[29] Ibid.

[30] Carta pastoral de los obispos de México, 1984, citada en Paul G.

Schrotenboer, Roman Cathlicism (grand Rapids: Baker Book House, 1987), 39-40.

[31]   Andrés Tapia, 29.

CAPÍTULO 4

RESPONDER A LAS PREGUNTAS SINCERAS DE LA SALVACIÓN

Introducción: Búsqueda de Juanita

Hace algún tiempo, mi esposa y yo estábamos en la iglesia donde éramos miembros y una dama se nos acercó y se sentó junto a nosotros. La saludamos con gusto de verla. Se nos presentó como Juanita y nos contó que apenas se había cambiado a nuestra ciudad. Casi inmediatamente, pude saber que no estaba acostumbrada a estar en una iglesia evangélica. Juanita tenía dificultad de encontrar el pasaje de la Escritura y de saber como seguir los cantos en el himnario. Le indiqué cómo seguir la primera línea en la primera estrofa, etc. Lo apreció mucho. Después del servicio le pregunté si nos visitaba por la primera vez. "Sí," me respondió, "soy católica y espero no ofender a nadie al venir a su iglesia." "Al contrario," le contesté, "estamos realmente alegres con su visita a nuestra iglesia." Le pedí si le gustaría darnos su dirección para que pudiéramos visitarla. Juanita lo hizo alegremente. Esa tarde cuando llegamos a su puerta, Juanita estuvo muy complacida de vernos y llamó a su mamá: "Mami, no lo puedo creer, visité esta iglesia esta mañana y ellos ya vienen a visitarnos."

Cuando nos sentamos en su sala, Juanita dijo: "De verdad que me gocé al asistir a su iglesia, Díganme, ¿cuál es la diferencia entre católicos y protestantes?" Le sonreí y le respondí: "Existen algunas diferencias muy importantes entre ambos grupos, pero ¿está bien si comenzamos a hablar de las creencias que tenemos en común?" Ella respondió: "Si, eso me interesa muchísimo." Le pregunté: "¿Usted cree en Dios, el Creador del cielo y de la tierra?" Ella respondió: "Sí, desde luego, lo aprendí en el catecismo." Le dije: "Yo también." Entonces le pregunté: "¿Usted cree en Jesucristo, el Hijo de Dios, nacido de la virgen María?" Ella respondió: "Sí, seguramente." Le dije: "Yo también." Entonces le pregunté: "¿Usted cree que Cristo murió en la cruz por los pecados del mundo?" Me replicó: "Sí, lo aprendí antes de mi confirmación." Le dije: "Yo también." Entonces le pregunté: "¿Usted sabe que Cristo murió para perdonarla de sus pecados y que si usted pone su confianza en Él como su Salvador usted puede estar segura que Él estará siempre con usted y que usted irá al cielo con Él cuando usted muera?" "De eso" dijo ella, "es de lo que me gustaría saber más. Estoy haciendo todo lo que puedo hacer de lo que la iglesia me enseña, pero no tengo mucho éxito con esto." Entonces procedí a explicarle cómo podría invitar a Jesucristo a su vida. Juanita entonces me dijo que le gustaría tener más tiempo para pensar en esto y que le gustaría que la siguiéramos visitando. Dos semanas después cuando llegamos, Juanita tenía una alegre sonrisa que iluminaba su rostro y nos compartió que había puesto toda su confianza en Jesucristo como su único Salvador y que tenía la paz y la seguridad de la cual le habíamos hablado. Juanita dijo que todavía tenía muchas preguntas y le prometimos que las trataríamos cada una en el estudio bíblico que tendríamos. Estaba muy emocionada de ser parte de un estudio bíblico en un grupo pequeño.

El punto que tenemos que afirmar es que empezamos con las creencias que tenemos en común, en vez de tratar de establecer las diferencias que podamos tener. Esto no hizo que nos distrajéramos. Nuestro propósito era guiarla a depositar su fe en Cristo como su Salvador personal. Una vez que Juanita lo hizo, estuvo más sensible a la dirección del Espíritu Santo y tenía hambre de saber lo que la Biblia enseña de las creencias con las cuales había crecido. Saber cómo responder las preguntas sinceras es una parte muy importante para guiar la gente a Cristo, como lo veremos en el estudio bíblico que sigue.

ESTUDIO BÍBLICO

Cómo trató Jesús con las preguntas sinceras

Introducción

Al compartir nuestra fe, habrá los que no comprenderán completamente y los que tendrán preguntas sinceras. La razón por la que enfatizamos *preguntas sinceras* es que deseamos hacer la distinción entre los que están genuinamente interesados en aprender más de la Palabra de Dios y los que meramente desean argüir. La Biblia dice: "Timoteo, ¡cuida bien lo que se te ha confiado! Evita las discusiones profanas e inútiles, y los argumentos de la falsa ciencia. Algunos, por abrazarla, se han desviado de la fe. Que la gracia sea con ustedes" (1 Timoteo 6:20-21) (vea también 2 Timoteo 2:23).

La Biblia nos enseña, sin embargo, que debemos estar preparados par responder las preguntas sinceras. Dice: "Más bien, honren en su corazón a Cristo como Señor. Estén siempre preparados para responder a todo el que les pida razón de la esperanza que hay en ustedes. Pero háganlo con gentileza y respeto, manteniendo la conciencia limpia, para que los que hablan mal de la buena conducta de ustedes en Cristo, se avergüencen de sus calumnias' (1 Pedro 3:15-16). En la Palabra de dios encontramos ejemplos de la manera en que Jesús trató con personas que tenían preguntas sinceras.

Cómo respondió Jesús las preguntas de Nicodemo

En el estudio bíblico sobre Nicodemo, era obvio que al principio él no tendía lo que Jesús decía. Cuando Jesús mencionó el nuevo nacimiento, Nicodemo preguntó: "¿Cómo puede uno nacer de nuevo siendo ya viejo? (Juan 3:4). Jesús le respondió que estaba hablando del nacimiento *espiritual* no del *físico*. Dijo: "Lo que nace del cuerpo es cuerpo; lo que nace del Espíritu es espíritu" (Juan 3:6). Jesús le ayudó a Nicodemo a entender con uso del ejemplo del viento: "El viento sopla por donde quiere, y lo oyes silbar, aunque ignoras de dónde viene y a dónde va. Lo mismo pasa con todo el que nace del Espíritu" (Juan 3:8). La misma cosa es con el *nacimiento espiritual*. Nicodemo evidentemente aun no entendió a Jesús y le pregunta: "¿Cómo es posible que esto suceda?" (v. 9).

De nuevo Jesús usó un ejemplo familiar: la serpiente en el desierto. Siendo un maestro de Israel, Nicodemo conocía bien el significado del incidente. Números 21 describe cómo los israelitas murmuraron contra Dios. El Señor respondió enviando serpientes que le causaron la muerte a muchos israelitas. Cuando Moisés intercedió por el pueblo ante Dios, el Señor instruyó a Moisés a que hiciera una serpiente de bronce y la pusiera en un palo alto. Los que confiaron en Dios y miraban la serpiente en fe fueron sanados. Jesús entonces hizo la aplicación: "Como levantó Moisés la serpiente en el desierto, así también tiene que ser levantado el Hijo del hombre, para que todo el que crea en él tenga vida eterna" (Juan 3:14-15).

Jesús tomó tiempo para responder a las preguntas de Nicodemo. Él procuró relacionar Su respuesta a algo que Nicodemo ya sabía. Esto es extremadamente importante. Los educadores nos dicen que la enseñanza eficaz es la que va de lo conocido a lo desconocido. Al responder las preguntas, no es suficiente que citemos versículos de la Escritura o la opinión de los eruditos bíblicos. Tenemos que relacionar nuestras respuestas a lo que la gente ya conoce y desde allí llevarlos a un mayor entendimiento de la Escritura.

Cómo respondió Jesús las preguntas de la samaritana

La samaritana le hizo varias preguntas a Jesús:

(1) Su primera pregunta fue: "¿Cómo se te ocurre pedirme agua, si tú eres judío y yo soy samaritana? (Juan 4:9). En otras palabras, "¿Por qué me estás hablando?" Jesús le responde en Juan 4:10: "Si supieras lo que Dios puede dar, y conocieras al que te está pidiendo agua —contestó Jesús—, tú le habrías pedido a él, y él te habría dado agua que da vida."

(2) Al notar que Jesús no tenía con qué sacar el agua, la mujer le pregunta: "¿Acaso eres tú superior a nuestro padre Jacob?" Jesús no le permitió que lo desviara a una discusión relacionada con creencias tradicionales. No trató de rebajar a Jacob o indicar que Él era mayor que Jacob. No gastó tiempo cuestionando la afirmación de la mujer de que Jacob era el padre de los samaritanos. En vez, Él se enfocó en el agua viva.

(3) La siguiente pregunta de la samaritana fue: "¿Dónde debemos adorar?" (vea el v. 19). De nuevo Jesús evadió el argumento en cuanto a la afirmación de los samaritanos en cuanto a su monte en contraste con Jerusalén. En vez, se enfocó en el tipo de relación que la gente debe tener con el Padre—"los verdaderos adoradores rendirán culto al Padre en espíritu y en verdad" (vv.23-24). Jesús no enfatizó la *religión* sino la *relación*.

Aplicación. Aprendemos lecciones valiosas de la manera de tratar con las preguntas sinceras al examinar la manera en que Jesús trató con las preguntas que le presentaron Nicodemo y la mujer samaritana.

Primero, Jesús empezó con lo que la conocía y de allí fue a lo que no conocían. Jesús le habló a Nicodemo de la serpiente en el desierto. La samaritana le habló del agua.

Segundo, Jesús usó la ilustración de la vida común del pueblo. Esto fue verdad cuando habló del viento.

Tercero, Jesús fue sincero en Sus respuestas. Cuando la samaritana le preguntó: "¿Cómo se te ocurre pedirme agua, si tú eres judío y yo soy samaritana?" (v. 9), Él respondió dándole a conocer Su deseo de darle el agua de vida.

Cuarto, Jesús respondió las preguntas de una manera que previno ser distraído o involucrado en asuntos irrelevantes.

Quinto, Jesús habló la verdad en amor. No se abochornó cuando le dijo a Nicodemo: "Tienes que nacer de nuevo," o cuando le dijo a la samaritana "la salvación proviene de los judíos." Con todo lo hizo de manera que evitó ridiculizarlos o avergonzarlos, les inspiró una continua búsqueda de la verdad.

Finalmente, Jesús no se enfocó en la *religión* sino en la *relación*. "Los verdaderos adoradores rendirán culto al Padre en espíritu y en verdad, porque así quiere el Padre que sean los que le adoren" (Juan 4:23). Tengamos en cuenta estos principios al responder las preguntas de los que honestamente buscan conocer al Señor.

ACTIVIDAD DE APRENDIZAJE

Actividad: Responder a las preguntas sinceras

Rápidamente lea las preguntas en la sección de instrucción práctica que sigue y note cualquier pregunta que haya encarado. Escríbalas. Después de estudiar la siguiente sección y de aprender los principios que allí se enseñan, escriba brevemente algunas respuestas apropiadas que puedan responder a la inquietud, pero regrese el tema de la relación de la persona con el Señor Jesucristo.

INSTRUCCIÓN PRÁCTICA

El estudio bíblico para esta sesión enfatiza que Jesús se mantuvo enfocado en compartir las buenas nuevas. Él trató con las preguntas pero no los desviaron de Su *objetivo primario*. En esta sesión, discutiremos algunas preguntas comunes que se presentan cuando guiamos a las personas a una fe personal en Cristo Jesús. Nuestro propósito no es necesariamente darle respuestas confeccionadas para que se las memorice y los use cuando se hagan las preguntas. No será un tratamiento extenso de cada pregunta. En la fase de hacer discípulos, las trataremos en mayor profundidad. Ni intentaremos tratar aquí con cada pregunta posible que pueda surgir. En vez, deseamos dar una idea de algunas de las preguntas que quizá se presenten y cómo responderlas de tal manera que el enfoque continúe en el asunto más importante: una relación personal de fe en Cristo Jesús.

¿Hago lo mejor que puedo, ¿no es eso suficiente?

Razón por la que se hace esta pregunta

Muchos católicos creen si tratan de vivir vidas buenas, no cometer pecados terribles (como homicidio), asistir a la misa cuando pueden y hacer obras de caridad, sus buenas obras pesarán más que sus malas obras y que de alguna manera entrarán en el cielo.

Respuesta sugerida

Sabe, lo que está diciendo es muy interesante, pero ¿sabe que la iglesia católica no enseña eso? Enseña que tiene que asistir a la misa regularmente, recibir cinco de los siete sacramentos, pagar por sus pecados aún después de haberlos confesado, y si no ha cometido ningún pecado mortal, entonces pueda que vaya al purgatorio para purificarse antes de entrar en el cielo. Por otra parte la Biblia enseña que si se arrepiente de sus pecados, pone su confianza en Jesucristo como su Salvador personal, y le permite darle poder para vivir su vida cristiana, irá al cielo para estar con Él cuando muera. ¿En qué se puede confiar mejor, sus nociones de cómo hacer para ir al cielo o de la promesa misma de Jesús mismo? (Vea la lección 5 para mayor información).

¿Qué si ofendo mi familia y mis amigos?

Razón para hacer esta pregunta

Algunos católicos puedan estar genuinamente interesados en explorar la posibilidad de recibir a Cristo como su Salvador personal y seguirlo al hacerse discípulos, pero están sinceramente preocupados que esto ofenda su familia y su amigos. Para algunos esto sería equivalente a repudiar lo que su familia y amigos sostienen como algo precioso.

Respuesta sugerida

Sé que ama su familia, pero ¿sabe que ser un seguidor de Jesucristo le ayudará a amar su familia y amigos aún más? El amar a Jesús produce más amor en su corazón para otros. Este amor lo motivará a modelar el amor de Jesucristo en su vida y compartirlo con sus amados para que ellos también experimenten la bendición de recibir a Cristo. Si su familia tuviera una enfermedad incurable, ¿no compartiría con ellos el remedio? Cuando el carcelero en la ciudad de Filipo le preguntó a Pablo y a Silas qué debía de hacer, ellos respondieron: "Cree en el Señor Jesús; así tú y tu familia serán salvos" (Hechos 16:31). Es importante que siga a Jesucristo y que confíe que Él le ayudará compartir esa bendición con su familia.

¿Cuál es la iglesia verdadera?

Razón para hacer esta pregunta

Muchos católicos creen que la salvación se encuentra en y por medio de la iglesia católico romana.[1] Su preocupación principal no es académica sino existencial. Desean saber, "¿Quién o qué puedo confiar para mi destino eterno?"

Respuesta sugerida

Existen muchos puntos de vista de la "iglesia verdadera." Todos estamos de acuerdo que la iglesia original se edificó sobre las doctrinas que Jesús le comunicó a Sus apóstoles (Mateo 28:19-20). La Biblia declara: "Se mantenían firmes en la enseñanza de los apóstoles" (Hechos 2:42). La iglesia verdadera es la que continúa siguiendo las enseñanzas de los apóstoles en cuanto a Jesucristo. Me encantaría invitarle a participar en un estudio bíblico conmigo para saber lo que los apóstoles enseñaron (p. ej., el evangelio de Juan, la carta de san Pablo a los Romanos) de la salvación y la iglesia.

La Biblia dice que la iglesia es el cuerpo de Cristo (vea Efesios 5:29-30). Está formada por gente que cree en Jesucristo como su Salvador y Señor (vea Hechos 2:41). El asunto final no es cuál es la iglesia verdadera, sino *¿somos parte de la iglesia verdadera, el cuerpo de Cristo?* La Palabra de Dios nos dice que podemos ser parte del cuerpo de Cristo al aceptarlo como nuestro Salvador personal (vea Juan 1:12).[2] (vea la lección 12 para más información).

¿Cuál es la autoridad final, la Biblia o la tradición?
Razón para hacer esta pregunta

La mayoría de los católico romanos cree que la Biblia y la tradición tienen igual importancia. Los *Documents of Vatican II*, por ejemplo dicen: "La sagrada tradición y la sagrada Escritura forman un depósito sagrado de la Palabra de Dios, que se le ha dado a la iglesia."[3] A menudo se cita el versículo: "Así que, hermanos, sigan firmes y manténganse fieles a las enseñanzas[4] que, oralmente o por carta, les hemos transmitido"[5] (2 Tesalonicenses 2:15). La pregunta fundamental es: "¿En qué podemos poner nuestra confianza — la Biblia o la Biblia y la tradición?"

Respuesta sugerida

Tenga en cuenta que las Escrituras del Nuevo Testamento estaban todavía siendo escritas cuando el apóstol Pablo escribió a la iglesia de los tesalonicenses. Pablo deseaba enfatizarle a los nuevos cristianos allí que debían continuar fieles a lo que les habían enseñado *personalmente* o por medio de *cartas*. Se les había enseñado lo que los apóstoles habían recibido de Cristo (vea Hechos 2:42; 1 Corintios 11:23). Estas enseñanzas, bajo la guía del Espíritu Santo, se escribieron y se añadieron al Antiguo Testamento. Lo que el Espíritu Santo inspiró a que escribieran los autores del Nuevo Testamento tiene que verse como normativo. En otras palabras, lo que se escribió no se debe contradecir por lo que no se escribió. Jesús no presentó una manera de salvación por escrito y otra para que se pasara de boca en boca.[6] La Palabra de Dios dice que la sagrada Escritura nos puede hacer sabios para la salvación (vea 2 Timoteo 3:15). Los versículos 16 y 17 dicen: "Toda la Escritura es inspirada por Dios y útil para enseñar, para reprender, para corregir y para instruir en la justicia, a fin de que el siervo de Dios esté enteramente capacitado para toda buena obra." En la Escritura escrita tenemos todo lo que necesitamos para encontrar la salvación en Jesucristo. ¿Ha encontrado usted esta salvación de la cual habla la Escritura? (vea la lección 1 para más información).

¿No es el papa el sucesor de Pedro?

Razón para hacer la pregunta

Muchos católicos preguntan esto para luego considerar otro asunto: "¿Por qué no debo confiar en la jerarquía (estructura) de la iglesia católica, con el papa como su cabeza?"

Respuesta sugerida

Es contraproducente en este punto tener un debate extenso de si Pedro fue el primer papa o no. Ayuda más responder al asunto de la confianza. Una manera de hacer esto es decir algo así: "Muchos católicos creen que cuando Jesús usó la expresión: "sobre esta piedra edificaré mi iglesia" (Mateo 16:18), se estaba refiriendo a Pedro.

La razón por la que los evangélicos creen que la frase "sobre esta piedra" se refiere a la confesión que Pedro hiciera de Cristo, es que el asunto al cual Pedro respondía era "¿Quién dice la gente que es el Hijo del hombre (Cristo)?" no "¿Quién dice la gente que usted (Pedro) es?" Por lo tanto la pregunta es "¿Quién es Cristo?" "no ¿quién es Pedro?" "Tú eres el Cristo, el Hijo del Dios viviente —afirmó Simón Pedro" (Matero 16:16). Es sobre este confesión que Jesús edifica Su iglesia no sobre el hombre que poco después Jesús reprendió (vea Mateo 16:23) y que negó conocer a Jesús antes de Su muerte (vea Mateo 26:69-75). En otras palabras, la iglesia se edifica en Cristo mismo. Él dijo: "edificaré *mi* iglesia." La Biblia dice muy claramente "porque nadie puede poner un fundamento diferente del que ya está puesto, que es Jesucristo" (1 Corintios 3:11). Jerónimo en el siglo cuarto y Agustín en el quinto claramente declararon que la iglesia estaba fundada sobre la confesión de Pedro ("Tú eres el Cristo") y no sobre Pedro mismo.[7]

El simbolismo de la roca como representación de Cristo se remonta hasta el Antiguo Testamento. Por ejemplo, la declaración de Pablo: "y tomaron la misma bebida espiritual, pues bebían de la roca espiritual que los acompañaba, y la roca era Cristo" (1 Corintios 10:4), va al incidente registrado en Éxodo 17. El herir la roca de la cual fluyó el agua representaba al Cristo herido (vea Isaías 53:4). De Él se habla como la "Roca de mi salvación" (vea Salmo 19:14; 2 Samuel 22:47: Isaías 48:21). El Nuevo Testamento se refiere al Antiguo Testamento y afirma que Jesús es la Roca de la salvación. La iglesia se edifica en Jesucristo quien es la Roca.

Ve lo que el apóstol Pedro *mismo* dice: "Cristo es la Piedra viva, rechazada por los seres humanos pero escogida y preciosa ante Dios. Al acercarse a él, también ustedes son como piedras vivas, con las cuales se está edificando una casa espiritual. De este modo llegan a ser un sacerdocio santo, para ofrecer sacrificios espirituales que Dios acepta por medio de Jesucristo. Así dice la Escritura: 'Miren que pongo en Sión una piedra principal escogida y preciosa, y el que confíe en ella no será jamás defraudado'[8]" (1 Pedro 2:4-6). Pedro aquí dice que la *piedra principal* y quien esté en Él no será defraudado. Lo importante es poner nuestra *confianza* en Jesucristo. ¿Ha llegado al lugar de poner toda su confianza en Jesús al aceptarlo como su Salvador personal? (Vea el lección 8 para más información).

¿Qué piensa de la virgen María?

Razón para hacer esta pregunta

Muchos católicos tienen la impresión que los protestantes consideran a María como a *otra mujer* nada más. Una de las razones por la que se piensa así es que algunos protestantes que son cuidadosos de no *adorar* a María también fallan en no colocarla en el lugar de honor que ella ocupa en la *Escritura*. María ocupa un lugar muy especial en los corazones de muchos católicos. En parte se debe a haber sido enseñados que María es comediadora (media juntamente con Cristo).[9] Para otros católicos, la devoción a María tiene profundas raíces tanto *culturales* como *religiosas*. Decir algo irrespetuoso de María es peor que decir algo en contra de la propia madre. Existen varias repuestas apropiadas: (1) nunca arguya de María; (2) nunca falle en representar bien la Escritura—María ocupa un lugar especial en la Escritura; (3) nunca trate de probar que ella tuvo *otros hijos*. Habrá tiempo para tratar con este asunto. Una vez que se tenga una relación personal e íntima con Jesús, la gente podrá poner todo dentro de la perspectiva bíblica. *Muchos esfuerzos de testificar se han echado a perder por los que piensan que es más importante ganar el argumento que ganar al simpatizante.*

Respuesta sugerida

Asegure a sus amigos católicos que usted tiene a María en un muy *alto concepto*. Ella tuvo que haber sido una persona muy especial para ser escogida por Dios para que diera nacimiento a Su Hijo, Jesucristo. La Biblia dice: "¡Te saludo, tú que has recibido el favor de Dios! El Señor está contigo. . . Dios te ha concedido su favor" (Lucas 1:28-30). La Biblia también dice: "¡Bendita tú entre las mujeres, y bendito el hijo que darás a luz!" (Lucas 1:42). Además, María provee un ejemplo de ser un discípulo cristiano verdadero en su conducta, su obediencia y en su fe. Es muy importante hacer saber a sus amigos católicos que usted tiene un muy alto concepto de María como un vaso escogido por Dios. También es importante hacerles saber que usted sigue el consejo de María. En la boda en Caná de Galilea, María le dijo a los siervos que estaban preocupados de que el vino se había terminado: "Hagan lo que él les ordene" (Juan 2:5). ¿Y qué nos dice Jesús? "Yo soy el camino, la verdad y la vida —le contestó Jesús—. Nadie llega al Padre sino por mí" (Juan 14:6). "Vengan a mí todos ustedes que están cansados y agobiados, y yo les daré descanso" (Mateo 11:28).[10] Al enfocarse en Juan 2:5; Juan 14:6 y Mateo 11:28, se puede evitar una discusión sin fruto sobre María y concéntrese en las enseñanzas de Jesús sobre la *salvación*. (Vea la lección 2 para más información).

¿Qué de mi afiliación religiosa?

Razón para hacer la pregunta

La impresión que algunos católicos tienen es que nosotros solamente deseamos que se unan a nuestra iglesia. Es importante asegurarles a nuestros amigos católicos que lo que deseamos es que experimenten la salvación en Jesucristo personalmente y que continúen creciendo para que sean más como Jesús cada día.

Respuesta sugerida

Es importante hacer hincapié que su interés no está en la *religión* de la persona sino en su *relación* con Cristo. Esta relación comienza cuando recibimos a Cristo como nuestro Salvador personal. Esto continúa cuando estudiamos la Palabra de Dios, tenemos relación con otros creyentes, adoramos juntos, oramos los unos por los otros, nos involucramos en el ministerio con otros para compartir las buenas nuevas de salvación con otros así es como leemos que los primeros cristianos hicieron en Jerusalén (Hechos 2:40-47). Después que invite a Cristo a su vida, puede orar que le guíe a encontrar este tipo de grupo cristiano y hágase parte del mismo para que continúe creciendo espiritualmente.

¿Está usando la Biblia protestante?

Razón para la pregunta

Algunos católicos tienen la idea que la Biblia "protestante" es muy diferente de la católica. Saben que pueden confiar en su propia Biblia pero no están seguros de otras versiones.

Respuesta sugerida

Existen algunos libros en la Biblia católico romana que como evangélicos no aceptamos como inspirados. Sin embargo, en una situación de testificar, no es necesario entrar en largas discusiones de esos libros por las siguientes razones:

Estos libros se usan rara vez por los católicos mismos.

Estos libros no están en el Nuevo Testamento, por lo tanto, podemos hacer una presentación completa del plan de salvación sin hacer referencia a ellos.

Tenemos varias opciones si existe aprensión del uso de la Biblia protestante.

Podemos usar la Biblia católico romana. Una de las nuevas traducciones que han sido aceptadas por los prelados católicos y que tienen la aprobación de la iglesia católica. Algunas palabras son diferentes, pero el significado de los pasajes que se usan para testificar es el mismo.

La segunda opción es usar la Biblia *Dios Habla Hoy*[11] que aunque no tiene el imprimatur si cuenta con la aprobación del Consejo Episcopal Latinoamericano. Si se suscitan preguntas, presente la aprobación que se encuentra en las primeras páginas. Asegúrele a su amigo católico que esta versión ha sido aprobada por los oficiales de la iglesia.

¿Se salva uno con sólo recibir a Cristo como Salvador?

Razón para hacer la pregunta

Muchos católicos creen que es demasiado simplista afirmar que se puede obtener la salvación sólo al creen en Cristo. Aparte de esto, han sido enseñados que se necesitan las obras para ser salvos.

El Concilio de Trento establece categóricamente: "Si alguien dice que la justificación no es más sino confianza (fiducia) en la misericordia divina que remite los pecados por causa de Cristo, o que esta confianza por sí misma nos justifica – sea anatema."[12]

Respuesta sugerida

La Biblia habla muy claramente de la salvación que se recibe por la gracia y que no se obtiene por obras. Pablo declara que la salvación "no se logra por nuestras propias obras de justicia sino por la misericordia de Dios. Nos salvó mediante el lavamiento de la regeneración y de la renovación por el Espíritu Santo" (Tito 3:5; 2 Timoteo 1:9; Romanos 3:24; Efesios 1:7). Cuando la gente preguntó "Señores, ¿qué tengo que hacer para ser salvo?" la respuesta dada por los apóstoles fue: "Cree en el Señor Jesús; así tú y tu familia serán salvos" (Hechos 16:30-31). (Vea la lección 5 para más información).

¿Por qué no debemos de venerar los santos y las imágenes sagradas?

Razón para hacer la pregunta

Muchos católicos tienen devociones a los santos y a las imágenes. Ya hemos establecido que los católicos informados hacen la distinción entre veneración y adoración. También buscan diferenciar entre "imágenes" (las representaciones) y los "ídolos" (objetos de adoración). Algunos escritores católico romanos (p. ej., Nevins) explican que "los católicos oramos ante imágenes, pero no oramos a la imagen sino a lo que la imagen representa."[13] La verdad del asunto es que muchos católicos hacen de las imágenes los objetos de sus oraciones.

Respuesta sugerida

La Biblia deja claro el mandamiento de Dios al pueblo de no inclinarse ante imágenes (Éxodo 20:4; Hechos 15:20; 1 Juan 5:21; 1 Corintios 10:7).

Algunos católicos dicen que el mandato de Dios a Moisés que hiciera una serpiente de bronce y que eso era indicativo que Él generalmente está a favor de usar imágenes como ayudas para la adoración. Los que así afirman no entienden que Dios no ordenó a que la gente se inclinara ante la serpiente de bronce ni que le orara. Muy al contrario, meramente mirarla era indicación que se sometían nuevamente a la autoridad de Dios y que aceptaban Su sanidad al depositar su fe en Él. La Biblia afirma que el rey Exequias "agradó al Señor" cuando destruyó la serpiente de bronce porque había venido a ser un objeto de adoración al cual el pueblo de Israel honraba, "pues los israelitas todavía le quemaban incienso" (2 Reyes 18:4).

Conclusión

Este estudio le ha ayudado a tratar con algunas de las preguntas que se hacen más frecuentemente en una situación de testificar. Los puntos doctrinales de estas preguntas son muy importantes. Nuestra meta no ha sido restarle a su importancia. Hemos sugerido una manera de prevenir ser distraídos del objetivo principal: *guiar a las personas al conocimiento salvador de Jesucristo.* Los nuevos creyentes son más sensibles a la dirección del Espíritu Santo y estarán en una mejor posición para entender lo que la Escritura dice de éstas y otras doctrinas. No es necesario corregir a la gente en cada punto *doctrinal* antes que ellos *reciban* a Jesucristo. Recuerde la respuesta de Pablo a la pregunta del carcelero de Filipo: ¿qué tengo que hacer para ser salvo? La respuesta fue: "Cree en el Señor Jesús; así tú y tu familia serán salvos" (Hechos 16:30-31). Por lo tanto, hay que reconocer las preguntas que surjan y encontrar la manera de guiar la discusión a la pregunta más importante: "

NOTAS

[1] Vea Abbot, *The Documents of Vatican II*, (New York: Guild Press, 1966), 15, 32-33.

[2] Para explorar este asunto un poco más vea Ralph Michaels, *Share de New Life With a Catholic* (Chicago: Moody, 1975).

[3] Abbot, *Documents of Vatican II*, 117.

[4] Esta versión usa "enseñanzas" en vez de tradiciones.

[5] *The New American Bible*, Edición Saint Joseph, (New York: Catholic Publishing Co., 1970 usa "tradiciones)."

[6] Michales, *Share the New Life With a Catholic*, 20.

[7] Bartholomew F. Brewer, *The Primacy of Peter*, audiocinta, *Mission to Catholics*, P. O. Box 19280, San Diego, CA: 92119

[8] Se puede leer el texto en inglés en la versión *New American Bible*, Saint Joseph Edition, (New York: Catholic Publishing Co., 1970).

[9] Abbot, *Documents of Vatican II*, 91-92.

[10] Para una excelente discusión de este tema vea a *"Lo Que Creen Los Evangélicos Sobre María,"* del doctor José Borrás una presentación en audiocinta, *Abundant Life Crusades*, 4910 Branscomb, Corpus Christi, Texas 78411.

[11] *Dios Habla Hoy* publicada por la Sociedad Bíblica Americana.

[12] Vea Schrotenboer, *Roman Catholicism*, 63.

[13] Albert J. Nevis, *Answering A Fundamentalist* (Huntington: Our Sunday Visitor, 1990), 105.

TERCERA PARTE

HACER DISCÍPULOS DE LOS NUEVOS CREYENTES

CAPÍTULO 5

ANIMAR AL NUEVO CREYENTE EN SU PEREGRINAJE

Introducción: El peregrinaje de Pablo

Cuando mi esposa y yo servimos como misioneros en Centroamérica, un joven me visitó en mi oficina. Me dijo: "Padre, un amigo me pidió que hablara con usted porque estoy en desesperada necesidad de ayuda. Mi madre murió al momento en que yo nacía. Las primeras palabras que recuerdo de mi padre fueron para decirme 'Tú mataste a tu madre, te odio.' Crecí con este horrible sentimiento de culpa para haber matado a mi madre a quien nunca he visto. Como jovencito me enviaron a un orfanato católico. A pesar del hecho que recibí instrucción religiosa y que las monjas eran buenas con nosotros, tampoco fui feliz allá. Tan pronto como pude huí y empecé a vivir de cuenta propia. He cometido toda clase de pecado imaginable, ¿cree usted que Dios me pueda perdonar?" Le dije: "Pablo, la Biblia dice que la sangre de Jesucristo nos limpia de todo pecado." Me respondió: "Pero usted no sabe cuántos pecados he cometido." Le dije: "Yo no sé, pero Jesucristo sí y si oras y si le confiesas tus pecados Jesús te perdonará." Pablo dijo: "No sé cómo orar." Le dije: "Dile a Cristo que tienes dolor por tus pecados e invítalo a tu corazón." Cuando Pablo oró, sollozaba y su cuerpo se estremecía al implorar el perdón de Dios. Luego Pablo oró dando gracias a Dios por haberle perdonado sus pecados y por haberlo salvado. Cuando se levantó, tenía una cara radiante y una bella sonrisa aunque llena de lágrimas. Me dijo: "No sé qué pasó, pero me siento como una nueva persona."

Sabiendo que esta era una nueva experiencia para Pablo y que todavía tenía que aprender. Lo invité a mi clase para nuevos creyentes. Desde el principio, Pablo tenía muchas preguntas. Preguntaba: "lo que usted está diciendo probablemente sea verdad, pero eso no fue lo que aprendí en la iglesia católica." Le contesté: "Bien, busquemos en la Biblia y veamos lo que dice y oremos para que el Espíritu Santo nos guíe." Siempre estuvo dispuesto a buscar lo que dice la Biblia. A veces, le daba tarea para que la hiciera en casa, para que así gastara más tiempo estudiando los pasajes asignados. Hubo ocasiones cuando decía: "Es difícil entender. No crecí creyendo en esto." Procuré darles porciones de la Escritura para que las estudiara y orara. Después de varios meses, Pablo compartía con el grupo que no había tenido ninguna duda de su conversión a Cristo. Su vida había cambiado milagrosamente el día que había invitado a Cristo a su vida. Añadía, sin embargo, que había pasado por un período en el cual había tenido que seleccionar lo que iba a estudiar en la Biblia a la luz de sus creencias tradicionales. Al continuar creciendo en su fe en Cristo, Pablo llegó a ser el líder nacional de la juventud y ayudaba a iniciar una iglesia en su vecindario pobre. El hecho de haber experimentado una conversión milagrosa no significaba que entendiera todas las doctrinas bíblicas de la noche a la mañana. Tomó un largo tiempo para que encontrara respuestas a sus preguntas y luego procediera hacia un firme compromiso como discípulo.

ESTUDIO BÍBLICO

Pablo: Estudio del caso de desarrollar a los nuevos creyentes

Introducción

La influencia de Pablo en el desarrollo de cristianismos en el Nuevo Testamento difícilmente se exagerará. Su lugar en los anales de los años de formación de la iglesia reafirma la tremenda *tour de force* de su persona y de sus logros.[1] Su vida y su obra permanecen como un testamento de lo que Dios puede hacer con una persona que está sólidamente fundada en Cristo.[2] Hay mucho en la vida de este apóstol que nos inspira a todos. Nos quedamos atónitos cuando leemos en las páginas bíblicas de su conversión dramática y del admirable alcance de su ministerio.[3] Todo el cuerpo de su obra nos compele a estudiar su vida en un esfuerzo de encontrar la respuesta que explica al hombre. ¿Cuál era la calidad de su formación espiritual que lo preparó para hacer lo que parece un imposible? Aunque rara vez le prestamos mucha atención a su trasfondo de antes de su conversión, para no mencionar lo que pasó en su vida entre su conversión y su ministerio, probablemente fue en esos tiempos que Dios lo equipó para que hiciera su gran ministerio. Examinemos algunos de los detalles alrededor del peregrinaje de este notable siervo de Dios con la intención de equipar a los creyentes para que hagan discípulos de los nuevos creyentes.

Pablo era una persona muy devota

El trasfondo étnico de Pablo

Pablo (originalmente Saulo)[4] se refiere a sí mismo como "hebreo de hebreos (Filipenses 3:5; vea 2 Corintios 11:22). Como F. F. Bruce demuestra, no solamente los dos padres eran judíos, es probable que aunque nació en Tarso en Cilicia, fue criado con una educación estrictamente judía, donde el idioma arameo era el idioma que se hablaba en casa.[5] Pablo podía trazar sus raíces a y por medio de la tribu de Benjamín, que estaba prácticamente incorporada en la tribu del sur, Judá, después de la caída de las tribus del norte frente a los asirios en el 722 A.C. Esto dice algo de lo cuidadoso de llevar su árbol genealógico. Ser capaz de mostrar la línea continua de sucesión en la línea de Benjamín sugiere que venía de una familia que tomó la pureza genealógica con suma seriedad. Pablo enfatiza el punto que su "judaísmo" no se había manchado con sangre extraña.

Aplicación: La impecabilidad del trasfondo étnico de Pablo es importante. No se le puede acusar de ser un judío elénico o un judío con tendencias elénicas. Israel tendría que luchar no solamente con el hecho del evangelio, sino también con el hecho que uno de sus mejores y más brillantes hijos nativos lo había articulado.

La educación religiosa de Pablo

Pablo también menciona que era fariseo que se había educado bajo Gamaliel, uno de los eruditos sobresalientes de su día en Jerusalén (Filipenses 3:5; Hechos 22:3). Allí Pablo había aprendido el método rabínico de interpretación de la ley. Este es un aspecto indispensable de su educación anterior a su conversión. Pablo es a quien Dios escogió para mostrar cómo la dicotomía de la *ley* y la *gracia* se reconciliaron "en Cristo," así lograr la salvación posible por medio de la fe.

Aplicación: Es interesante que Pablo confiese que como fariseo su observación de la ley había sido "irreprensible" (Filipenses 3:6). Posteriormente, llegó a entender que la ley era pura y buena, que mantenía al pueblo condenado porque era imposible de observarla completamente (Gálatas 3:10-13, 21-22; Romanos 4:15; 5:20)[6]

La celosa dedicación de Pablo

En adición a tener las calificaciones ya mencionadas, Pablo era celoso a su tradición. Captamos algo de su celo en su aprobación de la lapidación de Estaban (Hechos 8:1). Sin embargo, Lucas muestra que el celo de Pablo no se apagó por la muerte de uno de los seguidores de Jesús. . Pablo dio amplia expresión a su fervor, entregándose de corazón a la tarea de acabar con los seguidores "del Camino" desde Israel hasta el territorio vecino (Hechos 8:3; 9:1-2).

Aplicación: Cuando Pablo llegó a la fe en Cristo su celo se puso al servicio de la expansión del evangelio entre los judíos y entre los gentiles igualmente. Aquí hay una importante lección. Mucha gente viene a la fe en Cristo de una vida de excesos impíos y enfermizos. Cuando la persona se salva Dios usará su celo natural y fervor para promoverlo y glorificarlo (1 Corintios 15:10).

Pablo tuvo un encuentro con Cristo

¿Fue Esteban un factor que contribuyó?

Se ha formulado la pregunta de la influencia de Esteban en Pablo. ¿Fue la lapidación del primer cristiano mártir algo que Pablo olvidó pronto al continuar la persecución de la iglesia? El resumen breve que presenta Lucas de la continua acción de Pablo sugiere que muchos seguidores de Cristo sufrieron como resultado de su actividad (Hechos 22:5, 19; 1 Corintios 15:9). Ananías conocía la reputación de Pablo y no tenía interés en conocerlo (Hechos 9:13-14). Lucas también indica que aparte del programa de Pablo, Herodes también mató a Santiago y viendo la reacción favorable de la multitud intentó darle el mismo tratamiento a Pedro (Hechos 12:1-5). Existen muchas razones para creer que el número creciente de creyentes iban pagando con sus vidas por confiar en Cristo.

Aun, Esteban fue probablemente la primera presentación a Pablo de un seguidor de Cristo, y ¡qué presentación fue esa! Probablemente había escuchado el mensaje de Esteban registrado en Hechos 7:1:53, incidentalmente, el mensaje más largo registrado en los Hechos. Cuando comparamos la implicación de Esteban que la conexión necesaria con la tierra de Israel y su templo eran superfluos a la fe en Cristo (vea vv. 44-50), el principio de Pablo de alcanzar a los gentiles es maravillosamente consistente y lógico. Pablo no imita a Estaban. En vez, Pablo trae a expresión completa la implicación misiológica del sermón de Estaban, la mismísima cosa que Dios le comisionaría que hiciera (Hechos 9:15). Así un comentarista concluye: "Podemos decir, entonces, que Estaban fue el precursor del apóstol a los gentiles."[7] Seguramente, la manera en que Esteban murió orando por los que lo mataban indudablemente que estremeció al joven fariseo (Hechos 22:20). Sin embargo, la contribución de Estaban a la formación misionera y evangelizadora no se debe dejar pasar de lado.

Aplicación: Es imposible medir la magnitud del impacto para bien o para mal que un mentor cristiano hace en un joven convertido. Urge que los cristianos maduros procuren hacer que su inversión en la vida de las personas sea de alta calidad tanto como de cantidad. Esto significa que caminaremos en el compañerismo con el Señor para afirmar nuestra integridad y el impacto saludable en la vida del nuevo convertido para progreso del reino de Dios.

La conversión de Pablo

La experiencia de Pablo "en el camino a Damasco" (Hechos 9:3-9) verdaderamente fue un momento que definió su vida. Previamente, había sido el celoso perseguidor de la iglesia. Desde ese momento en adelante, buscó la gloria de Cristo. ¿Cómo cambió este evento a Pablo? Como se observa existen algunos desacuerdos en cuanto a la naturaleza de la experiencia. Para algunos eruditos, la experiencia de Pablo no es diferente de la experiencia de los profetas del Antiguo Testamento. Los muchos puntos de similitud entre la experiencia del apóstol y la de los profetas sugieren que no tuvo que ir por una conversión sino por una experiencia de "comisión."[8] Pablo no se "convirtió" de acuerdo al patrón típicamente occidental del rechazo de una fe para abrazar otra. Tales eruditos insisten que esencialmente tuvo una nueva orientación misionera. Otros eruditos insisten que la orientación total de su fe, de una basada en las obras rectas de la ley a cambió de una fe de confianza en la obra terminada de Cristo, no es nada menos que una conversión radical.[9]

Ambas posiciones tienen un fuerte argumento dejando en claro que la verdad yace en alguna parte entre las dos. Tenemos que reconocer que Pablo simplemente no se convirtió al cristianismo y se apartó del judaísmo. En vez, es como si Pablo hubiera entendido que el judaísmo de su día era el producto resultante de una decisión deliberada de parte de Israel que se había apartado de la fe sencilla (Romanos 10:1-3; vea 2 Timoteo 3:5). Pablo fue capaz de ver dónde el judaísmo se había desviado y procuró regresarlo al implorar que los judíos reconocieran a Jesús como su Mesías. Su conversión no fue rechazo total del judaísmo para abrazar el cristianismo. No, el evangelio que Pablo predica recobra el judaísmo legítimo, exhibido en la fe de los patriarcas, específicamente Abraham (Romanos 4; Gálatas 3:6-20). Aunque no hay duda que su encuentro con Jesús rompió sus convicciones anteriores, el evento no lo dejó como hombre "despedazado," mirando introspectivamente en el fracaso de su vida pasada. Muy al contrario, aunque su obra antes de la conversión se había enfocado en las necesidades provinciales de Israel, ahora tenía la misión global y un propósito para toda la vida. Llegó a entender el elemento misionero que Dios siempre había deseado de Su pueblo (Romanos 10:1-5).

Aplicación: El cristianismo a menudo se presenta como una fe tan única que rara vez se entienden sus raíces en el Antiguo Testamento. Sin embargo, hay necesidad de mostrar que el cristianismo es el cumplimiento del Antiguo Testamento. La historia de la salvación de Dios corre sin interrupción a través de ambos cánones. No solamente los católicos, sino también los evangélicos tienen que entender que Dios no empezó algo totalmente nuevo con el cristianismo por Su iniciativa fracasada con Israel. Desde su comienzo, Pablo llegó al entendimiento que toda la gente de fe, desde los patriarcas en adelante, tenían sus ojos puestos en Jesús, el Mesías tanto de los judíos como de los gentiles (Romanos 10:12; Hebreos 11:1-12:3). Colocar el evangelio en el contexto de la "historia de la salvación" puede ayudar al nuevo convertido a ver la temporalidad de la iglesia católica romana en vez de verla como la única "arca" para la salvación.

Pablo empezó a ser discípulo

Su primera instrucción bajo Ananías

Cristo confrontó a Pablo personalmente e hizo provisión para su instrucción inmediata en la fe: "Levántate y entra en la ciudad, que allí se te dirá lo que tienes que hacer" (Hechos 9:6). Hechos 9:10-18 nos cuenta de un creyente Ananías en Damasco. Aunque tenía todas las razones para vacilar el pensamiento de acercarse al perseguidor de los creyentes, Ananías tenía mayor reverencia y temor santo a Dios. Ananías había escogido abrir la puerta del compañerismo cristiano al más nuevo de los convertidos. El relato de la visita de Ananías a Pablo revela cómo Dios lo usó para que los elementos indispensables estuvieran disponibles para Pablo al empezar su nueva vida.

Primero, Ananías fue el instrumento para ayudar a Pablo a incorporarse en el cuerpo de cristianos (Hechos 9:17-19). Él sirvió las necesidades emocionales de Pablo al abrazarlo y llamarlo "hermano Pablo." También le suplió las necesidades físicas cuando le dijo "el Señor Jesús, que se te apareció en el camino, me ha enviado para que recobres la vista" y cuando lo alimentó. Ananías también sirvió a sus necesidades espirituales al imponerle las manos y bautizarlo. Estas eran obras necesarias que le dieron a Pablo la oportunidad de ser restaurado a la salud, de ser animado y de ser identificado formalmente con Cristo y Sus seguidores.

Ananías luego lo presenta a la familia de la fe en Damasco y puso a su disposición el ordinario pero necesario compañerismo para su crecimiento inicial (9:19). De acuerdo con Lucas es significativo que mientras que a Pablo Cristo le dio orden de entrar a Damasco y esperar otras instrucciones (9:6), la primera indicación del ministerio de Pablo el fue dado a Ananías (9:15-16). Pablo siempre afirmó que su comisión vino por revelación directa sin mediación humana (Gálatas 1:12). Es probable que Ananías, aunque sabía algo del papel que se había escogido para Pablo, guardara tal conocimiento para sí mismo, sabiendo que Dios mismo se lo revelaría a Su instrumento escogido.

Pablo jamás se olvidó del servicio que Ananías le había prestado. Años más tarde, frente a la multitud en Jerusalén, el apóstol a los gentiles contó el servicio que Ananías le ofreció (Hechos 22:12-16). Aunque Pablo sin duda conoció y trabajó junto con muchos poderosos y dedicados creyentes a través de los años de su ministerio, Ananías es la única persona que Pablo menciona cuando habló de sus primeros días como seguidor de Cristo. Indudablemente que la Biblia solamente empieza a dar una idea de la influencia profunda de este hombre de Dios.

Aplicación: A menudo sucede el caso que los mentores cristianos sean personas que Dios usa para aclarar la dirección en que Dios desea dirigir al nuevo creyente.

Pablo invirtió tiempo para investigar a fondo

Del breve recuento en Hecho 9, algunos reciben la impresión que Pablo empezó a predicar inmediatamente después de la visita de Ananías. Hechos 9:20-22 continúa describiendo el ministerio de la predicación de Pablo en las sinagogas en Damasco, donde afirmaba que Jesucristo era el Hijo de Dios. Lo que esta narración deja en claro es que el encuentro inicial con el Señor resucitado proveyó a Pablo el entendimiento básico de su nueva vida en Cristo. Como un potrillo recién nacido que empieza a pararse sobre sus patas casi inmediatamente, hubo aspectos instintivos del evangelio que Pablo empezó a comunicar casi inmediatamente después de su conversión. Pablo no necesitó un extenso entrenamiento teológico para confesar (testificar) lo que hora creía de Jesucristo como el Hijo de Dios y para compartir lo que Dios había hecho en su vida. Pero, esto no fue ni muestra todo lo que tuvo en su entrenamiento.

Muchos eruditos bíblicos en verdad creen que existe una gran laguna en la narración de Lucas en cuanto a los años iniciales de Pablo como creyente.[10] Según sus cálculos, la visita de Pablo a Arabia y luego de regreso a Damasco (Gálatas 1:17) encaja cronológicamente entre Hechos 9:19 y 20. Aunque Lucas registra que Pablo empezó a proclamar al Señor Jesucristo, omite que en verdad empezó a suceder unos tres años más tarde. Así, el viaje de Pablo a Arabia se tiene que "insertar" entre los eventos de los versículos 19 y 20. Tal reconstrucción es probable. Recuerde que Hechos no nos da una historia exhaustiva de la vida de Pablo. Por ejemplo, muchas de las pruebas y tribulaciones que se mencionan en 2 Corintios (11:23-33) no encajan en su vida como aparece en los Hechos.

Es interesante especular de lo que Pablo hizo durante sus tres años en Arabia. La mayoría de los eruditos creen que podría haber copiado de los ejemplos anteriores de Moisés y Elías al buscar el rostro de Dios, quizá cerca del monte Horeb (Éxodo 3:1-3; 1 Reyes 19:8-18). F. F. Bruce anota: "Tomó tiempo para pensar en todo lo que tenía que ver con esta reorganización."[11] Pablo no establece claramente que estuvo orando, meditando o estudiando la Escritura para digerir el evangelio a la luz de sus convicciones previas. Sin embargo, sabiendo lo que conocemos de la total consagración de Pablo al evangelio, estamos seguros que su tiempo en Arabia lo usó Dios para prepararlo un poco más para su misión al mundo.[12]

Aplicación: El viaje necesario de Pablo a Arabia nos dice que no existe substituto para tomar el tiempo a solas con Dios. Tan agradable como es tomar tiempo con otros creyentes en compañerismo y adoración congregacional (Salmo 84:1-4; 122, 133) existe una clase de obra espiritual que solamente acontece cuando la persona busca la soledad para tener comunión con el Señor (Mateo 26:36-46). Nuestro estilo de vida apresurado no promueve lo que parece inacción. No existen paradas, descansos convenientes a lo largo de la muy transitada autopista de nuestra vida para detenernos, orar, reflexionar y encontrarnos con Dios. Pero, si hay algo que hacer para edificar un fundamento fuerte en el nuevo creyente, es esta práctica. Así, justamente como los discípulos de Jesús aprendieron el valor y poder de la oración al ver la Maestro (Lucas 11), así tenemos que guiar a los nuevos convertidos por el ejemplo. Recuerde que orar es una gran parte de la piedad católico romana, pero se hace de memoria y repetitiva. Los nuevos creyentes tienen que ver que la oración es vital y expresiva.

Lecciones de Pablo para ser discípulos

A. Una persona puede ser muy *religiosa* y con todo estar muy *equivocada*. Pablo tuvo la mejor genealogía judía y las credenciales teológicas, con todo él estuvo luchando contra Jesús.

B. A menudo *toma tiempo* para que la semilla de la Palabra de Dios germine. Seguramente que el testimonio de Esteban como un seguidor de Jesús dejó una poderosa impresión en Pablo. Tanto sus palabras y la manera en la cual murió dejó la semialla del evange lio en su vida.

C. El hecho que una persona haya tenido una experiencia personal con Cristo no significa que *entiende* todas las doctrinas cristianas de *inmediato*. A pesar de la conversión dramá tica de Pablo, tuvo que tomar tiempo para pensar las implicaciones del milagroso encuentro con el Señor. ¡Piense del choque que recibió! ¿Qué de esas interpretaciones que había aprendido del Mesías? ¿Qué de la tradición religiosa que había heredado de sus devotos padres? ¿Cuál sería la reacción de sus amigos íntimos cuando escucharon que Pablo había venido a ser un seguidor del despreciado nazareno? Es importantísimo que los cristianos evangélicos se den cuenta del peregrinaje de la fe salvadora de la gente que viene de otras tradiciones por los *desafíos que tienen de muchas maneras.* Debemos de permitir tiempo para que los nuevos cristianos consideren estas cosas hasta cuando lleguen a entender todas las implicaciones de ser discípulos.

D. El toque humano es *indispensable* en el proceso de hacer discípulos. El ministerio de Ananías fue crucial en los primeros pasos de Pablo como nuevo seguidor de Jesucristo. Debió ser refrescante para Pablo oír las palabras de Ananías al imponer sus manos sobre él. "Hermano Pablo, el Señor—Jesús. . . me ha enviado" (Hechos 9:17). El tiempo que invirtamos guiando a la gente en el estudio bíblico y en hacerlos discípulos es tiempo que tiene vitales implicaciones para esta vida y para la eternidad. ¡Quiera Dios ayudarnos a formar así a los discípulos!

Conclusión

En lo que tiene que ver con la experiencia de Pablo en su camino a Damasco, F. F. Bruce dice: "Ningún evento singular, aparte del evento de Cristo mismo, ha probado ser tan determinante en el curso de la historia cristiana como la conversión y comisión de Pablo."[13] Ciertamente es admirable pausar para ver cómo Dios alcanzó a Pablo con Su gracia y le dio una vida nueva en Cristo. Sin embargo, tan maravillosa como haya sido la experiencia de Pablo, jamás debemos de despreciar el poder inherente en nuestra propia experiencia con el Señor resucitado. La salvación de cada persona es un evento milagroso y lleno de gran promesa. Solamente Dios sabe lo que se logrará para la causa de Su reino cuando los nuevos creyentes, o los que no sean tan nuevos, empiezan a vivir las implicaciones totales de la vida den Cristo en ellos. La experiencia de Pablo no debe verse como algo tan indeciblemente remoto que no encontramos un punto de contacto para nuestra propia experiencia. La vida del apóstol Pablo nos anima y asegura que Dios continúa llamando y equipando a Sus siervos para bendecir el mundo de hoy.

ACTIVIDADES DE APRENDIZAJE

Actividad 1: Evalúe su propia vida como discípulo

Divida al grupo de dos en dos. Pida que cada persona tome cinco minutos para que comparta con la otra persona su experiencia de discípulo como nuevo cristiano. ¿Quién lo instruyó a ser discípulo? ¿Cuáles fueron los puntos fuertes en el esfuerzo de hacerlo discípulo? ¿Cuáles los puntos débiles?

Actividad 2: Diseñe estrategias para hacer discípulos

Pida que cada persona tome cinco minutos para que comparta con la otra persona lo que hará al hacer discípulo a un nuevo convertido con trasfondo católico romano. ¿Cuáles son algunos tópicos (asuntos, doctrinas) que discutirán? ¿Cuáles son algunas cosas de la iglesia evangélica que querrán explicar? ¿Qué esfuerzos harán para tener compañerismo con estos nuevos convertidos?

Conclusión de la actividad de aprendizaje

Reúna todo el grupo y pida voluntarios que compartan algunas ideas de los grupos pequeños. Haga una lista de las ideas y sugerencias en el tablero. Pida al grupo que tome nota para el uso futuro al hacer discípulos de los nuevos creyentes.

INSTRUCCIÓN PRÁCTICA

El material en esta sección se puede usar de dos maneras:

1. Para continuar el cultivo de los que no han hecho decisión de recibir a Cristo.

2. Para ayudar a los que han recibido a Cristo para que crezcan en el entendimiento de su salvación.

Métodos de estudio bíblico

Existen varias maneras de estudiar la Biblia que son útiles para lograr estos objetivos:

Capítulo por capítulo

Este es el estudio de libros seleccionados de la Biblia (capítulo por capítulo. Estudie en este orden, el evangelio de Juan; la carta a los Romanos; la carta a los Gálatas; la carta a los Hebreos. Este método puede ser muy útil para personas que tienen un conocimiento limitado de la Biblia. Este estudio les ayudará a que gradualmente entiendan más de la Palabra de Dios. Al estudiar también aprenderán más de la enseñanza bíblica respecto a la salvación.

Con el método por capítulo, el siguiente bosquejo será de ayuda:

a. ¿Quién es la persona clave en este capítulo?
b. ¿Qué enseña este capítulo de Cristo?
c. ¿Qué enseña de la salvación?
d. ¿Hay algo en este capítulo que le habla a mi vida hoy?

Vidas transformadas

Este es un estudio de personas cuyas vidas fueron cambiadas por Jesús. Uno de los mayores beneficios de este método es que ejemplifica la experiencia de salvación personal en Jesucristo. Estas personas no solamente sabían de Jesús o lo tenían en muy alta estima. Lo habían recibido como su Salvador personal. Este es uno de los énfasis ausentes en las iglesias católico romanas. Muchos católicos enfatizan creer en doctrinas específicas y la observación de los sacramentos. Muy a menudo no se enfocan en la relación personal y vital con Jesucristo como Salvador y Señor. Este tratamiento del estudio bíblico ayudará a entender la importancia de nuevo nacimiento en Cristo.

Use los siguiente personajes para estudiar las vidas de personas que cambiaron por medio de su relación personal con Cristo.[14]

Nicodemo	Juan 3: 1-21
La mujer samaritana	Juan 4:1-42
Zaqueo	Lucas 19:1-10
El ciego de nacimiento	Juan 9
El etiope	Hechos 8:26-40
Pablo	Hechos 9:1-22
Cornelio	Hechos 10:1-48
Lidia	Hechos 16:11-15, 40
El carcelero	Hechos 16:23-34
Otros	

126

Método: Asigne un personaje para cada estudio bíblico y pida a los participantes que respondan a las siguientes preguntas:

a. ¿Cómo era la vida del personaje **antes de conocer** a Cristo?
b. ¿Cómo vino a tener la **fe personal** en Cristo?
c. ¿Cómo cambió su vida?
d. ¿Qué podemos aprender se su experiencia?

Estudio de tópicos relacionados con la salvación

Cuando el tiempo sea limitado o cuando las personas en el grupo ya tengan algún conocimiento de la Biblia, estudie los siguientes tópicos relacionados con la salvación:

a. Romanos

1. La necesidad de estar en la relación correcta con Dios— (Romanos 1:18; 3:20).
2. Método y provisión para estar en la relación correcta con Dios— (Romanos 3:21-31).
3. Ejemplo de quien está en una relación correcta con Dios— (Romanos 4:1-25).
4. Resultado de estar en la relación correcta con Dios— (Romanos 5:1-11).
5. La vida de los que están en la relación correcta con Dios— (Romanos 6:1-4).
6. La liberación de los que están en la relación correcta con Dios— Romanos 6:15-23).
7. Comunión con Cristo— (Romanos 7:1-6).
8. La vida en el Espíritu— (Romanos 8:1-17).
9. Cómo encara el sufrimiento el creyente en Cristo— (Romanos 8:10-30).
10. La seguridad eterna de los que están en la relación correcta con Dios— (Romanos 8:31-39).

b. Gálatas

1. El don de la gracia— (Gálatas 3:1-9).
2. La maldición de la ley— (Gálatas 3:10-14).
3. El pacto que no se puede cambiar— (Gálatas 3:15-18).
4. Los efectos del pecado— (Gálatas 3:19-22).
5. La llegada de la fe— (Gálatas 3:23-29).

c. Efesios

1. La vida sin Cristo— (Efesios 2:1-3).
2. La obra de Cristo— (Efesios 2:4-10).
3. Antes de venir a Cristo— (Efesios 2:11-12).
4. El fin de las barreras— (Efesios 2:13-18).
5 Comunión con Dios— (Efesios 2:19-22).

d. Hebreos

1. Introducción: Cristo la completa revelación de Dios (1:1-3).[15]
2. Superioridad de Cristo sobre los ángeles (1:4-2:18).
3. Superioridad de Cristo sobre Moisés y Josué (3:1-4:13).
4. Superioridad del sacerdocio de Cristo (4:14-7:28).
5. Superioridad del pacto de Cristo (8:1-9:22).
6. Superioridad del sacrificio de Cristo (9:23-10:39).
7. Supremacía de la fe (11:1-12:29).
8. Agradar a Dios (13:1-19).
9. Oración final (13:20-21).
10. Palabras finales (13:22-15).

Método: Use las siguientes preguntas para los tópicos anteriores:

¿Qué enseña esta porción de la Escritura de la salvación?

¿Cuál es el versículo más significativo para mí?

¿Cómo afecta mi vida la enseñanza de esta lección?

Precaución: No asigne todos estos capítulos, estudio de personajes o tópicos a la vez. Asígnelos uno a la vez con las preguntas correspondientes. Luego permita tiempo para discusión.

Sugerencia: Familiarícese con estos capítulos, estudio de personajes y tópicos usted personalmente. Lo bendecirán y ayudarán a proveer dirección para su amigo.

Sugerencias de seguimiento

Observe las siguientes sugerencias después que haya llevado a su amigo católico a una relación personal con Cristo.

Continúe **involucrando** a su amigo en el estudio bíblico.

Continúe **orando** con y por su amigo. Él necesita mucho apoyo de parte suya y de otros amigos evangélicos.

Sea **paciente**. No espere que su amigo cambie su sistema de creencias de la noche a la mañana. Es posible que tome meses o años antes de que complete la transición.

Rehúse **presionar** a su amigo para que no dependa de las reliquias o de los santos. En la medida en que venga a ser lleno de Cristo esa dependencia va siendo menos necesaria.

Use un plan para **hacer discípulos**. *Sígueme* para nuevos creyentes es un excelente recurso. (Vea la lección 14)

NOTAS

1 Periódicamente, los eruditos del Nuevo Testamento se preguntan si fue Jesús o el apóstol Pablo el real fundador del cristianismo. En algunos sectores académicos, se considera a Pablo como que tomó el mensaje sencillo de Jesús y lo erigió al sistema teológico y eclesiástico que vino a ser en última instancia. Los eruditos cristianos conservadores y evangélicos rechazan tal posición. Ven a Jesús como "la única piedra angular" de la fe cristiana. Vea David Wenham, *Paul: Follower of Jesus or Founder of Christianity?* (Grand Rapids: Wm. B. Eerdmans, 1995).

2 Nuestro recurso primario para Pablo es el *Nuevo Testamento*. De los 27 libros, trece fueron escrito por él. Además, Lucas dedica más de la mitad del libro de los **Hechos de los apóstoles** a Saulo/Pablo (Hechos 8:1-3; 9:1-31; 13-28). El apóstol Pedro reconoce y se refiere a la sabiduría de Pablo (2 Pedro 3:14-16). Para un buen estudio de la persona de Pablo, su trasfondo, su vida y misión vea *Christian History* 47 Vol, 14, No 3 (agosto 1995), dedicado mayormente a Pablo.

3 En un estimado conservador, Pablo pudo haber caminado más o menos 17,250 millas para la realización de sus viajes misioneros. Vea *"On the Road With Paul,"* por E. M. Yamauchi, *Christian History*, 18.

4 Aunque el libro de los Hechos inicialmente utiliza el nombre hebreo de Pablo, por causa de uniformidad nos referiremos a él como "Pablo" en este capítulo.

5 F. F. Bruce, *Paul Apostle of the Heart Set Free*; (Grand Rapids: Wm. B. Eermands, 1977), 41-52.

6 Vea Joseph A. Fitzmyer, "Paul and the Law," *Readings in Pauline Theology: A Companion to Paul*, M. J. Taylor, Ed. (Staten Island, NY: Alba House, 1975), 76-77.

7 M. E. Bopismard, "Stephen," *The Anchor Bible*.

8 Para esta posición vea Krister Stendahl, *Paul among Jews and Gentiles and other Essays*, (Philadelphia: Fortress, 1976).

9 Para esta posición vea Alan A. Segal, *Paul the Convert*, (New Haven: Yale University Press, 1990).

10 Bruce, *The Apostle of the Heart Set Free*, 80-82. Para un buen vistazo de los problemas relacionados a la cronología de la vida de Pablo vea "Paul, The CH Timeline," by Janet Meyer Everts, *Christian History*, 30-31.

11 Bruce, *The Apostle of the Heart Set Free*, 75.

12 Juan el Bautista (Lucas 1:80) y Jesús (Lucas 2:40, 52, 3:1-4:15) pasaron tiempos de preparación antes que sus ministerios "vocacionales" se iniciaran en toda su magnitud.

13 Bruce, *The Apostle of the Heart Set Free*, 75.

14 G. Campbell Morgan *The Great Physician* (London: Marshall, Morgan & Scott) es un libro que ofrece excelente material que se puede usar en estos estudios bíblicos. También ayudan los comentarios de William Barclay *Bible Study Series* (Philadelphia: Westminster Press). Un diccionario bíblico será también de gran ayuda al proveer materialesi de trasfondo histórico.

[15]   Este bosquejo está en la "Carta a los Hebreos," *Today's English Bible* (New York: American

CAPÍTULO 6

FACILITAR EL DESARROLLO ESPIRITUAL DEL NUEVO CREYENTE

Introducción: El discipulado de Pamela

Al final de un taller en cómo compartir la fe con nuestros amigos católicos, una joven llamada Pamela se acercó a hablar conmigo. Con ojos lagrimosos me dijo que de verdad apreciaba el hecho de lo que había dicho a los participantes del seminario que tenían que amar a los católico romanos. Le dije que verdaderamente sentía que era muy importante que construyéramos verdaderos puentes de amistad con los católicos. Ella me replicó: "La razón por la cual aprecio lo que ha dicho es que soy católica. Mis padres fueron a la iglesia de vez en cuando, pero fueron cuidadosos de darme instrucción religiosa durante la escuela una vez a la semana. Sin embargo, por mucho tiempo tuve muchas preguntas acerca de Dios y el cielo que nadie parecía tener la respuesta. Hablé con un sacerdote y le dije que intelectualmente creía que Dios existía, pero que espiritualmente no había nada que me convenciera de Su existencia. Me dijo que orara a Dios y le pidiera ayuda para creer en Él." Ella explicó que, al principio, pensaba que era raro, pero que un día oró: "Dios, si en verdad existes, verdaderamente, verdaderamente, entonces deseo creer en Ti con todo mi corazón, sin que importe nada más, *sabré* que Tú existes." Ella continuó: "Mi vida cambió. Deseos repentinos que usualmente tenía (p. ej., embriagarme) desaparecieron. Empecé a experimentar amor como nunca antes los había conocido. Tuve un gran deseo de leer la Biblia. Luego le pedí a Jesucristo que perdonara mis pecados y que guiara mi vida. Sé que está conmigo todo el tiempo y que si muero, iré a estar con Él." Ella luego me preguntó: "¿Cree usted que soy salva?" Le respondí: "¿Por qué me lo preguntas? ¿Tienes dudas?" Me respondió: "Tengo algunos amigos evangélicos que me han dicho que no puedo ser salva porque no he leído ningún tratado en mi vida ni nadie me a mostrado el 'camino de Romanos para la salvación' y además no he dejado la iglesia católica." Continuó añadiendo: "No he hecho la decisión en cuanto a mi participación en la iglesia católica porque aun tengo muchas preguntas y además pienso que puedo compartir mi experiencia con mis amigos católicos si permanezco en la iglesia." Y entonces me volvió a preguntar: "¿Usted cree que soy salva?" Le respondí: "Pamela, eso es algo que solamente tú puedes saber con seguridad. Si has invitado a Cristo a tu vida, tendrás la seguridad en tu espíritu que le perteneces a Él. En cuanto a tu afiliación de iglesia, debes pedirle al Señor la dirección a la congregación donde continuarás creciendo en tu experiencia cristiana." Luego preguntó: "Bien, ¿qué cree usted que el Señor quiere que yo haga?" Le respondí: "Pregúntale y Él te lo comunicará." Pamela regresó al pueblo a donde vivía y me prometió que se mantendría en contacto conmigo.

A la semana siguiente, Pamela me escribió y me preguntó si debía de bautizarse. Dijo que sentía el gran deseo de ser bautizada, aunque había sido bautizada como bebita. Cuando le preguntó al sacerdote, le dijo que eso se tenía que hacer solamente una vez. Le di porciones de la Escritura para que estudiara y orara al respecto. Luego me dijo que había hablado con la hermana Gracia y ella pensaba que era maravilloso que Pamela hubiera invitado a Cristo a su vida, pero que esto solamente haría el sacramento del bautismo, que había recibido de bebita, más significativo para ella con el paso del tiempo. Pamela me escribió de nuevo y me pedía opinión sobre el consejo que le había dado la monja a quien ella admiraba tanto. Le respondí proporcionándole porciones adicionales de la Escritura relacionadas con el significado del bautismo de creyentes. Entonces ella le preguntó cuál era el verdadero significado de la comunión (la eucaristía). Sus preguntas principales fueron: "¿Por qué Cristo tiene que estar presente en el vino y en la hostia (pan) cuando Él ya está presente en mi corazón? ¿Por qué adoramos la hostia (el pan) físicamente cuando lo podemos adorar en nuestro espíritu?" El sacerdote le dijo que esas eran las enseñanzas de la iglesia y que ella tenía que aceptarlas. Luego le pidió que ella le prometiera que recibiría el sacramento de la eucaristía el domingo siguiente. Ella me dijo que lo hizo solamente por el sacerdote, pero que no se sentía a gusto al hacerlo. Ella lo admiraba mucho por su vida de entrega y no quería herirlo. Entonces decidió preguntarle lo mismo a la hermana Gracia. Su opinión era que la eucaristía tendría un mayor significado para Pamela ahora que Jesús habitaba en su corazón. Pamela deseaba saber mi punto de vista sobre esto. Le respondí dándole pasajes adicionales de la Escritura y le pedí que los estudiara con oración. Después de varias semanas, Pamela me escribió y me dijo que ella no podía participar en el rito que continuaba ofreciendo a Cristo como un sacrificio. También manifestó que continuaba con el fuerte deseo de ser bautizada.

Esta clase de correspondencia siguió por cerca de nueve meses en que Pamela preguntaba sobre otras doctrinas y prácticas de la iglesia católica. Luego por algunos meses ya no supe de Pamela. Continuaba orando por ella, pero deseaba estar seguro que no la presionaría, como sus amigos evangélicos lo habían hecho en el pasado. Ella tenía mucha dificultad de precisar sus creencias doctrinales para intentar ajustarse a la "cultura evangélica." Los términos usado por los evangélicos (p. ej., "nacer de nuevo, salvo, redención, santificación, testificar") no sólo eran difíciles de entender sino que la hacían sentirse excluida. Ella dijo: "Me sentía como inmigrante que llega a otro país donde se habla otro idioma." Lo que aun era más difícil eran las "actitudes y prejuicios" que ella había encontrado de parte de algunos evangélicos. Cuando supieron que ella asistía a la iglesia católica de vez en cuando, ellos decían: "Pues, pensábamos que habías recibido a Cristo, ¿por qué participas todavía en esas prácticas paganas?" Lo que más la hería era cuando ella visitaba otras iglesias evangélicas y escuchaba a la gente en sus conversaciones informales, en las clases de escuela dominical y aun desde el púlpito que criticaban y ridiculizaban a los católicos. Ella se preguntaba: "¿Reflejan estas personas el espíritu de Cristo en verdad?"

Casi un año después, fui a conducir un taller en una iglesia evangélica al pueblo donde vivía Pamela. Después de algunos comentarios introductorios, el pastor le dijo al grupo que los adultos se quedarían conmigo en el auditorio, que los niños saldrían con otro maestro y que los jóvenes saldrían con Pamela. Deseaba con ansiedad que terminara la reunión para poder hablar con Pamela. Después de la reunión, ella se disculpó de no mantenerme al día, pero dijo que tenía mucho que compartir. Ella me dijo: "Ahora soy miembro de esta iglesia evangélica y estoy encantada. He encontrado admirable compañerismo cristiano, estoy creciendo mucho y tengo mucha participación en el ministerio con los jóvenes." Añadió: "Hubo dos factores importantes para tomar esta decisión. Uno fue el amor que me mostraron el pastor y su esposa de esta iglesia evangélica. Siempre me dicen lo mucho que me aprecian, están siempre dispuestos a ayudarme (aun me ayudaron a buscar mi perro cuado se me perdió), siempre están dispuesto a ayudarme a orar por los que me interesan y siempre están listos a escucharme cuando necesito alguien con quien hablar." Continuó: "La segunda cosa fue que usted y el pastor de esta iglesia nunca me presionaron a que dejara la iglesia católica para que me uniera a esta. Estuve teniendo dificultades con mi familia, especialmente con mi abuela que dijo que ella 'se sentía incómoda junto a mí porque ya no asistía más a la iglesia católica.' También me sentía lastimada que muchos en la iglesia evangélica dudaban de mi relación con el Señor. Usted y el pastor, se mantuvieron animándome. Una de las cosas que mc ayudó más fuc que usted nunca me dio sus opinioncs; sicmprc sc mantuvo refiriéndome a la Palabra de Dios. Gradualmente eso empezó a tener un efecto en mí. De algún modo, la Palabra de Dios hacía impacto en mi corazón de lo que tenía que hacer para seguir a Cristo más íntimamente. Ahora no tengo ninguna duda de mi salvación o de la manera de servir al Señor." Concluyó diciendo: "Si más evangélicos se enfocaran en la Palabra de Dios en vez de sus opiniones y fueran pacientes permitiendo que el Espíritu Santo trabajara en los corazones de los que están buscando la verdad, veríamos más gente yendo a Cristo y siguiéndole en las iglesias donde crecerán espiritualmente." Este es el tipo de acción necesaria hoy para hacer discípulos.

LAS DIMENCIONES DE HACER DISCÍPULOS

Introducción

Inmediatamente que nace un niño, los doctores lo colocan en los brazos de su madre. ¿Por qué cree usted que lo hacen? Lo hacen porque han aprendido el concepto muy importante de establecer un vínculo vital entre el bebé y la madre. Los veterinarios aprendieron este concepto antes que los obstetras. Los veterinarios notaron que si colocaban el huevo de un pato bajo una gallina con otros huevos, cuando el huevo de pato se empolla, lo primero que verá será la gallina, que instantáneamente viene a ser la "madre" del patito. Desde ese momento en adelante el patito seguirá a la gallina, que a su vez lo cuidará, junto con los pollitos. Los sicólogos han confirmado que el vínculo que se establece entre los hijos y los padres es importante para que el desarrollo de los niños en el resto de su vida. ¿Qué pasaría si una pareja trajera a un niño recién nacido en el hospital, y lo pusiera en su cuna y lo dejara para irse de vacaciones diciendo: "Fue un gran esfuerzo nuestro el traerte a este mundo? Nos vamos de vacaciones, esperamos que estés bien." Al regreso a casa después de dos semanas encontrarían al bebé muerto, y se dirían: "Es evidente que no fuiste sincero al desear ser parte de nuestra familia?" ¿Pudiera ser que actuamos de manera similar hacia esos que han nacido espiritualmente?

Si nos detenemos para pensar, admitiremos que el vínculo que se ha establecido entre nuevos creyentes y los cristianos maduros es importantísimo. El vínculo social, espiritual y doctrinal que se desarrolle ayudará a los nuevos creyentes al experimentar el proceso de conversión que hemos descrito anteriormente (descubrimiento, deliberación, disonancia, ser discípulo).

La vinculación social

Para los nuevos creyentes, las relaciones con su familia biológica y su familia espiritual son muy importantes.

La familia espiritual

Como muchos creyentes nuevos de trasfondo católico se enfrentan a muchas actitudes negativas y a presiones de sus familias *biológicas* cuando hacen la decisión de recibir a Cristo, es muy importante que encuentre amor, ánimo y compañerismo en su familia *espiritual*.

Una de las mejores maneras para lograr vinculación social es asignar la persona a una familia para que se relaciones íntimamente con el nuevo creyente. Quien lo desarrolla como discípulo sea persona o familia debe animar al nuevo creyente de las siguientes maneras: 1) Estar en comunicación constante (especialmente durante los primeros días después de su conversión; 2) escuchar atentamente a los problemas, victorias y preguntas del nuevo creyente; 3) estar disponible para reunirse con el nuevo creyente; 4) incluir al nuevo creyente en las actividades sociales de la iglesia; 5) presentar al nuevo creyente a otros miembros de la iglesia que puedan tener intereses comunes; 6) apoyar al nuevo creyente en tiempos de crisis.

La familia biológica

Hay veces en las cuales los nuevos creyentes encaran actitudes hostiles de parte de sus familias de suerte que están forzados a cortar con sus vínculos sociales. En estos tipos de circunstancias los nuevos creyentes deben de afirmarse en la admonición de Cristo a dejar padre y madre a fin de seguirlo a Él. Existen otras circunstancias, sin embargo, cuando las familias no están de acuerdo con la decisión que su amado ha hecho pero que no cortan los vínculos sociales con ellos. En estas ocasiones, es importante instruir a los nuevos creyentes a mantener la puerta abierta para que puedan testificarles a los miembros de sus familias.

En su libro, *Bring Your Loved Ones To Christ*, Don Wilkerson hace las siguientes sugerencias para que los nuevos creyentes les testifiquen a los miembros de su familia.[1]

1. Evite dar la impresión que "He encontrado a Cristo, pero usted todavía está perdido." Aunque sea verdad que sin una relación personal con Cristo, la gente está perdida, una actitud de orgullo, superioridad o impaciencia ofenderá y alienará.

2. Distinga entre renunciar a su vida pasada y rechazar a su familia. Es verdad que el nuevo creyente no debe participar en prácticas pecaminosas (p. ej., emborracharse), pero esto no significa que el nuevo creyente debe ignorar las responsabilidades familiares y las celebraciones familiares (p. ej., bodas, aniversarios).

3. Evite el espíritu de condenación hacia sus familias. No les diga que están perdidos, que sus acciones son pecaminosas o que sus prácticas religiosas están equivocadas, porque hará que se pongan a la defensiva e indispuestos a escuchar.

4. Evite presionar a sus familias a que hagan una decisión para Cristo. Muchos nuevos creyentes sienten tal gozo de haber recibido a Cristo que no entienden por qué sus parientes no desean tener la misma experiencia inmediatamente.

5. Anticipe que sus parientes lo van a probar para ver qué tan genuina es la nueva fe que ha encontrado. Los nuevos creyentes le han anunciado a sus familiares que han tenido una experiencia con Cristo que les ha cambiado la vida. Los familiares a menudo verán y esperarán las actitudes y acciones para probar que los nuevos creyentes no han obtenido un nivel espiritual que dicen haber alcanzado. El nuevo creyente debe esperar esta clase de prueba y debe orar por fortaleza y paciencia del Señor a fin de que pueda ser fiel y dar el testimonio de su nueva vida en Cristo.

6. Sea honesto de los errores cometidos. Al cometer errores (p. ej., perder la paciencia, enojarse), el nuevo creyente debe admitir que ha hecho errores y debe dejar que su familia sepa que está aprendiendo a crecer en su vida espiritual.

7. Dependa en el liderazgo del Espíritu Santo. El Espíritu Santo sabe cuál es el momento más apropiado para que la familia del nuevo creyente responda al mensaje del evangelio. Para algunos toma años. El nuevo creyente tiene que continuar orando y siendo paciente.

8. Aprenda a compartir las buenas nuevas de salvación. Los nuevos creyentes tienen un entusiasmo admirable. Este entusiasmo debe usarse y no debemos esperar hasta "cuando se les acabe." A la vez, muchos nuevos creyentes tienen la tendencia de criticar, atacar y debatir. Esto, a veces, es motivado por el sentimiento que "la iglesia católica me ha mantenido en la oscuridad por tan largo tiempo que tengo que decirle a la gente de esto." Lo triste de esta actitud es que es contraproducente por que aliena a la gente en vez de llevarlos a Cristo. Los nuevos creyentes necesitan aprender a cultivar amistades, para compartir su testimonio de maneras positivas y a presentar el mensaje de la salvación con paciencia y amor.

En su libro, *The Gospel According To Rome*, James McCarthy hace algunas sugerencias adicionales que ayudarán a llevar a la gente a una fe personal en Cristo:[2]

1. Ore por ellos. La Biblia nos dice que "el evangelio esta encubierto, lo está para los que se pierden" (2 Corintios 4:3).

2. Desarrolle relaciones. "Como el catolicismo tiende a correr en las líneas de familia y étnicas, muchos católicos no tienen ni siquiera un amigo cristiano que no sea católico. Pídale a Dios que le aumente su amor por los católicos. Luego busque maneras de cultivar la amistad con ellos.

3. Estimule el pensamiento. "Muchos católicos lo son por obligación no por devoción. No piden mucho de la iglesia y la iglesia no pide mucho de ellos tampoco. Toma la iniciativa. Haga que el amigo católico piense de su condición espiritual."

4. Promueva el estudio bíblico. "El católico promedio confía que la iglesia cuide de su alma y que le diga lo que tiene que creer de Dios y la salvación. Al venir a Cristo, tal persona tiene que aprender a pensar por sí mismo, a tomar responsabilidad personal por su alma y a basar su fe en la Palabra de Dios. Esto requiere un mayor cambio en su manera de pensar."

5. Considere el problema real. "El problema real no es la iglesia católica: es su pecado. Así que no permita que la iglesia católica se constituya en el foco de su discusión. Ayude a su amigo a ver lo que Dios dice del pecado en la Biblia. Explique el camino a la salvación. Vaya directamente a la Escritura."

6. Anime un rompimiento completo. "El Señor nos comisionó a hacer discípulos, a bautizarlos y a instruirlos completamente en la fe cristiana (Mateo 28:19-20). La obra de la evangelización, por lo tanto, no se completa hasta cuando su amigo católico sea salvo, bautizado en incorporado a una iglesia sana y que enseña la Biblia."

Vinculación espiritual

Recibir a Cristo como Salvador personal no es una experiencia exclusivamente intelectual. Existe también la dimensión espiritual. En otras palabras, recibir a Cristo no involucra simplemente aceptar ciertos conceptos bíblicos relacionados con la salvación (aunque es una parte indispensable). También incluye una decisión espiritual para confiarle la vida de uno a Cristo.

Vínculo con Dios

Una de las primeras cosas que el nuevo creyente necesita aprender es como estar en comunión con Dios por medio de la oración y la vida devocional.

1. Cómo orar. Muchos cristianos nominales entre los católico romanos saben cómo recitar oraciones memorizadas pero no saben cómo orar espontáneamente, de manera directa. Es importante enseñarles a comunicar sus alabanzas, gratitud, peticiones y confesión a Dios en oración.

2. Cómo tener una vida devocional.

Muchos cristianos nominales con un trasfondo católico tienen devociones a algunos santos o a la virgen María. Sus devociones incluyen cosas tangibles como velas, orar el rosario, hacer un peregrinaje, ir temprano a la misa cada mañana o construir un altar en su casa.

A veces cuando los nuevos creyentes asisten a una iglesia evangélica tienen la impresión que ya no debieran de interesarse en tener devociones personales.

Aunque es verdad que sus devociones pasadas a los santos no contribuyeron a su salvación, también es verdad que una vida devocional apropiada les ayudará a crecer espiritualmente. Por esa razón, es muy importante que los nuevos creyentes aprendan cómo alimentarse espiritualmente por medio del estudio bíblico, la meditación, la oración y la adoración.

Vinculación con la familia de Dios (la congregación)

Como lo hemos dicho, es muy importante que el nuevo creyente se vincule socialmente con alguien en la iglesia que los ayude a crecer espiritualmente. Al mismo tiempo, es importante que el nuevo creyente se relacione con la vida espiritual de la iglesia. Esto incluye servicios de adoración, compañerismo, actividades de entrenamiento y capacitación y participación en los ministerios de la iglesia. Como muchos de los nuevos creyentes no tienen el concepto bíblico en relación con la vida comunal de la iglesia, necesitan aprender de la importancia y función de cada actividad y como éstas contribuyen al desarrollo espiritual.

Vínculación doctrinal

Las doctrinas de la Palabra de Dios son como el código genético que tiene que llegar a ser parte de la vida del nuevo creyente desde el momento de su nacimiento espiritual. Si el código es comunicado correctamente, el nuevo creyente crecerá, madurará y producirá el fruto del Espíritu que Dios espera. En el proceso de hacer discípulos, tenemos que enfocarnos en las doctrinas bíblicas que son esenciales para el crecimiento del nuevo creyente.

NOTAS

[1] Algunas de estas sugerencias se toman del libro de Don Wilkerson, *Bring Your Loved Ones To Christ* (Alod Tappan, New Jersey: Fleming H. Revell Company, 1979), 69-85.

[2] Estas sugerencias son del libro James G. McCarthy, *The Gospel According To Rome*, (Eugene: Harvest House Publisher, 1995), 315-320. Para una discusión más extensa les su "Epílogo: The junction," 311-320.

CAPÍTULO 7

ATENDER A LOS ASUNTOS DOCTRINALES CLAVES

Introducción: La decisión de Marta

Marta vivía en México con su familia. Un tío de ella era obispo en la iglesia católico romana y uno de sus primos era sacerdote. El orgullo de tener familiares cercanos que tenían papeles importantes en la iglesia motivaba a la familia de Marta, especialmente a su madre, a ser bien activos en la parroquia local. Marta recibió la mayoría de su educación en escuelas católicas operadas por monjas. De tiempo en tiempo, iba en misiones a otras partes del país con su tío a quien admiraba mucho. Tenía un gran aprecio por sus padres quienes la habían enseñado importantes principios morales. Durante la cuaresma la madre de Marta asistía a la misa todas las mañanas. El padre de Marta asistía a la misa esporádicamente, pero siempre estaba con toda la familia durante los eventos importantes (p. ej., bautismos, bodas, funerales). Marta iba a misa a menudo con su madre, pero había un vacío espiritual en su vida que no podía entender.

Un día Marta conoció a Ricardo en su lugar de trabajo. Casi inmediatamente notó que había algo diferente en él. Primero, era suramericano y había algunas variaciones culturales. Sin embargo, la principal diferencia surgía del hecho que parecía tener un sentido de propósito en su vida y que trataba a sus compañeros de trabajo con dignidad y respeto. No pasó mucho tiempo antes que Marta y Ricardo se sintieran atraídos el uno hacia el otro. En su primera salida, Marta no resistió más la curiosidad y le preguntó por qué era diferente. Él sonrió y le dijo que era diferente a causa de una muy fuerte influencia en su vida. Le explicó que había recibido a Cristo Jesús como su Salvador y que su vida había cambiado completamente desde ese momento en adelante. Ella respondió preguntando: "¿Cómo puede ser esto? yo creo en la virgen de Guadalupe, y como tú, creo en el niño Jesús. ¿Por qué no tengo el gozo y la paz que tú pareces tener?" Ricardo le explicó un poco más que era un asunto de poner completa confianza en Jesucristo como su Salvador personal y que eso resultaría en experimentar la presencia de Cristo en su vida diaria y en adquirir una seguridad de ir al cielo cuando se muere para estar con Cristo. En ese punto, Marta estuvo un poco confusa y nerviosa y sugirió que lo mejor sería no continuar esa conversación sino después. Él estuvo de acuerdo.

Cuando estuvo sola. Marta se preguntaba: "¿Cómo es esto posible?" "El sacerdote nos dijo que continuáramos yendo a la iglesia, para recibir los sacramentos, y que siguiéramos haciendo obras de bondad para que Dios las tuviera en cuenta cuando muriéramos." Pero Ricardo dice que este sentido de paz en la vida y en la eternidad viene como resultado de recibir a Cristo." En otra salida, Ricardo le preguntó a Marta si le gustaría acompañarlo a la iglesia. Sus primeros pensamientos fueron: "De ninguna manera, mi familia se enfurecería si supieran que había asistido a una iglesia protestante." Le respondió que lo iba a pensar. Con el paso del tiempo, sin embargo, Marta empezó a sentir el deseo de ir a la iglesia con Ricardo sólo para ver como era. Cuando visitó la iglesia, Marta estaba un poco incómoda porque muchas cosas eran muy diferentes. Estuvo muy bien impresionada por lo amigable de la gente, pero, se preguntaba si estaba haciendo lo correcto al estar allí. Con todo, sus aprensiones empezaron a disminuir cuando el ministro empezó a predicar y sintió que todo lo que estaba diciendo le llegaba directamente al corazón. Cuando el ministro le pidió a la gente que pasara al frente si deseaban invitar a Cristo en sus vidas, sintió que deseaba hacerlo, pero todavía tenía muchas aprensiones. Posteriormente, cuando se encontraron solos, Marta le dijo a Ricardo que el sermón de verdad le había tocado el corazón, pero que tenía muchas preguntas y dudas. Ricardo le preguntó si estaría dispuesta a reunirse con el pastor para ver si le podía ayudar con sus preguntas. Una de las cosas que impresionó a Marta más que todo fue que el pastor le dijo: "No escuche a lo que yo digo o a lo que dice el sacerdote. Lea la Biblia y condúzcase con lo que dice."

Después de un año de noviazgo, Marta y Ricardo decidieron casarse. Cuando ella se lo dijo a sus padres, ellos respondieron que tenían un muy gran aprecio por Ricardo, pero que estaban profundamente decepcionados de que no fuera católico. Ella les dijo: "No se preocupen estoy segura que haré que se haga católico." Su ceremonia fue oficiada por un sacerdote católico y por un ministro evangélico. Sin embargo, la ceremonia no resolvió sus problemas. Marta experimentaba presión constante de su familia, aunque ella y su esposo alternaban la asistencia entre las dos iglesias. La presión llegó a ser tan grande que Marta y Ricardo decidieron cambiarse a los Estados Unidos. Cuando llegaron, Ricardo encontró una iglesia evangélica y asistía dos veces los domingos y los miércoles por la noche. Marta empezó a sentir celos. Ella asistía a la iglesia católica los domingos por la mañana y no lo acompañaba a ninguno de los servicios de la iglesia evangélica. Ella experimentaba gran confusión. Ella le decía: "dejé a mi familia y a mi país para seguirte, pero no voy a abandonar mi religión por la tuya. No te permitiré que me quites mi religión y mi tradición." Ricardo no la forzaba a que fuera a la iglesia con él. Era activo en su iglesia, sin embargo, la molestaba mucho. Ella estuvo tan molesta que decidió irse a México para hablar con su tío, el obispo. Tenía muchas preguntas y dudas. "¿Cometí el error más grande de mi vida al asistir a una iglesia evangélica y escuchar a ese ministro? ¿Qué si lo que él decía estaba equivocado y la iglesia me rechazaba? ¿Estaré perdida para siempre? ¿Qué de mi familia? ¿Siempre han estado equivocados?"

Cuando Marta llegó a México, sus padres gozosamente la esperaban y la llevaron a visitar a su tío. Ella le dijo que había estado leyendo la Biblia y que tenía muchas preguntas. El tío le dijo que en vez de contestar sus preguntas invitaría a un doctor en teología para que conversara con ella. Cuando vino el doctor, Marta le dijo que tenía muchas preguntas en cuanto a la veneración a la virgen María, del purgatorio y de invocar a los santos a la luz del hecho que nada de esto se encontraba en la Biblia. Sus respuestas no la satisficieron. Ella preguntó: "¿Por qué oramos que los santos intercedan por nosotros cuando la Biblia dice que Dios nos ama y que está dispuesto a escuchar nuestras oraciones?" Él respondió: "Porque Dios está enojado con nosotros y necesitamos orar a los santos para que sean nuestros mediadores." Ella respondió: "Ese no es el Dios que he encontrado en loa Biblia." En ese instante se excusó y salió del cuarto.

Profundamente decepcionada, regresó a los Estados Unidos para estar con su esposo. A pesar de su decepción con las respuestas del sacerdote, no estaba dispuesta e invitar a Cristo a su vida. Un miércoles por la noche notó que su esposo no asistió a la iglesia. Le preguntó por qué, y le respondió que parecía que cada vez que asistía a la iglesia aumentaba la tensión entre ellos. Ella se enojó y se salió de la casa. Al ir en el camino se sintió extrañamente atraída hacia la iglesia evangélica a la que su esposo asistía. Al entrar se sentó en la banca de atrás, la alabanza que cantaban penetró su corazón. Después del sermón, el ministro invitó a cualquiera que deseara recibir a Cristo para que pasara el frente para orar con ellos. Con lágrimas en sus ojos ella lo hizo y le dijo al ministro que deseaba entregarle su vida a Cristo. Entonces experimentó una paz que no había experimentado antes. Cuando llegó a casa le dijo a su esposo que había recibido a Cristo como su Salvador personal. Se abrazaron y empezaron a llorar. Ella le dijo: "Deseo seguir a Cristo el resto de mi vida." Mirando atrás a esta experiencia ella declara: "Para mí esto fue un proceso. Por todo un año estaba convencida que necesitaba recibir a Cristo, pero la influencia de mi familia y mi tradición era muy fuertes. Ahora verdaderamente tengo paz en mi corazón. Esto no significa que no tenga problemas ni dificultades, pero quiere decir que sé bien que no estoy sola. Jesucristo está conmigo siempre. Con el paso del tiempo, Marta ha venido a ser más paciente y compasiva con su familia, porque se dio cuenta que ella pasó por un proceso que la llevó a experimentar la salvación personal en Cristo.

LECCIONES PARA HACER DISCÍPULOS

En esta sección trataremos con algunas doctrinas esenciales con las cuales el nuevo creyente necesita estar completamente familiarizado a fin que crezca en su relación con el Señor y con Su iglesia.

Esta sección se puede usar de varias maneras:

1. Puede ayudar al que testifica a responder preguntas de la doctrina defendida por los católicos. El grupo que ha estudiado este libro se reunirá a orar el uno por el otro al testificarles a los amigos católicos, para compartir el progreso de sus esfuerzos al testificar y para estudiar algunos asuntos claves del catolicismo romano. Uno de los "asuntos claves" (se dan esta sección) se pueden estudiar en cada sesión.

2. Ayudará a los que están listos para recibir a Cristo pero que tienen preguntas de la doctrina de la iglesia. Un programa de desarrollo de discípulos puede usarse con los siguientes "asuntos claves" para ayudar a los nuevos creyentes a crecer en su fe y conocimiento de Jesucristo.

3. Ayudará a tratar con las preguntas que puedan surgir al compartir intereses doctrinales. Trata sólo con preguntas que surgen, no con toda la lista. Siempre es mejor guiar a los nuevos creyentes en el estudio bíblico para que se descubran por sí mismos lo que la Palabra de Dios dice de estos asuntos cruciales.

LECCIÓN 1

LA AUTORIDAD SUPREMA: ¿LA BIBLIA O LA TRADICIÓN?

Introducción

Los católicos están recibiendo gran incentivo para leer la Biblia. Después del Segundo Concilio Vaticano (1962-1965) la iglesia católica ha hecho gran énfasis sobre la importancia de las Escrituras en la vida cristiana de sus miembros. La lectura privada de las Escrituras está siendo estimulada más fuertemente que nunca antes. Las Escrituras han ganado una nueva importancia en la adoración católica (liturgia): lecciones de las Escrituras están en el idioma popular (vernáculo); los Salmos en el idioma popular son de las Escrituras; muchas oraciones e himnos son escriturarios. La homilía o sermón predicado por el sacerdote o el diácono es escriturario.

Los católicos están recibiendo más influencia de las Escrituras durante la misa y en sus devociones privadas. Esto nos ayuda a animar a los católicos a leer sus Biblias. Esto crea también un ambiente más propicio para invitar a los católicos a participar con nosotros en compañerismos de estudio bíblico. Al hacer esto, no obstante, surgirán algunas preguntas de gran importancia que debemos estar preparados para contestar.

¿Qué Versión De La Biblia Se Debe Usar Para Evangelizar?

Hay ocasiones en las cuales las personas católicas tienen ciertas dudas en cuanto a la idea de utilizar una Biblia "protestante" en un diálogo evangelizador en un estudio bíblico. En estos casos hay dos opciones: (1) utilizar una Biblia católica; (2) utilizar una traducción que tenga la aprobación de la iglesia católica.

Usar una Biblia católica

Una Biblia católica se puede utilizar eficazmente en esfuerzos evangelizadores. En la sesión que trata el tema de la salvación hemos incluido una lista extensa de textos de la Biblia católica que se pueden utilizar para evangelizar. Al hacer esto es importante tener presente varias cosas. Primero, es importante utilizar sólo citas del Nuevo Testamento. Esto evita que surjan preguntas acerca de los libros adicionales que han sido incluidos en el Antiguo Testamento de la Biblia católica. Lo cierto es que la mayoría de los católicos latino americanos conoce poco acerca de los libros adicionales. En un diálogo evangelizador, por ende, es beneficioso no entrar en una discusión acerca de estos libros sino simplemente concentrarse en los pasajes del Nuevo Testamento que hablan acerca de la salvación. Segundo, es importante que no se dé atención a las notas adicionales que tiene la Biblia católica en el margen. Si surge alguna pregunta acerca de esto es útil explicar que esas son notas de los editores y no forman parte de la revelación de Dios. Si se enfoca en los pasajes claves del Nuevo Testamento se puede presentar el plan de la salvación en una forma clara y sencilla.

Usar una versión aceptable

La Sociedad Bíblica Americana ha publicado una versión del Nuevo Testamento que tiene el sello de aprobación de los obispos católicos (el Consejo Episcopal Latino Americano). Esta es la Versión Popular *Dios Llega Al Hombre*. Este sello de aprobación se encuentra en una de las páginas cerca de la portada. El sello dice: "Compartimos el deseo de que la Palabra del Señor caiga en 'la buena tierra' de los corazones dispuestos a escucharla y dé el fruto de 'una buena cosecha.'" Firma Antonio Guarracino, Secretario General del Consejo Episcopal Latino Americano, Bogotá, 5 de septiembre de 1980. Como hemos dicho, esta versión puede calmar las inquietudes de las personas católicas en cuanto a la Biblia que se deba usar en diálogos evangelizadores o en sesiones de discipulado.

¿En qué difieren la Biblia católica y la evangélica?

Tanto en los diálogos evangelizadores como en las sesiones de discipulado es muy probable que surja la pregunta acerca de los libros adicionales que se encuentran en la Biblia católica. Hay siete libros deutero-canónicos (llamados también libros apócrifos) que la iglesia católica ha incluido en el Antiguo Testamento. Estos libros cubren el período entre el Antiguo Testamento y el Nuevo Testamento y para algunos tienen cierto valor histórico. La pregunta principal es: ¿son estos libros deutero-canónicos divinamente inspirados así como lo fueron los otros? Adolfo Robleto da seis razones por las cuales los evangélicos no deben considerar estos libros como Escritura divinamente inspirada:

1.   Estos libros no se encuentran en el canon hebreo del Antiguo Testamento.

2. La introducción de estos libros a la versión griega del Antiguo Testamento (la Septuaginta) fue impropia y accidental (esto fue hecho en Egipto, pero los judíos de Palestina nunca aceptaron estos libros).

3. No se hace una sola mención de ellos en el Nuevo Testamento (Jesús nunca citó ni un pasaje de estos libros).

4. Estos libros no recibieron la aprobación de la iglesia católica romana durante muchos siglos (no fue sino hasta el Concilio de Trento 1546 que estos libros fueron declarados canónicos).

5. Algunos de los autores de los libros apócrifos reconocieron su carencia de inspiración (véase 1 Macabeos 4:44; 9:27; 2 Macabeos 2:23; 5:39).

6. Estos libros contienen pasajes que van en contra de la revelación de la Biblia (Tobías 4:10, por ejemplo, dice: "Por cuanto la limosna libra de todo pecado y de la muerte eterna, y no dejará caer el alma en las tinieblas del infierno").[1]

La iglesia católica considera estos libros como si fueran divinamente inspirados y basan su doctrina del purgatorio en uno de ellos. Por las razones mencionadas aquí, los evangélicos no ponen estos libros a la par con los que han sido vistos como inspirados a través de los siglos.

¿Cuál es la fuente de autoridad: la Biblia o la tradición?

Una de las preguntas más cruciales tiene que ver con la fuente de autoridad para la iglesia. Los evangélicos reunidos en el Congreso de Lausana elaboraron un pacto que dice:

> Afirmamos la inspiración divina, la veracidad y la autoridad de las Escrituras de ambos el Antiguo Testamento y el Nuevo Testamento como la única Palabra de Dios escrita sin error en todo lo que afirma, y la única regla infalible de fe y práctica. También afirmamos el poder de la Palabra de Dios para cumplir su propósito de salvación. El mensaje de la Biblia es dirigido a toda la humanidad. Pues la revelación de Dios en Cristo en las Escrituras es inmutable. A través de las Escrituras el

Espíritu Santo aun habla hoy. Él ilumina las mentes del pueblo de Dios en cada cultura para percibir la verdad a través de sus propios ojos y de esta manera revela a toda la iglesia de la multiforme sabiduría de Dios.[2]

Los participantes en este congreso afirmaron el concepto evangélico de *sola Scriptura* el cual declara que la Biblia es la única regla de fe y práctica para el cristiano y para la iglesia. Esto significa que la única autoridad para el cristiano y para la iglesia es la Biblia. Solamente en ella se deben basar las doctrinas y las prácticas de la iglesia.

En contraste con esto, la iglesia católica enseña que hay dos fuentes de revelación. Los documentos del Segundo Concilio del Vaticano afirman: "la sagrada tradición y la sagrada Escritura forman un depósito sagrado de la Palabra de Dios, que se le ha entregado a la iglesia."[3] Los documentos del Segundo Concilio Vaticano afirman:

> Existen una conexión y comunicación estrecha entre la sagrada tradición y las sagradas Escrituras. Pues ambas fluyen de la misma fuente y en cierta manera, se unen y tienden hacia el mismo fin. Pues las sagradas Escrituras son la palabra de Dios al grado en que fueron escritas bajo la inspiración del Espíritu divino. A los sucesores de los apóstoles la sagrada tradición les da la palabra de Dios, que fue encargada a los apóstoles por Cristo el Señor y por el Espíritu Santo. Por tanto, guiados por el Espíritu de verdad, estos sucesores pueden en su predicación preservar esta palabra de Dios, explicarla y hacerla conocer más extensamente. Por consiguiente, no es sólo de las sagradas Escrituras que la iglesia recibe su certidumbre de todo lo que ha sido revelado. Por tanto, ambas la sagrada tradición y las sagradas Escrituras son aceptadas y veneradas con la misma devoción y reverencia. La tradición sagrada y las sagradas Escrituras forman un depósito sagrado de la palabra de Dios, el cual es encomendado a la iglesia.[4]

Las enseñanzas oficiales de la iglesia católica dejan bien claro el hecho que la tradición ocupa la misma autoridad que las Escrituras en los asuntos de fe y práctica. Cuando la iglesia católica habla acerca de la tradición no tiene en cuenta solamente la fuente del conocimiento que fue trasmitido verbalmente hasta que se escribió la Biblia sino también la tradición continua que la iglesia establece en el transcurso del tiempo. Una nota de los documentos del Segundo Concilio del Vaticano explica:

> Esta fórmula no excluye la opinión de que toda la
> revelación en una forma u otra, tal vez obscuramente, está
> contenida en las Escrituras. Pero esto tal vez no dé
> suficiente certidumbre y de hecho la iglesia siempre
> comprende e interpreta las Escrituras a la luz de su
> tradición continua.[5]

El papa Pío XII se basó en este concepto de la tradición continua de la
iglesia cuando proclamó el dogma de la Asunción de María. Aunque no había
ninguna base Bíblica para esta doctrina y aun la Tradición carecía de alguna
evidencia documental antes del año 300 D.C. el papa declaró que esta
doctrina se encontraba en la revelación. Esta revelación es que la iglesia no
sólo es guardián de todo lo que le fue dado a los apóstoles sino expositora de
la fe en cada edad hasta el fin del tiempo. El Catecismo Católico explica:

> Junto con las fuentes de revelación (la Escritura y la
> tradición) Dios ha dado a su iglesia un magisterio viviente
> para aclarar y explicar lo que está contenido en el depósito
> de la fe solo obscuramente y por implicación. El grado de
> la oscuridad no importa, siendo que esta facultad fue dada
> por su fundador cuyo Espíritu de verdad habita con ella
> todo el tiempo, la iglesia puede infaliblemente discernir lo
> que pertenece a la revelación no importa cuán escondido
> esté el contenido.[6]

Algunos escritores católico romanos afirman que existen diferentes
tipos de tradiciones (1) falsas tradiciones (Mateo 15:6); (2) tradiciones
humanas (Colosenses 2:8); y (3) verdaderas tradiciones (2 Tesalonicenses
2:15).[7] Los dos primeros tipos de tradiciones son muy claros. Sin embargo,
hay que indicar que el tercero (2 Tesalonicenses 2:15) se refiere a la doctrina
que los tesalonicenses habían recibido de Pablo que a su vez había recibido
de Cristo. Pablo era muy cuidadoso de conservar el mensaje sin distorsiones
humanas (vea Gálatas 1:8).

Los católicos usan dos textos bíblicos como apoyo a su argumento que
la tradición y la Escritura tienen la misma autoridad: Juan 21:25 y 2
Tesalonicenses 2:15

Juan 21:25 declara: "Jesús hizo también muchas otras cosas, tantas que,
si se escribiera cada una de ellas, pienso que ni en el mundo entero cabrían
los libros que se escribieran." No hay duda que esto es verdad, sin embargo,

dos declaraciones de explicación tiene que hacerse. Primera, si el Espíritu Santo inspiró tanto la comunicación oral como la escrita, no se contradecirán la una a la otra. La segunda declaración de explicación es que la Escritura que es *esencial* para la salvación está incluida en el canon protestante.[8] Juan afirma este punto cuando declara: "Hizo además Jesús muchas otras señales en presencia de sus discípulos, las cuales no están escritas en este libro. Pero éstas se han escrito para que creáis que Jesús es el Cristo, el Hijo de Dios, y para que creyendo, tengáis vida en su nombre" (Juan 20:30-31). En el segundo pasaje, la referencia es muy clara. Segunda Tesalonicenses 2:15 habla de la *doctrina* que los tesalonicenses habían recibido de Pablo. Esta es la doctrina explicada en el contenido de la epístola.

Los autores católico romanos también hacen la distinción entre Tradición ("T" mayúscula que es lo que definen como "el cuerpo de enseñanzas de Cristo y sus apóstoles que no está explícitamente contenida en la Biblia")[9] y tradición ("t" minúscula, que definen como "cosas y acciones que se han acostumbrado y aceptado por el pueblo de Dios").[10] Afirman categóricamente que "nada in la Tradición puede contradecir la Biblia."[11] Sin embargo, un estudio de la Escritura revela que en ninguna parte de la Biblia se deja la puerta abierta para tales "Tradiciones" como el purgatorio (593 D.C.); la inmaculada concepción de María (1854); la infalibilidad del papa (1870 D.C.) y la asunción de María (1950 D.C.).

Algunos autores católico romanos explica esto como "el desarrollo de la doctrina." Nevins, por ejemplo, declara

> "Algunos críticos objecionan que estas ideas (p. ej., la primacía del papa) no estuvieron presentes en la iglesia apostólica. Desde luego que no estaban sino embrionicamente. La iglesia es un organismo vivo, y, como todo organismo vivo está sujeto a crecimiento y desarrollo. La sencilla liturgia apostólica de la bendición del pan y la bendición de la copa se ha desarrollado en la liturgia de la eucaristía de hoy. Esencialmente ambas liturgias son lo mismo pero accidentalmente diferentes."[12]

La triste verdad es que no solamente la Cena del Señor ha cambiado de un recordatorio a una ofrenda del sacrificio de Cristo sin otras numerosas doctrinas que en absoluto no tienen ningún fundamento bíblico se han añadido por la iglesia católica romana bajo el pretexto de la "Tradición." Estamos de acuerdo con Schrotenboer cuando dice: "No es la iglesia lo que le ha dado nacimiento a la Palabra sino la Palabra la que le ha dado nacimiento a la iglesia (1 Pedro 1:23; Santiago 1:18). Solamente tenemos un Maestro cuyas enseñanzas infalibles se encuentran en la Escritura de una vez por todas. Al escuchar y obedecer la Palabra, escuchamos el mensaje del único y solo Señor."[13] Tradiciones (sean con "T" o con "t") que son iguales en autoridad con la Biblia socavan la Biblia y desvían a la gente.

A la luz de estas declaraciones, queda bien establecido que la iglesia católica no considera la Biblia como la única fuente de autoridad sino que pone la tradición a la par con las Escrituras. Además, esta tradición no es sólo lo que le fue confiado a los apóstoles por Jesucristo sino una tradición continua que la iglesia católica establece mientras pasa el tiempo.

¿Quién debe interpretar la Biblia?

Desde el Concilio Segundo del Vaticano se les está animando a los católicos a que lean más la Biblia. Esto es bueno, pues la Palabra de Dios se está leyendo más en los cultos y en las devociones privadas. No obstante es importante explicar que aun cuando la iglesia anima a sus feligreses a leer la Biblia, ella se reserva para sí misma el derecho de interpretarla. Los documentos del Segundo Concilio de Vaticano declaran:

> La tarea de interpretar auténticamente la palabra de Dios, ya sea escrita o comunicada verbalmente, le ha sido encomendada exclusivamente al magisterio (el oficio de enseñanza) de la iglesia, cuya autoridad es ejercitada en el nombre de Jesucristo.[14]

Notemos que la iglesia católica enseña claramente que sólo el magisterio (o sea el papa y los obispos colectivamente) tiene el derecho de interpretar la Biblia y la tradición para formular las doctrinas que las personas deben creer. Juan Calvino se opuso enérgicamente a la idea de que la Iglesia podía juzgar las Escrituras y determinar lo que debe ser creído. El declaró:

> Pablo testificó que la Iglesia "esta edificada en el fundamento de los apóstoles y los profetas" (Efe. 2:20). Si la doctrina de los apóstoles y los profetas es el fundamento de la Iglesia, la doctrina tenía que tener su certidumbre antes que la iglesia comenzara a existir.... Nada puede ser más absurdo que la idea ficticia que el poder de juzgar las Escrituras está en la iglesia, y que su la certidumbre de las Escrituras depende de la aprobación de la iglesia. Cuando la iglesia recibe las Escrituras y les da su sello de

autoridad, ella no hace que sea auténtico lo que de otra forma era dudoso o controversial, sino que la reconoce como la verdad de Dios, ella siguiendo su deber, muestra su reverencia al obedecerla."[15]

Lo que el reformador Juan Calvino sostuvo fue que la Iglesia es sierva de las Escrituras y no lo opuesto.

¿Qué enseña la Biblia?

La Biblia enseña que en ella se encuentra todo lo esencial para la salvación

Juan dice que Cristo hizo muchas cosas que no fueron escritas. Pero en el siguiente versículo Juan afirma "Pero éstas se han escrito para que creáis que Jesús es el Hijo de Dios, y para que creyendo, tengáis vida eterna en su nombre" (Juan 20:31). Lo que fue escrito fue lo que es necesario para que las personas lleguen a conocer a Cristo como su Salvador. Lo que no fue escrito pudo haber sido muy interesante pero no esencial para la salvación. Es verdad que Cristo dijo muchas cosas que no están escritas, pero, es inconcebible pensar que Cristo presentaría una forma de salvación en las Escrituras y otra fuera de ellas.[16]

Pablo le dice a Timoteo: "y desde la niñez has sabido las Sagradas Escrituras, las cuales te pueden hacer sabio para la salvación por la fe que es en Cristo Jesús. Toda la Escritura es inspirada por Dios, y útil para enseñar, para redargüir, para corregir, para instruir en justicia, a fin de que el hombre de Dios sea perfecto, enteramente preparado para toda buena obra" (2 Timoteo 3:15-17).

Queda bien claro que las Escrituras contienen todo lo que es necesario para alcanzar la salvación y vivir la vida cristiana.

En la Biblia la palabra "tradición" Se usa para referirse a las doctrinas que recibieron los apóstoles

Pablo amonesta a los Tesalonicenses a estar firmes y a retener la doctrina (o tradición) que habían aprendido "sea por palabra, o por carta" (2 Tes. 2:15). Esta es la doctrina expresada en la epístola. En 1 Corintios 11:1 Pablo explica que lo que él enseñó fue lo que "recibió del Señor." Lucas afirma que los nuevos creyentes "perseveraban en la doctrina de los apóstoles" (Hechos 2:42). La doctrina de los apóstoles era lo que Cristo les había mandado que enseñaran (Mateo 28:20).

La Biblia habla en contra de las tradiciones de los hombres

Cristo condenó a los fariseos que "enseñan como doctrinas mandamientos de hombres" (Mateo 15:1-9).

Cristo acusó a los fariseos de "invalidar la palabra de Dios con su tradición" (Marcos 7:13)

Pablo amonesta a los Colosenses cuando les dice: "Mirad que nadie os engañe por medio de filosofías y huecas sutilezas según las tradiciones de los hombres conforme a los rudimentos del mundo y no según Cristo" (Colosenses 2:8).

La Escritura habla muy claramente contra las tradiciones de los hombres que contradicen lo que se encuentra en la Biblia.

La Biblia enseña que Dios provee los medios para la interpretación de la Sagrada Escritura

Cristo es la cabeza de la iglesia no el papa (Juan 13:13; Colosenses 1:18)[17]

El Espíritu Santo es el Maestro autoritativo de la iglesia, no el Magisterio (Juan 14:26; 16:13; 1 Juan 2:27).

La Escritura es el intérprete infalible de la Escritura (Hechos 17:11).

La Escritura es la Palabra de Dios (Juan 10:35; 2 Timoteo 3:16; 2 Pedro 1:20-21).

La Escritura se debe interpretar en el sentido original que le dio el Espíritu Santo (2 Pedro 3:14-16).

Cada cristiano, ayudado por el Espíritu Santo, tiene la habilidad y el derecho de interpretar la Escritura (Hechos 17:11; 1 Corintios 2:12-16).

Conclusión

Debe alegrarnos mucho que a los católicos se les está animando a leer la Biblia con más frecuencia tanto en la misa como en las devociones privadas. Recordemos que la fe viene por el oír y el oír de la Palabra de Dios (Romanos 10:17). Este nuevo énfasis en la Biblia representa para los

155

evangélicos nuevas oportunidades de invitar a sus amigos católicos a participar juntos en estudios bíblicos. Al hacer esto es importante usar una versión que sea aceptable para ambos grupos. En el proceso de evangelización es importante que se concentre en lo que es esencial para la salvación. No obstante el evangélico debe estar preparado para contestar preguntas en cuanto a la Biblia. En el proceso de hacer discípulos será más recomendable que se estudie lo que enseña la Biblia en cuanto a la autoridad de la iglesia y la interpretación de la Escritura.

NOTAS

[1] Adolfo Robleto, *Un Vistazo a la Doctrina Romana,* p. 62.

[2] Pacto de Lausanne (1974), párrafo 2, citado en Paul B. Schrotenboer, *Roman Catholicism: A Contemporary Evangelical Perspective* (Grand Rapids: Baker Book House, 1987), p. 42.

[3] Abbot, Documents of Vatican II – (New York: Guild Press, 1966), 117.

[4] Ibid.

[5] Ibid.

[6] John A. Hardon, *The Catholic Catechism,* (New York: Doubleday, 19881), p. 161.

[7] Albert J. Nivens, Answering A Fundamentalist (Huntington: Our Sunday Visitor, 1990), 161

[8] Vea Robleto, *Un Vistazo a la Doctrina Romana*, 53

[9] Ibid., p. 26.

[10] Ibid., p. 29.

[11] Ibid., p. 25.

[12] Ibid., p. 50.

[13] Paul G. Schrotenboer, Roman Catholicism: A Contemporary Perspective (Grand Rapids: Baker Book House, 1988), p. 54.

[14] Abbott, *Documentos,* p. 118.

[15] Juan Calvino, *Institutos*, citado en Schrotenboer, *Roman Catholicism*, pp. 47,48.

[16] Ralph Michaels, *Share The New Life With a Catholic*, (Chicago: Moody, 1975), p. 14.

[17] Este y los siguientes argumentos se presentan por James McCarthy.

LECCIÓN 2

VENERACIÓN DE MARÍA Y DE LOS SANTOS

Introducción

No hay un tema más delicado al hablar con una persona católica latinoamericana que el de María. Esto se debe a varias razones. Primero, en su deseo sincero de evitar la adoración a María, los evangélicos en muchas ocasiones se han ido al extremo de no darle a María el lugar que ella ocupa en los Evangelios. Es decir, muchos evangélicos dan la impresión que María fue una mujer común y corriente. La impresión que muchos católicos tienen de los evangélicos es que ellos le faltan al respeto a María y que algunos aun la odian. Segundo, este es un tema muy delicado porque muchos católicos creen que si alguien habla mal de María es peor que si insultaran a su propia madre. En otras palabras, muchos católicos tienen nexos emocionales, religiosos y sociales tan profundos con María que cualquiera cosa que se diga de ella en una forma irrespetuosa, se sentirán ofendidos y cerrarán sus oídos y corazones para no escuchar más. Algunos líderes católicos alegan que la Virgen María está ligada con la identidad cultural de los Latino Americanos (por ejemplo: la Virgen de Guadalupe con la identidad Mexicana).[1] Una de las cosas que más ofende a unos católicos es que los evangélicos les traten de probar con la Biblia que María tuvo otros hijos además de Jesús. Debido a que el tema de María es tan delicado, es importante que comprendamos bien lo que enseña la iglesia católica y que sepamos cómo tratar este tema en tal forma que facilite la presentación del mensaje de salvación y el discipulado en vez de que sea un obstáculo.

La doctrina oficial de la iglesia católica en cuanto a María

El desarrollo de la devoción a María tiene raíces profundas en la historia de la iglesia católica. Ciertos ritos y festivales dedicados a María se practicaron en el mundo Mediterráneo y en Europa. El Concilio de Éfeso (431 D.C.) al tratar de enfatizar la verdadera humanidad de Jesucristo utilizó la palabra "theotokos" (parturienta de Dios) indicando que María fue la que dio a luz al hijo de Dios.[2] Con el tiempo, no obstante, hubo quienes usaron este enfoque para declarar a María "Madre de Dios," lo cual animó a las personas a tener una devoción hacia María.

Para el tiempo de la reforma (1517-1648), ya había una gran preocupación de que la imagen de María estuviera opacando la centralidad de Cristo. El Concilio de Trento (1545-1563) en sus declaraciones contra la reforma declaró a María sin pecado y perpetuamente virgen. Estas vinieron a ser las doctrinas oficiales de la iglesia católica de los declaraciones de los paras en los años siguientes.

La iglesia católica enseña la perpetua virginidad de María

El dogma católico sostiene que María retuvo su virginidad a través de toda su existencia. En el Concilio Latarense del año 649 bajo el papa Martín I. El Canon 3 de ese concilio declaró que después del nacimiento de Jesús la virginidad de María permaneció indisoluble.[3] El Concilio de Trento confirmó esta declaración en el año 1555 bajo la constitución del papa Pablo IV, titulada "Cum quorundam." El papa advirtió a los socinianos que no enseñaran que "la muy bienaventurada virgen María no es realmente la madre de Dios, y no permaneció en la integridad de la virginidad, es decir, antes del nacimiento, en el nacimiento y perpetuamente después del nacimiento."[4] En esta declaración está basado el término clásico teológico: ante partum, in partum, et post partum (antes del nacimiento, en el nacimiento y después del nacimiento.[5]

Este dogma de la perpetua virginidad de María es la base de los demás dogmas tales como la inmaculada concepción y la asunción de María porque estos presuponen que el cuerpo de María no se corrompió por el pecado.

La iglesia católica enseña la inmaculada concepción de María

En el año 1854 en el documento titulado *Ineffabillis Deus,*[6] el Papa Pío IX declaró la inmaculada concepción de María. El declaró que "la muy bienaventurada Virgen María, en el primer instante de su concepción, por una gracia y privilegio singular otorgado por el todopoderoso Dios y en virtud de los méritos de Jesucristo, el Salvador de la raza humana, preservada inmune de toda mancha del pecado original."[7] Esta declaración afirma que la inmunidad que María recibió fue una gracia especial de Dios, que fue a través de los méritos de Cristo, que María fue exenta del pecado original que lleva el resto de la humanidad, y que esta inmunidad aconteció en el momento de su concepción. Además la iglesia católica enseña que María no sólo nació sin pecado sino que permaneció libre de pecado a través de su vida. El papa no reclamó que las Escrituras revelan esta doctrina explícitamente sino que hay ciertos textos (tales como Génesis 3:15) que dan la implicación que María fue concebida sin pecado. Ellos explican que la "simiente de la mujer" es Jesús y que "la mujer" es María. Esta declaración del Papa acepta la interpretación que María, por su relación íntima con Cristo tuvo enemistad hacia el espíritu maligno, triunfó contra él completamente y lo aplastó con su pie inmaculado.[8]

Notemos que la doctrina de la inmaculada concepción no se proclamó sino hasta 1854. El catecismo católico admite: "Sin insistir que la Escritura revela estas doctrina explícitamente, [el papa] muestra que la interpretación más común de la revelación de los textos por los teólogos antiguos y contemporáneos ve en estos textos una enseñanza implícita de que María fue concebida sin pecado.[9] Es claro que este es un asunto de interpretación del pueblo y no un asunto de la revelación de Dios.

La iglesia católica enseña la asunción de María al cielo

La iglesia católica romana enseña la doctrina de la sunción de María. Los *Documentos del Vaticano II* declaran:

> Finalmente, preservada de toda culpa del pecado original, la Virgen Inmaculada fue llevada en cuerpo y alma a la gloria celestial al completar su jornada aquí en la tierra. Fue exaltada por el Señor como la Reina de todos, a fin de que pueda ser más conformada completamente a su Hijo, el Señor de señores (Apocalipsis 19:16) y conquistador del pecado y de muerte.[10]

Una tradición sostiene que los apóstoles fueron llamados cuando María se enfermó. Todos los apóstoles excepto Tomás llegaron allí antes que ella muriera. Sin embargo, al ser trasportado allí por una nube, Tomas vio el cuerpo de María que ascendía al cielo. Al llegar les contó a los demás lo que había visto. Ellos fueron entonces a la tumba y la encontraron vacía.[11] La cosa interesante de esto (y de otras tradiciones similares) es que no se mencionan en la Escritura. Aun Juan no menciona este evento auque se le había confiado a María y él vivió después de la muerte de ella. Juan después cita las palabras de Jesús sin añadir una explicación como lo hizo en otras ocasiones (p. ej., Juan 4:9; 21:20-23): "Nadie subió al cielo, sino el que descendió del cielo; el Hijo del Hombre, que está en el cielo." La asunción de María (llevada corporalmente) al cielo se hubiera aludido por Juan con una nota de explicación.[12] No existe base bíblica para la asunción de María.[13]

Inmediatamente después de que el papa Pío IX definiera el dogma de la inmaculada concepción de María católicos a través del mundo comenzaron a enviar peticiones pidiendo que la iglesia definiera la asunción corporal de María y estableciera esto como un dogma oficial. En Mayo del 1946 el papa Pío XII envió un cuestionario a todos los obispos del mundo católico preguntándoles si ellos creían "que la Asunción corporal de la bendita virgen María debía ser propuesta y definida como fe, y que si ellos juntamente con sus cleros y fieles lo deseaban."[14] En pocos meses las respuestas recibidas fueron casi unánimes. El papa concluyó que debía hacer esta proclamación en vista de que tenía el consentimiento de las personas "a quienes el Espíritu Santo ha puesto para gobernar a la Iglesia de Dios."

En noviembre del 1950 el papa Pío XII hizo la siguiente declaración: "por la autoridad de nuestro Señor Jesucristo, de los santos apóstoles Pedro y Pablo y por nuestra propia autoridad, nosotros pronunciamos, declaramos y definimos como dogma divinamente inspirado: La inmaculada madre de Dios, María siempre virgen, habiendo concluido el curso de su vida terrenal, fue tomada, cuerpo y alma a la gloria celestial."[15]

Casi cien años después de la inmaculada concepción de María se proclamó la doctrina de la asunción de María por el papa Pío XII. Esto se debió en gran parte al hecho de la definición de la doctrina de la asunción de María. El Catecismo Católico explica: "Se estima que entre 1870 y 1940, más de cuatrocientos obispos, ochenta mil sacerdotes y miembros de las órdenes religiosas y más de ocho millones de laicos formalmente firmaron peticiones solicitando esta definición."[16] Tenemos que preguntar si estas doctrinas cristianas se deben definir basadas en lo que está claramente revelado en la Biblia o si deben de ser el resultado de un voto popular. Hacia el fin del sigo veinte, el papa podría declarar oficialmente a María "Co-redentora con Cristo, Mediadora de Toda Gracia y Defensora el Pueblo de Dios."[17]Entre 1993 y 1997, el para recibió 4,340,429 firmas de 157 países – un promedio de 100,000 por mes – apoyando este dogma propuesto. Entre las personas que apoyas esta petición se encuentran 500 obispos y 43 cardenales.[18] El papa Juan Pablo II ha hecho mucho para promover la devoción a María. En su discurso en abril de 1997, declaró:

El Señor habiendo creado la humanidad "varón y hembra," también desea colocar una nueva Eva junto al Nuevo Adán en la redención. . . María, la nueva Eva, por lo tanto viene a ser un icono de la iglesia. Por lo tanto podemos ir a la bendita Virgen confiadamente para implorar su ayuda con la seguridad en la parte singular que le fue confiada por Dios, la parte de colaboradora en la redención.[19]

Es interesante notar que a través del tiempo, la iglesia católica ha tratado de desarrollar una teología para María que es paralela a lo que la Biblia enseña de Jesucristo. 1) Jesús nació sin pecado – "la inmaculada concepción de María," 2) Jesús murió en la cruz para redimirnos _ "María sufrió con Él y por esta razón es co-redentora," 3) Jesús ascendió al cielo – "María experimentó la asunción," 4) Cristo está a la diestra del Padre como nuestro mediador _ "María es co-mediadora."[20] A pesar del hecho que la iglesia católica oficialmente enseña que a María no se le debe adorar (solamente venerar) y que su mediación está subordinada a la de Cristo, la triste realidad es que muchas de las personas en todo el mundo (p. ej., América Latina) no hacen estas distinciones. La verdad es que lo que la iglesia católica ha añadido a la enseñanza bíblica concerniente a María ha venido a ser objeto de adoración entre los católicos. Como consecuencia, muchos de ellos saben muy poco de cómo tener una experiencia personal de la salvación en Cristo.

La iglesia católica enseña que María es co-mediadora

La iglesia católico romana enseña que María es co-mediadora con Cristo. Hay varias implicaciones: Primera, significa que María está entre nosotros y Dios. El argumento que algunos católicos usan es que si necesitamos la ayuda de alguien, la persona más lógica para persuadir al hijo es su madre. Aunque ésta sea una lógica humana impecable, no es teología precisa. La Biblia enseña explícitamente que Jesús es el único Mediador en virtud de Su muerte por los pecados de la humanidad. 1 Timoteo 2:5-6 declara: "Porque hay un solo Dios, y un solo mediador entre Dios y los hombres, Jesucristo hombre, el cual se dio a sí mismo en rescate por todos, de lo cual se dio testimonio a su debido tiempo." La Escritura también afirma que Jesucristo está a la diestra de Dios (Vea Romanos 8:34). 1 Juan 2:1 dice esto aun más claro: "Hijitos míos, estas cosas os escribo para que no pequéis; y si alguno hubiere pecado, abogado tenemos para con el Padre, a Jesucristo el justo." No se menciona a María en ninguna parte de la Escritura como ejerciendo las funciones de mediadora o de intercesora en adición a Cristo. En ninguna parte de la Escritura se describe a María sentada a la diestra del

Padre. (Vea Efesios 2:18; Hebreos 4:15-16).

El Concilio Segundo del Vaticano (1962-65) enfatizó varias doctrinas acerca de María. Aun que los obispos que participaron en este concilio enfatizaron que el deber maternal de María no "le resta nada ni le agrega nada a la dignidad y la eficacia de Cristo, el único Mediador,"[21] ellos a la vez afirmaron que María desempeña un papel como intercesora. Ellos explicaron que María, "al llegar al cielo, no puso a un lado su papel salvador sino que por medio de sus multiformes actos de intercesión ella continúa ganando para nosotros dones de salvación eterna."[22]

El Catecismo Católico explica: "Ella merece el título mediadora por que ella cooperó en una forma única con Cristo en sus labores redentoras en la tierra, y porque en el cielo ella continúa intercediendo por los que aun trabajan por su salvación como peregrinos en la Iglesia militante o por las almas que sufre en el purgatorio.[23]

La iglesia católica enseña la devoción a María

Este concilio declaró que recomendaba con entusiasmo el culto a María (especialmente el culto litúrgico) y que la devoción a María debía continuar siendo promulgada dentro de los límites de la doctrina sana y ortodoxa de la iglesia. El concilio declaró: "Que el cuerpo entero de los fieles participe en oración perseverante a la madre de Dios y madre de los hombres. Que ellos imploren que ella quien ayudó a iniciar la Iglesia con sus oraciones que ahora, exaltada en el cielo con todos los santos y ángeles, interceda con su Hijo en el compañerismo de todos los santos.[24] El concilio agregó que desde el Concilio de Éfeso el culto del Pueblo de Dios hacia María maravillosamente ha crecido en veneración y amor, en invocación e imitación, de acuerdo con sus propias palabras proféticas: "Pues he aquí, desde ahora me dirán bienaventurada todas las generaciones" (Lucas 1:48).[25]

La implicación de esta doctrina católico romana es que se anima mucho al pueblo a rendir homenaje a María y a orarle como mediadora.

Religiosidad popular en torno a María

Aunque las proclamaciones oficiales de la iglesia han contribuido a la religiosidad popular en cuanto a María lo cierto es que las declaraciones oficiales han sido promovidas e influenciadas por la religiosidad popular. En muchos casos los dogmas han sido pronunciados simplemente para reconocer oficialmente las prácticas religiosas que ya existen dentro del pueblo católico. Un ejemplo de esto tiene que ver con las supuestas apariciones de la virgen María en diferentes países.

La iglesia católica ha reconocido oficialmente siete apariciones.[26] Estas son: 1) En 1531 la virgen de Guadalupe le apareció al indígena Juan Diego cuatro veces y le instruyó que le dijera el obispo que le construyeran un santuario en Tepeyac (el lugar donde los indígenas adoraban a la diosa Tonanzin); 2) En 1830, en París, Catherine Laboure una monja, vio a María la cual le pidió que hicieran una medalla en su honor y que promovieran la devoción hacia ella; 3) En 1858, en Lourdes, Francia, María apareció 18 veces y se refirió a sí misma como "la Inmaculada Concepción"; 4) En 1846, en La Salette, Francia, María apareció llorando a dos niños peones. El mensaje que ella confió en ellos, acerca de la necesidad de hacer penitencia, le fue confiado al papa Pío IX en 1851. Después de esto, la devoción a "Nuestra Señora de la Salette" fue estimulada por la iglesia católica y en 1870 se construyó una basílica en su honor; 5) En 1917, en Fátima, Portugal, tres niños de 8 a 14 años de edad, vieron a María seis veces. Ella se refirió a sí misma como "el Inmaculado Corazón"; 6) Entre el 1932 y 33, en Beauraing, Bélgica, en el jardín del convento, María apareció 33 veces a cinco niños (edades 9-15). Ella les apareció como la "Virgen del Corazón de Oro"; 7) En 1933, en Banneux, Bélgica, Mariette, Beco (12 años de edad), vio a María ocho veces y ella se refirió a sí misma como la "Virgen de los Pobres" y prometió interceder por los pobres, los enfermos y los que sufren.[27]

Además de estas hay muchas otras supuestas apariciones tales como La Virgen del Cobre en Cuba y Medjudorje en Yugoslavia. El la mayoría de los casos supuestamente la virgen María le apareció a niños, a personas sencillas (tales como Juan Diego en México) o a personas en peligro (como los pescadores en Cuba).

Como resultado de esto, miles de personas van a los santuarios que han sido construidos para recibir a los que llegan y se postran ante la imagen de María para pedir milagros o cumplir promesas o para expresar gratitud por peticiones contestadas. La mayor parte del tiempo las personas que van (a veces de rodillas) pasan un momento frente a la imagen de María, encienden una veladora y luego se regresan a sus casas sin leer ninguna porción de la Palabra de Dios, sin escuchar un mensaje bíblico y sin tener a alguien que les aconseje en cuanto a su problema o su necesidad y ore por ellos. Ha habido ocasiones en las cuales el papa ha visitado estos santuarios a María y ha dado su aprobación en cuanto al culto que se rinde allí. Por ejemplo, después del intentado asesinato contra él en el año 1981, el papa Juan Pablo II visitó el santuario de Fátima y se postró a los pies de la imagen de ella dándole gracias por haberle salvado la vida. Tanto las proclamaciones oficiales de la iglesia católica como el ejemplo de sus líderes máximos han promovido la religiosidad popular en torno a María.

La iglesia católica enseña oficialmente que la obra mediadora de María es subordinada a la obra de Cristo. O sea, que la obra de María coopera con Cristo pero no toma su lugar. La iglesia católica además enseña que la devoción a María debe ser promulgada dentro de los límites de la doctrina sana y ortodoxa de la iglesia. Además la iglesia católica hace una distinción entre las diferentes formas en que se expresa la devoción. El Catecismo Católico explica:

> Siendo que Dios es el Ser Supremo y el Señor Absoluto del universo, a Él le pertenece la adoración en su grado más elevado. El nombre técnico para la alabanza a Dios es adoración o adoración latreútica (de la palabra del griega antiguo *latreia* que significaba el servicio rendido a los dioses). La forma menos elevada de veneración dada a los ángeles y santos que el catolicismo reconoce tiene el nombre teológico de *dulia* (del término griego *douleia*, que significa respeto mostrado al amo por su siervo). La bendita virgen es honrada con *hyperdoulia*, i.e., una forma de adoración más elevada que es esencialmente la misma veneración brindada a las otras criaturas entre los santos pero en esencia diferente a la adoración dada solamente a Dios.[28]

Católicos informados hacen la distinción entre las palabras griegas *latria, dulia e hiperdulia*.[29] Oficialmente, por lo tanto, los católicos no adoran a María, "solamente Dios es adorado."[30] Sin embargo, en la práctica muchos católicos no hacen esta distinción y la adoran como lo hacen con Dios o Cristo. En muchos países, se le da mayor énfasis a María que a Cristo.

Respuesta evangélica a la veneración de María

A pesar de las advertencias de la iglesia católica que la devoción a María debe ser practicada dentro de los límites de la doctrina sana y ortodoxa de la iglesia, que la mediación de María es subordinada a la de Cristo y que la adoración a María es diferente a la adoración a Dios, la evidencia abrumadora es que la mayoría de los latinoamericanos no comprenden ni observan estas diferencias. La triste realidad es que en la gran mayoría de los casos la adoración a María toma el lugar de la adoración a Cristo. Adolfo Robleto manifiesta esta profunda inquietud cuando dice:

> Diariamente, en el pueblo romanista, se le reza mayor número de oraciones a María que a Jesucristo; durante el año son más las fiestas que se celebran en honor a María que las que se celebran en honor a Jesucristo. En muchas ciudades existen más templos dedicados a María que los que están dedicados a Jesucristo. No es exageración decir que la fe católica gira alrededor de María, en una proporción más grande. A ella se le dan títulos sumamente elevados; enteras órdenes monásticas se consagran a ella; se le atribuyen muchísimas apariciones extraordinarias, y una infinidad de milagros. A sus imágenes le prenden veladoras y le colocan flores y la llevan en procesiones públicas.[31]

Una de las preocupaciones de los evangélicos es que en las supuestas apariciones de María, ella pide que se le construyan santuarios, que se hagan medallas en honor a ella, que se refieran a ella con títulos que ella se asigna a sí misma ("La Inmaculada Concepción", etc.,) y que se establezca una devoción a ella. En ninguno de estos casos hay mención de Jesucristo como el Salvador del mundo. ¡Qué diferente es esto a lo que hizo María durante el ministerio de Jesús! En estas supuestas apariciones María parece enfocarse en sí misma. Como resultado de esto, muchos católicos conocen más acerca de María que de Jesucristo. Muchos de ellos ven a Jesús como un niño indefenso en los brazos de María o como un Cristo muerto en la cruz, pero no como el Salvador resucitado que mora en los corazones de los creyentes y les guía en sus vidas diarias. Por eso es que hacen esos peregrinajes (a veces de rodillas) a los altares de María y pasan tanto tiempo pidiéndole que ruegue por ellos ahora y en la hora de su muerte. Claramente, no es el cuadro de María que encontramos en los evangelios.

En vista de esta tradición tan arraigada en las mentes y los corazones de los católicos latinoamericanos la pregunta crucial es ¿cómo podemos guiarles a conocer a Cristo cómo su Salvador personal y a llegar a tener un concepto bíblico en cuanto a María? Para lograr esto es importante que hagamos una distinción entre el proceso de evangelización y el de hacer discípulos.

El proceso de evangelización

Cuando era niño una de las cosas que más me fascinaban en el circo era ver a las personas que se pasaban de un columpio a otro con tanta facilidad. Al principio yo tenía mucha preocupación que se podían matar si se caían de esa altura, pero después de un tiempo me di cuenta de una cosa, ellos no se soltaban de un columpio hasta que se habían tomado del otro. Me temo que en muchas ocasiones en nuestro deseo de evangelizar a las personas concentramos nuestros esfuerzos en que se suelten del columpio doctrinal que tienen sin que se hayan tomado de Jesucristo. En otras palabras, les golpeamos las manos y les decimos "suéltate, de María y de los santos" pero no les hemos guiado a confiar en Cristo como su salvador personal. Al sentirse criticados y atacados, ellos se toman más fuertemente de sus creencias en vez de escuchar el evangelio.

En vista de esto, hay ciertas cosas que no debemos hacer. No debemos entrar en una discusión acalorada acerca de María. No debemos dar la impresión que no respetamos a María. Y sobre todo, no debemos tratar de probarles que María tuvo más hijos. Estas personas no están preparadas para escuchar esto. Muchos evangélicos y personas de algunas sectas (como los Testigos de Jehová) les han atacado tanto que los católicos se sienten amenazados cuando comenzamos a criticarlos por su devoción a María.

En contraste con esto, hay varias cosas que sí debemos hacer. En primer lugar, si ellos nos preguntan lo que creemos en cuanto a María debemos decir lo que dice la Biblia. Esto es que María fue una persona muy especial, pues Dios la escogió para ser la madre de Su Hijo Jesucristo. En María encontramos un ejemplo inspirador de obediencia, sumisión, fe, perseverancia, sacrificio y amor. Lo cierto es que todos debemos seguir el consejo que ella dio en la boda de Caná de Galilea cuando dijo: "Haced todo lo que él os dijere" (Juan 2:5). Sobre todo debemos concentrarnos en Cristo al testificar a nuestros amigos católicos. Yo no sé de nadie que se haya salvado porque se les haya probado que María tuvo más hijos, pero sí sé de muchos que se han salvado al escuchar el mensaje de salvación. Concentrémonos en Cristo en el proceso de evangelización.

El proceso de hacer discípulos

Una vez que hayamos guiado a la persona a una experiencia personal con Jesucristo, entonces podemos guiarles en el de ser discípulos, los hacemos participar en estudio bíblico que aclara la parte de María como la madre de nuestro Salvador.[32] Las enseñanzas católico romanas de María tienen que examinarse a la luz de la Escritura. Los católicos enseñan que: (a) ella fue concebida sin pecado (esta es la doctrina de la inmaculada concepción de María);[33] (b) ella ha permanecido virgen (no tuvo otros hijos aparte de Jesús);[34] (c) fue llevada al cielo en cuerpo y alma;[35] (d) María es co-mediadora (hay que ir a través de ella, y la gente debe orarle a ella).[36]

Los católicos basan la doctrina de la inmaculada concepción de María en la frase traducida "llena eres de gracia" en varias versiones (Lucas 1:28). El argumento es como sigue que si ella fue llena de gracia ella no pudo haber pecado. En realidad la traducción de esta frase en las ediciones más modernas católico romanas más precisamente es: "muy favorecida."[37] La frase "llena de gracia" se usó con otras personas (p. ej., los apóstoles, Hechos 4:33), pero eso no significa que no tuvieran pecado.[38] Además, estudie Lucas 1:47 y vea el término que María usa para referirse a Dios. ¿Refleja esto su necesidad de la gracia de Dios? Desde luego que sí.

La iglesia católico romana enseña que María fue *virgen perpetuamente*. Como evangélicos creemos que hay apoyo bíblico para la doctrina que María fue virgen *antes* del nacimiento de Jesús. Se conoce esto como la virginidad de María *ante partum* (antes del nacimiento). El Nuevo Testamento, sin embargo, habla de los otros hijos de María. Marcos 3:32 dice "Mira, tu madre y tus hermanos están afuera y te buscan." Algunos católicos explican que éstos en realidad eran los primos de Jesús.

José Borrás, un ex-sacerdote católico romano, explica que el Nuevo Testamento usa diferentes palabras para primos y para hermanos.[39] Lucas 1:36 dice: "También tu parienta Elizabet va a tener un hijo."El griego usa diferentes palabras para "pariente" (*suggenis* ve Lucas 1:36); para "primo" (*anepsios* vea Colosenses 4:10); y para "hermano" (*adelfos*). La palabra se usa en Mateo 4:18 que habla de Simón Pedro y su *adelfos* Andrés. Esta es precisamente la palabra que se usa en Marcos 3:32 "tu madre y tus *adelfoi* (plural hermanos) están afuera." Esta misma palabra se usa en Marcos 6:3 donde se dan los nombres de los hermanos de Jesús (Santiago, José, Judas y Simón). Vea también Mateo 12:46; 13:55-56; Lucas 8:19-21; Hechos 1:14; y Gálatas 1:19. Esto pasajes declaran que María tuvo otros hijos. Se debe enfatizar que la creencia que María tuvo más hijos no es esencial para la salvación (vea Hechos 16:31; Romanos 5:11).[40] No es sabio darle mucha atención a esto cuando se le testifica a la gente con un trasfondo católico romano. Sin embargo, en el proceso de formar discípulos, es una buena idea ayudarlos a estudiar estos pasajes de la Escritura.

Los pasajes que hablan acerca de la infancia de Jesús (Mateo 1 y 2;

Lucas 1 y 2) presentan un cuadro inspirador acerca de María quien estuvo dispuesta a hacer la voluntad de Dios aun cuando corría el riesgo se ser criticada y mal entendida.

Hay pasajes que hablan acerca de María como madre y esposa (Mateo 1 y 2 y Lucas 1 y 2). Mateo 1:24,25 dice que José recibió a María como su mujer y que no la conoció (o sea, no tuvo relaciones maritales con ella) hasta que dio a luz a su primogénito. Tanto la palabra "primogénito" como los pasajes que mencionan a los hermanos y las hermanas de Jesús (Mateo 12:46; 13:55-56; Marcos 3:31-35; 6:3,4; Lucas 8:19-21; Hechos 1:14) dejan bien claro que María tuvo más hijos.

Luego hay pasajes en los cuales Jesús aclara el papel de María (Marcos 3:31-35; Mateo 12:46-50; Lucas 8:19-21; 11:27,28). En estos pasajes Jesús deja bien claro que la relación espiritual es más importante que la relación física. ¿Quiénes son los hermanos y hermanas de Cristo? Los que hacen su voluntad. También en estos pasajes (tanto como en Lucas 2:48 y Juan 2:4) Jesús no le estaba faltando al respeto a María sino que estaba aclarando que sus instrucciones venían del Padre Celestial y no de ella.

En estudios bíblicos de discipulado estos y otros pasajes se pueden estudiar detenidamente para que los nuevos creyentes comprendan lo que la Palabra de Dios enseña en cuanto a María. Esto puede guiarles a tener a María en alta estima pero a la vez saber que deben depender sólo en Jesucristo como su mediador e intercesor.

¿Hay apoyo bíblico para la asunción corporal de María?

La asunción corporal de María primeramente se articuló ex-cátedra por el papa Pío XII en 1950 cuando se pronunció, "Como la gloriosa resurrección de Cristo fue una parte esencial, y evidencia final de victoria, así las luchas comunes con su hijo tenían que concluirse con la 'glorificación' de su cuerpo virginal."[41] En apoyo de esta progresiva deificación de María los teólogos católicos apelan a algunos de los siguientes textos bíblicos.

Génesis 3:15: en la versión aceptada por los católicos se lee como sigue:

> Haré que tú y la mujer sean enemigas, lo mismo que
> tu descendencia y su descendencia. Su descendencia te

aplastará la cabeza, y tú (mujer) le morderás el talón.

Se sugiere que la mujer, que los católicos interpretan como María, participa en la derrota de Satanás. Así los católicos proponen que como María también tuvo que compartir en la batalla de Jesús contra Satanás, ella también participó en su victoria sobre la muerte. Así, en el dogma católico este versículo es una declaración implícita de la asunción de María al cielo.

Salmo 132:8: Algunos padres se refieren a este Salmo para afirmar que el "arca poderosa" es un tipo de la incorruptibilidad del cuerpo de María. Así, tanto el Señor (Jesús) y el "arca poderosa" (María) se levantan a su lugar de descanso (asumido corporalmente al cielo).

Mateo 27:52-53: Esta pasaje se usa para sugerir que siendo que muchos santos se levantaron de sus tumbas después de la resurrección de Jesús que naturalmente sigue que la Madre del Señor haya sido llamada a la perfección también (se presume corporalmente por implicación).

Lucas 1:28: La doctrina católica enseña que como ella estaba "llena de gracia" María no se podía corromper por el pecado original y consecuentemente simplemente murió y fue sepultada. María murió y fue sepultada, pero permaneció preservada de las corruptibles consecuencias del pecado. De nuevo, el papa Pío XII afirma, "El cuerpo fue preservado sin daño en la integridad virginal."

Apocalipsis 12:1-6: Los católicos romanos arguyen que la mujer aquí es una referencia a la "madre transfigurada de Cristo." Enseñan que este texto implica la asunción de María en base a su Hijo que fue llevado a Dios y a Su trono.

Así, aunque generalmente se cree que María sufrió la muerte "temporal" su cuerpo no vio corrupción, sino que alma y cuerpo fueron llevados directamente al cielo donde hoy reina como la Reina del Cielo por derecho propio. Pero, ¿apoya la Biblia la asunción corporal de María? Concerniente a los pasajes bíblicos que a menudo se citan hacemos las siguientes observaciones:

Génesis 3:15: Se reconoce generalmente hoy que Jerónimo al escribir la Vulgata tradujo equivocadamente el pronombre masculino *ipse* como femenino, *ipsa*. En el texto hebreo y la Septuaginta griega los pronombres son masculinos así, la lectura debiera ser "él te herirá en la cabeza" y posteriormente "tú le morderás el talón." También aun los eruditos católicos reconocen que en su contexto este pasaje es una clara referencia a Eva como la mujer de quien un día nacería uno que heriría la cabeza de la serpiente. Así, no hay nada en el texto que sugiera la ausencia de pecado o la asunción corporal de María—todo tiene que ver con la simiente de Eva, su simiente, Jesús.

Salmo 132:8: Aquí los católicos simplemente crean una analogía sin mérito alguno. No existe apoyo en la Biblia para sostener que el "arca" sea un tipo de María. Pero es clara la enseñanza que solamente Cristo no vería corrupción (Hechos 2:30-31) y que todos los humanos (María incluida) sufrimos la muerte y la corrupción (Romanos 3:23; 1 Corintios 15:42, 53).

Mateo 27: 52-53: Primero, es peligroso usar este pasaje problemático como apoyo para cualquier doctrina—no existe consenso de los eruditos sobre la naturaleza o significado de los eventos en este asunto. Sin embargo, una cosa es clara la asunción de María de ninguna manera se sigue el hecho que algunos de los muertos se levantaron de sus tumbas después de la resurrección. En efecto, el texto solamente dice que aparecieron a muchos en Jerusalén, no que los que se levantaron fueron llevados al cielo. Sin embargo, si concedemos la versión católica del texto, debemos asumir que todos los que se levantaron también tenía la misma naturaleza incorruptible durante el tiempo que estuvieron en la tumba, algo que la iglesia católica le atribuye a María únicamente.

Lucas 1:28: De nuevo la lectura "llena de gracia" viene de la *Vulgata* latina, que la mayoría de los eruditos reconocen como lectura incorrecta. El griego debe traducirse, "¡Salve, *muy favorecida!*" o "¡Salve, *mujer ricamente bendecida!*" Además, mientras los teólogos católicos insisten que esta asignación es un caracterización sin límite de tiempo de María, como alguien que desde el nacimiento hasta la tumba estuvo llena de gracia (María era perfecta intensiva y extensivamente), contextualmente el participio *keacharitomene* simplemente significa que ella fue favorecida en el en el caso específico de ser escogida para dar nacimiento al Mesías (1:30). Vale la pena notar que el participio *keacharitomene* traducido "llena de gracia" por la teología católica también se usa para los cristianos en general (Efesios 1:6). Así, el término significa que todo lo que dicen que significa para María (es decir que ella estaba intensivamente llena de toda gracia y extensivamente llena durante toda su vida hasta excluir cualquier posibilidad de pecado original) entonces, debe significar lo mismo para todos los creyentes en Cristo. ¡Obviamente tal lectura sería herejía en un amplio margen!

Apocalipsis 12:1-6: La mujer de este texto es la nación de Israel (el pueblo de Dios), No la virgen María. Esa es la interpretación correcta claramente evidente al comparar este texto con Génesis 37:9, que provee el trasfondo del Antiguo Testamento. Allí el sol y la luna los interpretó Jacob (o Israel) como símbolo de sí mismo y de Raquel su esposa (v. 10a). Las once estrellas son los once hermanos de José así, simbolizando a "Israel" como pueblo (v. 10b). Existen varias razones que compelen para no concluir que María es le mujer mencionada en este pasaje.

Primera, como Svendsen lo indica, "puramente desde un punto de vista literario, es significante que el dragón Juan lo identifica como Satanás, la mujer permanece no identificada."[42]

Segunda, "la descripción de Apocalipsis 12 no encaja con el cuadro del evangelio de los eventos alrededor del nacimiento de Cristo. El nacimiento, el arrebato y la mujer que huye todo está situado en el cielo."[43] Note que la mujer en Apocalipsis 12 huye al desierto donde Dios la sostiene por 1260 días (v. 6). No hay nada en la vida de María como la presenta la Escritura que se parezca en este respecto.

Tercera, debemos notar que solamente el hijo es llevado a Dios y su trono (v. 5). La mujer no es similarmente llevada el cielo.

Cuarta, vale la pena notar que mientras la "mujer" de Apocalipsis 12 "gritaba al estar en los dolores del parto," Tal cosa directamente contradice lo que el catolicismo romano enseña de María. Se dice que por su inocencia de pecado "María dio nacimiento de una manera milagrosa sin abrir la matriz y sin herir el himen, y consecuentemente también sin dolor."[44] La iglesia católico romana, por lo tanto, no puede tenerlo en ambas direcciones. Por una parte se adhiere al dogma que María retuvo su virginidad *in partu*, mientras que por otra parte enseña que María es la mujer en Apocalipsis 12 que los textos describen como experimentando "dolores de parto."

Quinta, se debe notar adicionalmente como Svendsen afirma, que "ningún escritor de los primeros siglos vio alguna referencia a María en este pasaje. No fue sino hasta el siglo quinto (en Quodvultdeus) y en el sigo sexto (en Oecumenius) se encuentra evidencia positiva para ver, respectivamente, a María como segunda referencia no intencionada por el autor de Apocalipsis y a María como la referencia primordial en la interpretación del texto."[45] Finalmente, este material se debe ver como una profecía futura relacionada con Israel. La nación de Israel metafóricamente es la "mujer" que da a luz al Mesías. La imágenes son una referencia a los sufrimientos de Israel (Isaías 26:16-18) y la liberación de Israel (Isaías 27:1-12)

En conclusión se debe notar que los teólogos católicos en mucho parecen estar consciente de la tenue naturaleza de muchas de sus interpretaciones bíblicas. A menudo van a una zona percibida como segura al decir que la asunción de María es "probable" o "posible" basado en algo implicado en el texto. Pero tal tratamiento es pura necedad porque lo de ellos es más un ejercicio en eiségesis (leer algo dentro del texto) que exégesis (obtener el significado del texto). Aunque permanece como una declaración papal de la doctrina de la asunción corporal de María no se enseña en ninguna parte de la Biblia.

¿Existe apoyo bíblico para el papel de intercesión de María?

Los evangélicos generalmente usan Juan 2:1-5 para demostrar que María no juega un papel de intercesora durante su existencia terrenal sino que meramente dirige la gente a Jesús. Algunos teólogos católico romanos, sin embargo, usan este pasaje para tratar de probar que María en efecto tuvo un papel de intercesora durante su existencia terrena y que este papel continuó cuando llegó al cielo. Varias cosas son claras al leer el pasaje. María lo mismo que Jesús y Sus discípulos habían sido invitados a la boda de Caná de Galilea (vv. 1-2). Muy posiblemente la familia que los invitó era cercana de María porque tuvo la información que se les había acabado el vino. María le llevó la información a Jesús: "Ya no tiene vino" (v. 3). ¿Cuál es la interpretación más precisa de este pasaje? ¿Estuvo María meramente comunicando a Jesús su ansiedad de esta situación potencialmente vergonzosa? ¿Lo hizo en la esperanza que Jesús pudiera encontrar la manera de ayudar a esta pareja? ¿Lo hizo en la expectativa el Jesús obrara un milagro y salvara el día y a su familia?[46]

La última opción, como la presenta Svendsen, no está de acuerdo con el pasaje porque Juan deja en claro que esta es la "primera de sus señales milagrosas."[47] María no pudo estar esperando algo de Jesús que no había obrado previamente. Aunque es difícil precisar totalmente lo que María deseaba cuando ella pronunció estas palabras de Jesús, es claro que Jesús lo vio a manera de petición. Respondió diciendo: "Mujer, ¿por qué me dices esto?" Esta respuesta, como Svendsen lo indica, implica que ella se salía de sus límites.[48] Este punto de vista es apoyado por un buen número de distinguidos escritores católicos. Svendsen explica:[49]

> Pero como aun McHugh admite, tanto Agustín como
> Crisóstomo creían que Jesús le daba una reprimenda a su

madre en este pasaje.[50] Este entendimiento de las palabras de Jesús como reprimenda no era desconocido en los escritos patrísticos; se muesta en Ireneo, quien entiende el tono de Jesús hacia María como duro en este pasaje: "Cuando María presionó hacia alguna señal admirable del vino y deseaba prematuramente participar en la copa anticipada, el Señor le responde, rehusando su apresuramiento fuera de tiempo: "Mujer, ¿por qué me dices esto?"[51] Se puede hallar también en Teodoreto, quien al comentar este pasaje escribe: "Una vez [Jesús] da su honor como madre a quien le dio nacimiento; en otra ocasión la rechaza como su Señor."[52] Este pasaje es también comentado por Gregorio el Grande, quien en un tratado sobre la distinción entre la divinidad de Cristo y su humanidad, parafrasea las palabras de Jesús en Juan 2:4: "En este milagro, cuya habilidad no está en nuestra naturaleza, yo no te reconozco."[53]

El hecho que estas palabras de Jesús tengan que verse como reprimenda son el resultado de la traducción de este pasaje en griego (*ti emoi kai soi, gunai*) "¿qué a mí y a ti, mujer?" En este pasaje es claro que Jesús al usar esta expresión y llamarla "mujer" en vez de "madre" se distancia de Su familia humana y enfatiza que Sus órdenes vienen de Su Padre celestial.

¿Cuál fue la respuesta de María a la reprimenda de Jesús? Ella le dice a los hombres: "Hagan lo que él les ordene" (v. 5). No le dijo a Jesús lo que tenía que hacer, ni le dijo a los sirvientes que lograría que Jesús hiciera lo que ella sentía de debía de hacerse. En vez le indica a los hombres que Jesús les instruiría y que hicieran Su voluntad, no la de ella. En otras palabras, lo que Él decida hacer, se hará de acuerdo a Su voluntad. Como Carson lo declara: "Brevemente, en 2:3 María se acerca a Jesús como Su madre, y recibe reproche; y en 2:5, ella responde como creyente, y su fe es honrada."[54] Esto coloca a María en el nivel de un seguidor de Jesús que continuó aprendiendo progresivamente con el paso del tiempo sobre la naturaleza divina y la misión de Jesús. El hecho que Jesús hiciera un milagro no la coloca en su papel de intercesora más que lo que serían sus hermanos (Juan 7:3-5, 10). Y otros (Juan 4:46-54) que le presentaron peticiones. Esto es consistente con el cuadro que Juan nos presenta del ministerio de Jesús como lo indica Svendsen:

> Todos están de acuerdo que el evangelio de Juan presenta una alta cristología. Sería discordante para Juan

mostrar desde el principio que los vínculos humanos no ataban a Jesús. El hecho que Juan se refiera a María como la "madre de Jesús" en este episodio, mientras Jesús se refiere a ella como "mujer" habla más de la necesidad de Juan de identificar cuál relación se tiene que cortar que lo que hace de un estado ontológico de María.[55]

En este pasaje se presenta a María como a un discípulo en proceso de crecimiento que aún lucha por entender el ministerio de Jesús. El significado claro del pasaje no es que debemos ir a María en busca de obtener un favor divino. Muy al contrario, se enseña que debemos seguir las instrucciones de María: "Hagan lo que él les ordene" (v. 5).Como lo indica McCarthy, "estas son las últimas palabras de María registradas en la Escritura. Permanecerán como un excelente consejo para cualquiera que busque complacer a Dios."[56]

Conclusión

En resumen, no existe base en el Nuevo Testamento para las doctrinas de María de la virginidad perpetua (que ella no tuvo más hijos), la inmaculada concepción (que ella nació libre del pecado original), el papel de co-mediadora (que media al lado de Cristo) o de la asunción (que fue llevada en cuerpo y alma al cielo). Los evangélicos no tienen que creer estas doctrinas católico romanas para tener un alto concepto de María. Siempre podemos enfatizar su conducta santa, su obediencia, su fe, su disposición de llevar a la gente a Jesús. Como Borrás lo declara:

> María merece nuestro aprecio y amor tanto como nuestro reconocimiento sincero de que ella era una mujer piadosa, humilde y llena de fe, y que fue escogida por Dios para llevar en su vientre al redentor del mundo. Por lo tanto, como fue dicho por el ángel cuando le anunció el privilegio que Dios le había concedido, ella siempre será llamada bendita por todas las generaciones. El mejor honor a María es obedecer lo que ella le dijo a los sirvientes en Caná, "Hagan lo que él les ordene" (Juan 2:5).[57]

Si la iglesia católica se limitara solamente a lo que la Biblia dice de María, los evangélicos no tendrían ninguna preocupación en relación con esta doctrina. Sin embargo la triste realidad es que la iglesia católica ha añadido numerosas doctrinas que no encuentran ninguna base bíblica para estas claras y sencillas descripciones del importante papel de María como la madre terrena de Jesús. Algunos católicos acusan a los evangélicos de no honrar a María. La verdad del asunto es que María es verdaderamente honrada cuando se le recuerda y se le emula de acuerdo con su papel en la Escritura. No se exagera cuando se dice que ella se afligiría si supiese que algunas personas le conceden a ella el lugar que es solamente de su hijo Jesucristo.

Como ya hemos dicho, al evangelizar a nuestros amigos, no debemos desviarnos del tema de la salvación. En otras palabras, no debemos de tratar de discutir todas las doctrinas con las cuales no concordamos. Después de que nuestros amigos hayan recibido a Cristo como su Salvador, entonces sí debemos involucrarlos en un programa de discipulado que les ayude a comprender lo que Enseña la Biblia en cuanto a las doctrinas principales. Esta sección puede suplementar otros materiales de discipulado.

NOTAS

[1] Carta pastoral de los obispos de México, 1984, citada en Paul G. Schrotenboer, *Roman Catholicism* (Grand Rapids: Baker Book House, 1987), pp. 39-40., Ricardo Ramírez, *Fiesta, Worship and Family* (San Antonio, Texas: Mexican American Cultural Center, 1981), p. 11.

[2] Eric Svendsen, Who Is My Mother?, (New York: Calvary Press, 2001), 36.

[3] H. Deenzinger and A. Schoumetzer, *Enchiridion Symbolorum* (Editio XXXIII. Barcelona, etc. Herder, 1965), 503, citada en Stephen Benko, *Los Evangélicos, los Católicos y la Virgen María* (El Paso: Casa Bautista De Publicaciones, 1981), p. 29.

[4] Denzinger, 1880, citado en Benko, p. 29.

[5] Benko, p. 29.

[6] *The Catholic Catechism*, op. cit., p. 156.

[7] Pío IX, *Ineffabillis Deus*, Denzinger 1641 (2803-4).

[8] *The Catholic Catechism*, op. cit., p. 157. Se tiene que indicar que el pasaje en Génesis 3:15 declara que la *simiente* de la mujer herirá la serpiente en la cabeza, no la de la mujer misma.

[9] Hardon, The Catholic Catechism, op. Cit., 157

[10] Abbott, Documents of Vatican II, p. 90

[11] Para una descripción más completa de esto y de otras tradiciones vea Robleto, pp. 92-94.

[12] Robleto, p. 96.

[13] Tanto José Borrás como Hocking afirman este punto.

[14] Duns Scotus, *Commentarium in Sententiarum*, III, 3,1,2, citado en The *Catholic Catechism*, op. cit., 160.

[15] Pío XII, constitución *Munificentissimus Deus*, III, 44.

[16] Ibid., 160.

[17] Kenneth Woodward, "Hail, Mary,: *Newsweek* (August 25, 1997), 49.

[18]   Ibid., 49.

[19]   Ibid., 51.

[20]   Felician, Catholic Almanac, 182.

[21]   Walter Abbott, *The Documents of Vatican II,* (New York: The America Press, 1966), p. 92.

[22]   Ibid.

[23]   Hardon, Catholic Catechism, op. cit., 166.

[24]   Abbott, *Documents of Vatican II*, p. 94.

[25]   Ibid..

[26]   Felician, *Catholic Almanac,* op. cit., 166Hardon, .

[27]   "Marian History: Visions and Truths. *Newsweek* (August, 25, 1997), pp. 54-55.

[28]   Hardon, *Catholic Catechism*, p. 442.

[29]   Feliciano, *Catholic Almanac*, p. 360.

[30]   Ibid., p 366.

[31]   Adolfo Robleto, *Un Vistazo a la Doctrina Romana: Interpretación a la Luz del Segundo Concilio del Vaticano* (El Paso: Casa Bautista de Publicaciones, 1984), pp. 110,111.

[32]   Para una explicación más extensa, lea Stephen Benko, *Los Evangélicos, los católicos y la Virgen María* (El Paso: Casa Bautista de Publicaciones, 1981).

[33]   Abbott, *Documents of Vatican II*, p. 88.

[34]   Vea McBrien, pp. 71-72.

[35]   Abbott, *Documents Vatican II,* p. 91.

[36]   Ibid.

[37]   Vea la versión *Nueva Jerusalén* de la Biblia.

[38]   Dr. David Hocking lo dice en relación con Estaban en "*Mary, Purgatory, & the Pope*," audio casete, *Mission to Catholics*, P. O. Box 19280, San Diego, California 92119.

[39]   José Borrás, *"¿Qué creen los Evangélicos sobre María?"* Audio cinta, Sammy Fuentes Evangelistic Association, 4910 Branscomb, Corpus Christi, Texas, 78411.

[40]   Ibid. Para una discusión extensa de este tema vea Eric D Svendsen, *Who is My Mother?* (New York: Calgary Press, 2001), 79-105.

[41]   Henry Dezinger, The Sources of Catholic Dogma, no. 2331, (St. Louis: B. Herder Book Co., 1957), 647.

[42]   Eric D. Svendsen, *Who Is My Mother* (Amityville, NY: Calvary Press, 2001), 232.

[43]   Ibid.

[44]   Ludwig, Ott, *Fundamentals of Catholic Dogma*, (Rockford, Ill.: Tan Books an Publishers, 1960), 205.

[45]   Svendsen, op. cit., 232.

[46]   Para una discusión de estas opciones vea Stephen Hartdegen, "The Marian Significance of Cana," *Marian Studies II* (1960), 87-88., citado en Eric D. Svendsen, *Who Is My Mother* (Amityville, NY: Calvary Press, 2001), 175.

47   Svendsen, op cit., 175.

48   Ibid., 176.

49   Ibid., 176-177.

50   McHugh, 365.

51   *Against Heresies*, 3.16.7.

52   *Dialogue II.*

53   *Epist. 41,* vea a Ireneo, *Against Heresies* 3.16.7.

54   D. A. Carson, "John," *The Expositor's Bible Commentary,* (Grand Rapids: Zondervan, 1976), 173., citado en Svendsen, 191.

55   Svendsen, 190.

56   James G. McCarthy, *The Gospel According to Rome* (Eugene, Oregon: Harvest House, 1995), 188.

57   Borrás, *¿Qué Creen Los Evanglélicos sobre María?*

LECCIÓN 3

ENSEÑANZA CATÓLICA ACERCA DE LOS SACRAMENTOS

Introducción

La iglesia católica define los sacramentos como: "una señal instituida por Cristo para impartir gracia."[1] La iglesia ve los sacramentos como "las acciones de Cristo y su iglesia (en sí misma un tipo de sacramento) que significan gracia, la causan en el acto de significarla, y la confieren en la persona dispuesta apropiadamente para recibirla. La iglesia enseña que los sacramentos perpetúan la actividad de Cristo, haciéndola presente y eficaz. Los sacramentos infaliblemente comunican el fruto de esa actividad — es decir la gracia — a personas receptivas con fe."[2] La iglesia católica también enseña que los sacramentos son necesarios para la salvación.[3] Los siete sacramentos se ven como los "medios primarios por medio de los cuales Dios concede la santificación y la gracia real a los fieles."[4] Cada sacramento no es percibido por la iglesia como una mera expresión simbólica de la gracia, sino como un canal de la gracia de Dios. Es por medio de los sacramentos que Dios confiere la gracia. John O'Brien afirma:

> Cristo de igual manera estableció los sacramentos que sirven como los muchos canales por medio de los cuales la gracia y bendiciones de la redención alcanzan el alma y de cada individuo que los recibe. . . Cristo por Su sufrimiento y muerte ganó una infinita reserva y lleva sus riquezas a nuestras almas. Los sacramentos son los medios: los canales de la gracia divina a las almas de los hombres.[5]

El bautismo

De acuerdo a la teología católica, el bautismo quita el pecado original, justifica a la persona y lo hace miembro de la iglesia católico romana.

> "El bautismo es el sacramento de renacimiento por medio del cual Jesús da a nuestras almas la nueva vida de gracia santificadora y nos une a su cuerpo místico."[6] El bautismo es el sacramento que da a nuestras almas la

178

nueva vida de gracia por la cual llegamos a ser hijos de Dios. El bautismo quita el pecado original y el presente, si hay alguno, y todo castigo que éste pueda merecer."[7]

La iglesia católica enseña que el bautismo quita todos los pecados, obra el renacimiento a la vida por la gracia, y hace al infante un miembro de la iglesia. Se espera que los padres bauticen al niño lo antes posible. En el bautismo el sacerdote pone agua sobre la frente del niño y dice: "Yo te bautizo en el nombre del Padre, del Hijo, y del Espíritu Santo, Amén."

Si la persona no puede ser bautizada, la iglesia católica acepta como válido el bautismo de la sangre de los mártires y el bautismo de deseo lo cual indica que la persona tenía la intención de ser bautizada. En casos de emergencia se les permite a personas que no sean católicas bautizar a los infantes si usan la fórmula ya mencionada.[8] Se considera al bautismo con absolutamente necesario para la salvación. El Concilio de Trento decretó: "Si alguien dice que el bautismo es opcional, que no es necesario para la salvación, que sea anatema."[9] (Para información adicional vea la lección 9).

La confirmación

La teología católica afirma que "la confirmación es el sacramento por medio del cual el Espíritu Santo viene a nosotros en una forma especial para hacernos miembros del cuerpo místico. También se reciben las gracias del Espíritu Santo especialmente los que nos capacitan para profesar, explicar y esparcir nuestra fe"[10] "La confirmación es el sacramento por el cual el Espíritu Santo viene a nosotros de una manera especial y nos hace profesar nuestra fe como fuertes y perfectos cristianos y soldados de Cristo."[11] El obispo usualmente administra este sacramento ungiendo la frente de la persona con aceite, poniendo sus manos sobre la cabeza de ella y diciendo "recibe el sello del Espíritu Santo, el don del Padre."[12] La iglesia enseña que a través de este sacramento la persona bautizada recibe los dones y la fortaleza del Espíritu Santo para vivir vidas con madurez cristiana. Este sacramento completa la iniciación de la persona comenzada en el bautismo y da carácter al alma y debe ser recibido sólo una vez. Los niños tienen que recibir instrucción (o sea catecismo) antes de recibir el sacramento de la confirmación. Los católicos usualmente se confirman a la edad de doce después de recibir la instrucción prescrita sobre las doctrinas de la iglesia.

La eucaristía

"La santa eucaristía es un sacramento y un sacrificio. En la santa eucaristía, dentro de la apariencia de pan y vino, el Señor Jesucristo está contenido, ofrecido y recibido."[13]

La iglesia católica enseña que el sacerdote transforma el pan y el vino en tal forma que llegan a ser literalmente el cuerpo y la sangre de Cristo. Como resultado, el pan y el vino deben de ser adorados como la persona de Cristo mismo es adorada.

Este cambio interno del pan y el vino (pues externamente permanecen lo mismo) se conoce como la "transustanciación" y constituye la base de la misa. Es decir que el sacerdote transforma el pan y el vino en el cuerpo de Cristo para así ofrecer un sacrificio real, una ofrenda por los pecados de los vivos y de los muertos.[14]

Los evangélicos ven el pan y el vino como símbolos del cuerpo y la sangre de Cristo mientras que los católicos creen que éstos llegan a ser literalmente el cuerpo y la sangre de Cristo.

La penitencia (confesión)

La teología católica afirma que la penitencia "el Sacramento de la penitencia es el medio por el cual los pecados cometidos después del bautismo son perdonados y la persona es reconciliada con Dios y con la Iglesia."[15] A la gente se le dice que debe confesar al sacerdote los pecados cometidos después del bautismo. La iglesia católica enseña que la confesión individual e integral y la absolución son los únicos medios ordinarios para el perdón de los pecados serios y para la reconciliación con Dios y la Iglesia. Después de escuchar la confesión, el sacerdote declara: "Por medio del ministerio de la Iglesia, Dios te dé perdón y paz. Y yo te absuelvo de tus pecados en el nombre del Padre, del Hijo y del Espíritu Santo, Amén."[16] Este sacramento se basa en la doctrina que el sacerdote, en vista de su ordenación, tiene el poder de perdonar pecados. Generalmente la penitencia se recibe por primera vez a la edad de ocho años, antes de la primera comunión. Subsecuentemente, se espera que los católicos confiesen sus pecados al sacerdote quien a su vez propone una penitencia y declara la absolución.

La unción de los enfermos (o extrema unción)

Este sacramento previamente se conocía como la extremaunción. "El sacramento de los enfermos es el sacramento en el que Jesús por medio de la unción y las oraciones da salud y fortaleza a la persona que ahora está seriamente enferma."[17] "El sacramento de la extremaunción da salud y fortaleza al alma y a veces al cuerpo cuando estamos en peligro de muerte."[18] Los católicos basan este sacramento en Santiago 5:13-15. Este sacramento es administrado a personas que están en peligro de perder la vida. Al ungir a la persona con aceite consagrado y al hacer oraciones, el sacerdote confiere gracia confortadora sobre la persona a través de este sacramento: la remisión de pecados veniales, y la inculpabilidad de pecados mortales no confesados, lo cual en ocasiones resulta en el mejoramiento de su estado de salud.[19] Sin embargo, Cuando alguien está a punto de morir este sacramento se da junto con la penitencia y la eucaristía. Entonces éstos se les llaman los "últimos ritos." Este sacramento se puede administrar más de una vez.

Estos cinco sacramentos son considerados esenciales para la salvación. Los otros dos imparten gracia pero no son esenciales para la salvación.

El matrimonio

La iglesia católica enseña que el matrimonio es un sacramento. "La ceremonia nupcial es vista como un pacto que une no sólo como pareja sino con Cristo y con la Iglesia. Al participar en ese pacto los contrayentes deberán manifestar a todos la presencia del Salvador en el mundo y la naturaleza genuina de la iglesia."[20] De acuerdo con la iglesia, este sacramento "da las gracias necesarias para vivir una vida matrimonial cristiana."[21] "El Salvador y el esposo de la Iglesia viene a las vidas de los cristianos casados a través del sacramento de matrimonio. Él habita con ellos después, así como Él amó a la Iglesia y se dio a Sí mismo por ella, los esposos se amen unos a otros con fidelidad perpetua y mutua entrega."[22] Porque el matrimonio es visto como sacramento por la iglesia católica, ella espera que los que entran en este pacto críen a sus hijos dentro de la fe católica y que observen todas la normas de la iglesia. La iglesia católica reclama tener jurisdicción sobre todos los miembros en asuntos que tienen que ver con el matrimonio el cual es un sacramento.

Órdenes sagradas (ordenación)

"Las órdenes sagradas son el sacramento en el cual poder espiritual y gracia son dadas para constituir y dar poder al ministro ordenado para consagrar la eucaristía, perdonar pecados, llevar a cabo otras funciones pastorales y eclesiásticas y formar la comunidad del pueblo de Dios. Las órdenes sagradas imparten carácter al alma y deben ser recibidas sólo una vez."[23]

La iglesia, a través de las edades, ha ordenado a personas para una gran variedad de ministerios. Estos han incluido subdiáconos (para ayudar en la misa), acólitos (para servir en la misa), lectores (para leer pasajes bíblicos y otros pasajes en la liturgia), porteros (para asegurar que personas indebidas no entraran a las iglesias) y exorcistas (para echar fuera demonios). Muchas de estas funciones han sido asignadas a los sacerdotes y a los laicos sin tener que ordenar a personas para esto. Hoy día hay tres tipos básicos de ordenación practicados por la iglesia.

1. Obispos

La llenura del sacerdocio pertenece a los que han sido ordenados como obispos. Los obispos en una unión jerárquica con el papa y los otros obispos se consideran los sucesores de los apóstoles y pastores de la iglesia. Ellos tienen responsabilidad individual por el cuidado de las iglesias locales y desempeñan juntamente con sus colegas labores que tienen que ver con la iglesia universal. En su ordenación o consagración, el consagrador pone sus manos sobre la cabeza del candidato y ora la oración prescrita para esta ceremonia.

2. Sacerdotes

Un sacerdote es un ministro ordenado con el poder de celebrar la misa, administrar los sacramentos, enseñar la Palabra de Dios, impartir bendiciones y llevar a cabo funciones pastorales que le son asignadas por su superior eclesiástico. Los sacerdotes son ordenados por obispos ordenados los cuales ponen sus manos sobre la cabeza de los sacerdotes y siguen la ceremonia prescrita para esta ocasión. Esta ceremonia incluye la presentación de los implementos del sacrificio tales como el cáliz y el plato que contiene la hostia con las oraciones prescritas para esta ceremonia.

3. Diáconos

Hay dos tipos de diáconos que son ordenados: los que reciben la ordenación y permanecen dentro de ella permanentemente y los que los que reciben la ordenación mientras están avanzando hacia el sacerdocio. La posición de los diáconos es considerada inferior a la de los sacerdotes en la jerarquía católica. Ellos no son ordenados para el sacerdocio sino para el ministerio de servicio. Los diáconos pueden ser autorizados por sus superiores para administrar los sacramentos y ministrar a las personas en necesidad. Ellos también ayudan en ministerios de caridad y de administración.

¿Un nuevo sacramento?

El Segundo Concilio Vaticano (1962-1965) declaró que la iglesia es un "tipo de sacramento." Los documentos explican: "En virtud de su relación con Cristo, la iglesia, es un tipo de sacramento de la unidad con toda la humanidad; es decir, la iglesia es una señal y un instrumento de tal unión y unidad."[24]

Esta doctrina apoya la idea que la salvación se encuentra por medio de la iglesia. El catecismo católico explica que:

> Dios estableció la iglesia como el sacramento universal de salvación enviada con una misión a todo el mundo como la luz del mundo y la sal de la tierra. Por esa razón, es necesario mantener estas dos verdades juntas; es decir, la posibilidad de la salvación en Cristo para toda la humanidad, y la necesidad de la iglesia para la salvación.

La doctrina de la iglesia como sacramento no es bíblica. Hechos 2:41 dice que los primeros creyentes fueron añadidos a la iglesia porque habían sido redimidos. No se salvaron por que fueron añadidos a la iglesia, como si esto en y por sí mismo fuera el sacramento (el canal) por medio de la cual recibir la gracia salvadora.

Conclusión

La iglesia católica enseña que hay siete sacramentos. Cinco de ellos son esenciales para la salvación (bautismo, confirmación, la santa eucaristía, penitencia y la oración por los enfermos). Aun después de participar en todos estos sacramentos la persona no tiene la seguridad de su salvación, pues si ha cometido un pecado después de haberse confesado, esta persona tendrá que ir al purgatorio y morar allí hasta que sea purgado de sus pecados. El mensaje de salvación es verdaderamente "buenas nuevas" para las personas que no han tenido una experiencia personal con Cristo (Juan 1:12, 3:16). Este último pasaje, por ejemplo, no dice. "

NOTAS

1   Killgallon, *Life in Christ,* p. 155.
2   Felician, *Catholic Almanac,* op, cit., p.223.
3   Michel A. McGuire, *Baltimore Catechism No. 1,* (New York: Benzinger Brothers, 1942), p. 36.
4   McCarthy, op. Cit., 55-57. McCarthy explica que la "gracia santificadora" es un don del Espíritu Santo dado inicialmente a individuos por medio del sacramento del bautismo. La gracia real es una ayuda sobrenatural para hacer el bien y evitar el mal.
5   John O'Brien, *The Faith of Millions* (Huntington, Ind: Our Sunday Visitor, Inc. 1974), 142.
6   Killgallon, *Life in Christ,* p. 160. Vea también el *Baltimore Catechism* No. 1, pp. 87-88.
7   Mcguire, *Baltimore Catechism* No. 1, pp. 87-88.
8   Felician, Catholic Almanac, op. cit., p. 225.
9   Concilio de Trento, *Canon 5 of the Decree Concerning The Sacraments.*
10 Killgallon, *Life in Christ,* p.167.
11 Ibid., 90.
12 McGuire, *Baltimore Catechism,* p. 90.
13 Ibid., 92.
14 James G. McCarthy, *Catholicism: Crisis of Faith* (Cupertino: Lumen Productions, 1991), p. 11.
15 Killgallon, *Life in Christ,* p. 187.
16 Felician, *Catholic Almanac,* op. cit., p. 227.
17 Killgallon, *Life in Christ,* p. 198.
18 Ibid., 120.
19 Felician, *Catholic Almanac,* op. cit., p. 228.
20 Ibid. pp. 230-231.
21 Ibid.
22 Ibid.
23 Catholic Almonoc, p. 228.
24 Abbott, Documents of Vatican II, 15.

LECCIÓN 4

LOS ELEMENTOS DE LA ADORACIÓN CATÓLICA

Introducción

Por lo general, cuando nosotros los evangélicos pensamos acerca de la adoración católica, pensamos sólo en la misa. Lo cierto es que para los católicos la liturgia (adoración) incluye cuatro elementos: 1) el sacrificio eucarístico (la misa); 2) los siete sacramentos; 3) la liturgia de las horas; y 4) los sacramentales. Está claro, pues, que la iglesia católica tiene un concepto muy amplio en cuanto a la liturgia, o sea, que la liturgia abarca mucho más que la misa. Porque queremos concentrar una gran parte de esta sesión a la misa, dejaremos esta discusión para último.

Antes de comenzar a hablar acerca de los elementos individuales de la liturgia, es importante que definamos lo que la iglesia católica quiere decir cuando usa la palabra "liturgia." El catecismo católico define la liturgia sagrada como:

> La adoración oficial pública de Dios por el cuerpo místico de Cristo. A través de esta adoración proclamamos la reconciliación del hombre y Dios. Somos santificados, o hechos santos, por medio de estas acciones y símbolos sagrados. La liturgia, por ende, es la forma más significativa a través de las cuales los fieles pueden expresar sus vidas y manifestar a otros, el misterio de Cristo y la verdadera naturaleza de la iglesia verdadera.[1]

El Almanaque Católico agrega:

> La liturgia se considera como un ejercicio del oficio sacerdotal de Jesucristo. En la liturgia la santificación del hombre se manifiesta por medio de señales perceptibles a los sentidos y efectuada en una forma que es apropiada para cada una de estas señales; en la liturgia la adoración pública plena se ejerce por el cuerpo místico de Jesucristo, es decir, por la Cabeza y sus miembros.[2]

La liturgia, por ende, es la adoración pública de Dios a través de la cual

185

la iglesia mediante acciones y símbolos sagrados proclama el misterio de Cristo y es santificada. La liturgia se expresa en varias formas.

Los siete sacramentos

El Catecismo Católico define un sacramento como "una señal sagrada constituida por Cristo para dar gracia."[3] El Catecismo agrega: "Los sacramentos no sólo nos hacen conscientes de la vida divina; ellos producen la vida en nosotros... El sacramento del bautismo no sólo representa la vida divina sino que la produce."[4] Los siete sacramentos de la iglesia católica son: bautismo, confirmación, penitencia, eucaristía, extrema unción, ordenación y matrimonio. El catecismo define los sacramentos.[5] La iglesia católica enseña que, al participar de los sacramentos, la persona participa en una actividad litúrgica que constituye adoración y edificación.

Los sacramentales

El catecismo católico enseña: "Los sacramentales son bendiciones u objetos bendecidos que la iglesia nos da para inspirar nuestra devoción y para ganar para nosotros ciertos valores espirituales y temporales."[6] Los sacramentales difieren de los sacramentos en varias formas. Primero, la iglesia católica enseña que los sacramentos fueron instituidos por Cristo mientras que los sacramentales por la iglesia. "Los sacramentos fueron instituidos para impartir gracia; los sacramentales para impartir una bendición o alguna protección especial. Los sacramentales tienen el efecto de remitir pecados veniales, de reprimir espíritus malos, de dar gracia a través de la oración y de dar salud al cuerpo y bendiciones materiales."[7]

Sacramentales principales

Algunos de los sacramentales principales son: (1) el crucifijo, (2) la señal de la cruz; (3) el agua bendita; (4) estatuas; (5) pinturas (de Jesús, María, José, los santos); (6) medallas (7) el rosario; (8) escapularios; (9) la unción en el bautismo; (10) las oraciones usadas en la extrema unción; (11) la bendición nupcial; y (12) el camino a la cruz.

Sacramentales específicos

Algunos de los sacramentales que son dados durante ciertos días del año son: (1) Veladoras bendecidas y distribuidas el 2 de febrero; (2) La bendición de las gargantas el 3 de febrero; (3) Las cenizas puestas en las frentes de las personas el miércoles de ceniza; (4) Las palmas sagradas distribuidas el domingo de Ramos; y (5) La bendición de los campos el 15 de agosto.

Sacramentales generales

Otros sacramentales tales como la bendición de un hogar o de una madre durante su embarazo y la bendición del niño después del nacimiento pueden ser dados en cualquier tiempo.[8]

El Rosario

El Rosario consiste de una cadena de cuentas usadas para contar el número de veces que se han hecho ciertas oraciones. El nombre "rosario" viene de la palabra "rosa" y recuerda a las personas de una guirnalda de rosas. Las rosas, también son vistas como oraciones ofrecidas a María. El Rosario consiste de cinco grupos de diez cuentas cada uno. Estos grupos son llamados "décadas" (diez). Cada grupo está separado del los demás por cuentas más grandes que las de las décadas. Hay una cadena introductoria de cuentas que comienza el Rosario. Esta incluye el crucifijo, una cuenta separada, un grupo de tres cuentas y luego una cuenta sola.

Al rezar el Rosario el católico recita el Credo de los Apóstoles mientras sostiene el crucifijo en sus dedos. En cada una de las cuentas aisladas, la persona reza el Padre Nuestro. En las 53 cuentas que están en los grupos las personas rezan el "Ave María." Este rezo también es conocido como la "Salutación Angelical." El rezo que se usa es: "Ave María, llena eres de gracia, el Señor es contigo; bendita tú entre las mujeres y bendito el fruto de tu vientre, Jesús. Ave María, Madre de Dios, ruega por nosotros los pecadores ahora y en la hora de nuestra muerte. Amén."[9]

Después de rezar los diez Ave Marías en cada grupo de cuentas pequeñas, la persona llega a una cuenta grande. Hay un total de cinco de estas cuentas. Al llegar a cada una de estas cuentas la persona debe meditar en uno de los "Misterios de la vida de Jesús y de María." Hay tres series de misterios: (1) Misterios gozosos; (2) Misterios dolorosos; (3) Misterios gloriosos. Hay cinco misterios en cada serie. Bajo los Misterios gozosos están: La anunciación del nacimiento de Jesús; la visitación de María a Elizabet; la natividad; la presentación y el encuentro de Jesús en el templo. Bajo los Misterios Dolorosos están: la agonía de Jesús en el huerto de Getsemaní; la flagelación (Jesús siendo azotado en la prisión de Pilato); la corona de espinas; la cruz a cuestas, y la crucifixión. Entre los Misterios

Gloriosos están: La resurrección de Cristo; Su ascensión al cielo, la venida del Espíritu Santo en Pentecostés; la asunción del cuerpo de María al cielo después de su muerte; y la coronación de María como reina del cielo.[10]

El uso del Rosario incluye hacer los rezos y meditar en los misterios. La mayoría de los rezos son dirigidos a María.

El catecismo católico explica: "Como se puede ver por el número de Ave Marías que se dicen, el Rosario es principalmente una oración a la Bendita Madre de Dios. En este rezo pedimos que ella use su influencia con su Hijo para obtener para nosotros todas las cosas buenas para nuestras necesidades presentes y especialmente en la hora de nuestra muerte... Esta es una oración para tiempos de crisis. Ella ha probado y probará de nuevo su poder para nuestro día."[11]

La vía de la cruz

En muchas iglesias católicas se encuentran catorce cuadros representando eventos importantes en la caminata de Cristo rumbo a la cruz frente a los cuales los feligreses deben meditar y orar. Este tipo de oración es conocido como "La vía de la cruz." Cada uno de estos cuadros cuenta la historia de la última semana (especialmente las últimas 24 horas) en la vida de Jesús: (1) Jesús siendo azotado; (2) La cruz puesta sobre los hombros de Jesús; (3) Jesús cayendo bajo el peso de la cruz; (4) María contemplando a Jesús; (5) Simón de Cirene llevando la cruz de Jesús; (6) Verónica limpiando el rostro de Jesús; (7) Jesús cae de nuevo a pesar de la ayuda de Simón; (8) Jesús se detiene para consolar a las mujeres; (9) Jesús cae de nuevo teniendo en vista el monte Calvario; (10) Los soldados quitando la ropa a Jesús; (11) Jesús clavado en la cruz; (12) Jesús sufriendo en la cruz hasta que muere; (13) José de Arimatea y Nicodemo bajando el cuerpo de Jesús de la cruz; y (14) Jesús puesto en el sepulcro.[12] Además de ver estos cuadros conmovedores en ciertas iglesias, hay personas que van a Jerusalén o a otros países (como Córdoba, España) para caminar a las estaciones de la cruz. De acuerdo con el catecismo esta experiencia ayuda a las personas a meditar en los eventos relacionados con la muerte de Jesús y como resultado de esto recibir beneficios espirituales y ayuda divina.[13]

Los Sacramentales son vistos como prácticas externas (acciones, palabras u objetos) que ayudan a las personas a estimular sus sentimientos internos de oración y meditación. El catecismo católico amonesta a los feligreses: "Debemos evitar la superstición en el uso de las medallas y otros objetos benditos, recordando que ellos, así como los otros sacramentales, no producen ningún efecto automáticamente, sino como resultado de las oraciones de la Iglesia y la devoción que ellos inspiran en nosotros."[14]

La liturgia de las horas

La liturgia de las horas (Oficio divino) es la oración pública de la Iglesia para santificar el día alabando a Dios. Su recitación diaria, o celebración, es un deber sagrado de hombres ordenados y de hombres y mujeres religiosos de acuerdo con su regla de vida. "En la liturgia de las horas, le Iglesia ejercita el oficio sacerdotal de su cabeza y constantemente ofrece a Dios el sacrificio de alabanza."[15] La liturgia de las horas revisada consiste de oraciones por la mañana y por la noche. Además de tener oraciones prescritas que pueden ser recitadas en momentos apropiados durante el día o por la noche, la liturgia incluye lecturas selectas y ayudas para la meditación. El catecismo católico enseña que esta liturgia es un recuerdo de la adoración celestial ofrecida constantemente ante el trono de Dios y del Cordero.[16]

El sacrificio eucarístico - La misa

La iglesia católica considera la misa como el acto de adoración más sagrado sin excepción. El catecismo explica: "En la última cena, nuestro Señor rodeó el momento de sacrificio con ceremonias, la cena misma, el lavamiento de los pies, el sermón y el himno.[17] La misa hoy en el rito latino se divide en dos partes, la liturgia de la Palabra y la liturgia de la eucaristía.

La liturgia de la Palabra

La liturgia de la Palabra consiste del rito de entrada, la lectura de las Escrituras, una homilía de la Palabra de Dios y la oración de los fieles. Aunque hay variedad geográfica y cultural en cuando al estilo de la liturgia (música, instrumentos, etc.), la liturgia de la Palabra sigue la siguiente estructura.

1. Las personas hablan a Dios

    a) El rito de entrada - La forma más común es que se canta un himno mientras el celebrante (el sacerdote) entra. La primera palabra es dirigida a Dios confesando los pecados y pidiendo su perdón.

    b) El gloria - Aquí se expresa la segunda palabra, una de adoración.

Esta es dirigida a las tres personas de la Trinidad.

c) La oración inicial - En ésta se encuentran la tercera y la cuarta palabra. Palabra de gratitud por favores recibidos y palabra de petición por favores en el futuro.

2. Dios habla a las personas

a) La primera lectura - Esta, por lo general, es una lectura del Antiguo Testamento. Las personas deben escuchar la revelación de Dios para su pueblo.

b) Salmo de respuesta - Esta es una oración de reflexión relacionada con el tema de la lección. Esta oración se hace en una forma alternada por el lector y la congregación.

c) La segunda lectura - La segunda lectura es tomada del Nuevo Testamento.

d) La aclamación del evangelio - Este es un aleluya dado como una introducción a la lectura del evangelio para ese día.

e) La homilía - Este es el mensaje de las Escrituras (basado en las lecturas) dado por el sacerdote aplicando el mensaje a los días contemporáneos.

f) El credo - Este es considerado una respuesta a las palabras de Dios como una expresión de fe de parte de los feligreses. "Al recitar el credo, los feligreses se unen a los cristianos de todas las edades al expresar las doctrinas básicas de la fe cristiana."[18]

g) La oración de los fieles - Estas son unas series de peticiones por las necesidades de las Iglesia, el gobierno civil y toda la humanidad.

La liturgia de la eucaristía

La liturgia de la eucaristía se compone de tres partes: la preparación de los dones, el acto sacrificial y la cena sacrificial, el banquete eucarístico.

1. El pueblo da a Dios

a) La preparación de los dones - Esto comienza con unos cuantos miembros, representando a la congregación entera trayendo los dones del pan y el vino y el agua al sacerdote que está celebrando la misa. Otros dones tales como la colecta, limosnas, y ofrendas simbólicas pueden ser incluidos.

b) La oración eucarística - La parte más importante de la misa es introducida por un canto de acción de gracias, llamado el prefacio. "Durante la oración eucarística, Jesús ofrece el sacrificio de su cuerpo y su sangre a Dios. Una vez más Él renueva su ofrenda hecha en la cruz. La consagración ocurre en el centro de la oración eucarística. En ese momento, Jesús, a través del sacerdote, convierte el pan y el vino en su cuerpo y sangre. El sacerdote entonces invita a la congregación a proclamar su fe en la nueva presencia eucarística de Jesús en el altar."[19]

2. Dios da al pueblo

a) El Padre Nuestro - El culto de comunión comienza con la oración que Jesús enseñó. La congregación pide el pan quien es Jesús, perdón a los que les ha ofendido y pide el perdón de Dios.

b) El rito de paz - "Antes de acercarse al altar a recibir a Jesús en la comunión, las personas deben estar en paz con sus familias y sus vecinos."[20] Al hacer esto se observan las costumbres locales al dar la señal de la paz, simbolizando la paz con toda la humanidad.

c) La comunión - "El sacerdote da a las personas el verdadero pan de vida. A través de esta cena sagrada nos unimos íntimamente con Jesús y con todos los que participan en este banquete sagrado."[21]

d) La conclusión - Después de una oración corta de gratitud, el sacerdote da su bendición y las personas son enviadas para vivir el mensaje de la Palabra y de la Eucaristía.

Los que participan en la misa son: (1) El celebrante (o celebrantes) que preside en la asamblea; (2) El diácono quien ayuda al celebrante y lee el Evangelio; (3) El comentador quien explica a la congregación las diferentes partes de la misa; (4) El coro (o grupo) que ayuda a la congregación con los cantos; (5) La gente que ora y canta de acuerdo con la parte que le corresponde; (6) Los servidores quienes ayudan al sacerdote en el altar.

El sacerdote usa vestiduras de diferentes colores de acuerdo con el calendario litúrgico. En los domingos ordinarios el sacerdote usa vestiduras verdes. Durante la temporada de Advenimiento y Cuaresma el sacerdote usa vestiduras moradas. Durante la navidad y la resurrección, el sacerdote usa vestiduras blancas y en Pentecostés, vestiduras rojas.

Conclusión

Como podemos observar, el concepto católico de la adoración (liturgia) abarca la vida total de los feligreses. Por medio de los sacramentos, la liturgia de las horas, los sacramentales y la eucaristía (misa), los católicos tienen acciones, palabras y símbolos para expresar su fe en cualquiera circunstancia en la vida. Además debemos notar que todos estos elementos litúrgicos están entretejidos en tal forma que se les da oportunidad de adorar ya sea que estén frente a un altar en su casa, frente a una imagen en un sitio sagrado o en la misa misma. Aunque sabemos que hay muchas personas que no comprenden lo que enseña su iglesia en cuanto a la liturgia, hay varias cosas que debemos tener en mente. Primero, es importante que nosotros sepamos lo que significa la liturgia a fin de que podamos comprender las necesidades espirituales de nuestros amigos y familiares católicos. Segundo, es de suma importancia que tratemos con sumo respeto las prácticas y los implementos (sacramentales) que usan los católicos, sabiendo que éstos son muy sagrados para ellos. Tercero, es importante que comprendamos que muchas personas tienen profundos nexos sociales y emocionales con los sacramentales (p. Ej., crucifijo) que van más allá de la comprensión religiosa que ellos tengan. Los métodos que enfocan sólo en convencer a las personas intelectualmente no son eficaces. Se requiere tiempo y el establecimiento de una relación de confianza para tratar con estos nexos sociales y emocionales. Finalmente, es muy importante que en nuestro discipulado demos atención a los vacíos rituales, sociales y devocionales que a veces hay en las personas que aceptan a Cristo y se unen a una iglesia evangélica. Ya no tienen los ritos y ceremonias relacionados con las experiencias más importantes de la vida (p. ej., nacimiento, aniversario de la muerte de un ser querido). ¿Qué podemos hacer para llenar esos vacíos en una forma totalmente bíblica y a la vez culturalmente apropiada?

NOTAS

1   James Killgallon, Gerard Weber, and Leonard Ziegmann, *Life in Christ* (Chicago: Acta Foundation, 1976), p. 131.
2   *Catholic Almanac*, p. 210.
3   *Life in Christ,* p. 155.
4   Ibid.
5   *Life in Christ,* pp. 159-216.
6   Ibid., p. 217
7   Ibid., p. 218.
8   Ibid., p. 218.
9   Knights of Columbus, *Sacramentals: Signs of Religious Value* (New Haven, Catholic Information Service, 1953), p. 21.
10 Ibid., p. 23.
11 Ibid., p. 21, 23.
12 *Sacramentals*, Ibid. pp. 18-19.
13 Ibid., p. 19.
14 *Life in Christ*, p. 219.
15 Hardon, *The Catholic Catechism*, pp. 554-555.
16 Ibid.
17 *Life in Christ*, p. 139.
18 Ibid., p. 141.
19 Ibid., p. 142.
20 Ibid., p. 143.
21 Ibid., p. 143.

LECCIÓN 5

LA JUSTIFICACIÓN

¿Se recibe la justificación por la fe solamente o hay obras esenciales para nuestra salvación?

El Concilio de Trento en sus sesiones (1545-1563) hizo varias declaraciones contra la doctrina de la justificación por la fe:

> Si alguien dijera que la justificación por la fe fuera nada más que confianza (*fiducia*) en la misericordia divina, que remite los pecados por los méritos de Cristo, o que es sólo la confianza la que justifica – que el tal se considera anatema. Si alguien dijera que la fe recibida no se preserva y que también se aumenta ante Dios por las buenas obras, pero que estas buenas obras son meramente el fruto y la señal de la justificación obtenida, pero no la causa de su aumento – que al tal se considere anatema.[1]

Estas y otras declaraciones del Concilio de Trento se hicieron por la iglesia católica para refutar la doctrina central de la reforma: "justificación por la fe solamente." Notemos las implicaciones de estas declaraciones. La primera es que la salvación no se puede experimentar con sólo colocar la confianza en Cristo como nuestro Salvador. La segunda implicación es que la justificación se aumenta y preserva por las buenas obras. La tercera implicación es que las buenas obras no son los frutos y señales de la justificación recibida. La iglesia católica usa el concepto de la justificación como recibida y aumentada por las buenas obras como la base de la doctrina de las buenas obras, que incluye la participación de las personas en los sacramentos, las obras de caridad y otras prácticas devocionales.

Los evangélicos basan la doctrina de la justificación en la fe solamente en tales pasajes como Romanos 3:28; Efesios 2:8-9 y Gálatas 2:16. Este último versículo dice: "Sin embargo, al reconocer que nadie es justificado por las obras que demanda la ley sino por la fe en Jesucristo, también nosotros hemos puesto nuestra fe en Cristo Jesús, para ser justificados por la fe en él y no por las obras de la ley; porque por éstas nadie será justificado."

James White explica:

> La justificación es por la fe porque está en armonía con la gracia. Gracia — el favor gratis e inmerecido de

194

Dios — no se puede ganar, comparar o merecer. Por su naturaleza es gratis. La fe no tiene mérito en y por sí misma. No desempeña trabajo meritorio para así ganar gracia o favor. Confía en Dios el Dador de la gracia y es la única base por la cual Dios declara al pecador "justo" a la luz de la obra de Cristo."[2]

Al llevar a la gente al conocimiento salvador de Cristo y al hacerlos discípulos, es muy importante que entendamos la doctrina bíblica de la justificación. Somos salvos por la gracia por medio de la fe en Cristo solamente. Nuestras buenas obras son el resultado y la causa de nuestra justificación. El estudio de las siguientes porciones de la Escritura iluminan mucho esta verdad.

Santiago 2:14-26
¿La salvación por la fe y las obras meritorias?

De acuerdo a la doctrina católico romana, Santiago 2:14-26 enseña las obras meritorias junto con la fe como esenciales para la salvación de una persona. Para hacerlo así la iglesia apunta a la "justificación" y las "obras" para alabar a Abraham (2:21), Rahab (2:25) y por lo tanto, a todos los creyentes (2:24). Así la iglesia católico romana insiste que toda la vida de obras meritorias son parte integral de la justificación. ¿Y qué son estas obras? Como resultado, la persona es dirigida al sistema sacramental creado por la iglesia. ¿Pero es eso lo que enseña Santiago?

Primero, cualquier lector honesto de Santiago capítulo dos aclara que el autor realmente habla de la necesidad de demostrar la fe de uno, en vez de describir la manera como se logra.[3] Santiago simplemente dice que la fe sin obras es un oxymoron. Como Mateo 11:19, donde la sabiduría se demuestra por todos los resultados, de igual manera aquí las obras del justo justifican, esto es, verifican que la justificación del creyente es real. Douglas Moo reconoce esta fuerza fundamental. Él nota: "Es absolutamente vital entender que el punto principal de este argumento se expresa en tres tiempos (en vv. 17, 20, y 26) y no que las obras se deben *añadir* a la fe, sino que la fe genuina *incluye* obras"[4] (su énfasis). Para sustentar esta posición debemos considerar varios asuntos.

Segundo, note que en Santiago 2:14 en parte lee, "¿de qué le sirve a uno *alegar* que tiene fe, si no tiene obras?" (mi énfasis). Santiago se refiere a la gente que ostensiblemente son personas de "fe" en tensión, haciéndolas responsables de la verificación de las obras. Como Lutero se dio cuenta, la gente es justificada por la fe solamente, pero no por una fe que está vacía.

Finalmente, aunque tanto Santiago como Pablo usan los términos "obras" y "fe" los usan de maneras diferentes. Mientras que Pablo excluye la posibilidad que ninguna obra generada para llenar los requisitos de la ley para justificar pueda tener valor salvador (Romanos 3:20; Gálatas 2:16), Santiago, por su parte, enseña que la fe verdadera siempre irá acompañada de obras generadas por la perfecta ley de la libertad (1:25; 2:12). Aunque ambos usan el término "obras" quieren decir lo opuesto uno de lo otro— obras legalistas para Pablo, obras de caridad nacida del amor para Santiago. Así, Santiago está en completo acuerdo con Pablo quien en otra parte reconoce que aunque la salvación no es por obras, para que nadie se jacte (Efesios 2:9), el justo es salvo para buenas obras, para producir obras de caridad (2:10). Entonces, para Pablo la fe genuina es solamente la obra de Dios sin la intervención humana mientras.

NOTAS

1   Denzinger, 1662, 74 citado por Paul Schrotenboer, Roman Catholicism, 63, 64.

2   James White, *The Roman Catholic Controversy* (Minneapolis: Bethany House Publishers, 1996), 42.

3   Para una interpretación de Santiago 2 desde una perspectiva demostrativa vea Westminster Theological Journal Vol. XLII , Spring 1980

4   Douglas Moo, *James*, TNTC (Grand Rapids: InterVarsity Press, 1985), 99.

LECCIÓN 6

LA CONFESIÓN

La iglesia católico romana enseña que Cristo le dio poder a los apóstoles el poder de perdonar pecados.[1] Guardar el sacramento de la confesión significa que se urge a los católicos a confesar sus pecados al sacerdote.[2] El asunto que tenemos que considerar es: ¿a quién le confesamos nuestros pecados de acuerdo con la Biblia?

En Lucas 2:47, Jesús les recuerda a Sus discípulos que "en su nombre se predicarán el arrepentimiento y el perdón de pecados a todas las naciones." En Hechos 8:22, el apóstol Pedro reprende a Simón el mago y le dice: "arrepiéntete de tu maldad y ruega al Señor. Tal vez te perdone el haber tenido esa mala intención." Note que Pedro no le pide a Simón que se confiese con él ni hace nada para absolver o perdonar a Simón. En vez de eso, Pedro le pide a Simón que ore al Señor. En Hechos 10:43, Pedro le explica a Cornelio que todo el que cree en Jesucristo es perdonado en Su nombre. Pedro no le pidió a Cornelio que se confesara con él. En Hechos 13:38, Pablo le recuerda a su audiencia que por medio de Jesucristo se les predica el perdón de pecados. La Biblia enseña que la confesión debe de hacerse al Señor. En 1 Juan 1:9, leeremos: "Si confesamos nuestros pecados, Dios, que es fiel y justo, nos los perdonará y nos limpiará de toda maldad" (Estudie también Salmo 32:5; 51:4; 2 Samuel 12:13; Daniel 9:9).

Aunque encontremos en la Biblia tales conceptos como confesión recíproca (Santiago 5:16 "confiésense unos a otros sus pecados") y confesión pública antes del bautismo (vea Mateo 3:6), no existe enseñanza en la Escritura que instruya a la gente a confesarse con un sacerdote.

¿Qué en cuanto a las "llaves del reino"? Los católicos enseñan que las "llaves del reino" mencionadas por Jesús representaban el derecho de los apóstoles de perdonar pecados. Sin embargo, al examinar la Escritura, podemos responder los siguientes asuntos presentados por Brewer.[3]

¿Qué son las llaves del reino? Al estudiar los siguientes pasajes vemos claramente que las llaves fueron el mensaje de salvación. En 1 Juan 1:5, se ve que Juan fue muy cuidadoso en comunicar "el mensaje que hemos oído de él." Es la respuesta a este mensaje que resulta en la salvación y no la actividad o pronunciamiento de un siervo de Cristo. Juan explica: "Si confesamos nuestros pecados, Dios, que es fiel y justo, nos los perdonará y nos limpiará de toda maldad" (1 Juan 1:9). No hay ni idea que Juan se considerara como el dispensador del perdón de Dios en ninguna forma más que por medio de la proclamación del mensaje de salvación. Lo mismo es verdad con Pedro. En Hechos 8:22, no le ofrece el perdón a Simón (el mago) sino que lo urge para que "arrepiéntete de tu maldad y ruega al Señor. Tal vez te perdone el haber tenido esa mala intención." En Mateo 28:19-20, vemos de Nuevo que las llaves del reino fueron el mensaje del evangelio que a los apóstoles se les comisionó para que lo proclamaran en todo el mundo.

¿Se le dieron las llaves a Pedro solamente? En los siguientes pasajes vemos que las "llaves del reino" (el mensaje de salvación) no se le dieron a Pedro solamente. En Mateo 28:18-20 y Juan 20:22-23, vemos que la Gran Comisión le fue dada por Jesús a todos los apóstoles (excepto a Judas) después de Su ascensión. Por los tanto, se puede declarar que los otros apóstoles también tenían las "llaves del reino" porque tenían que proclamar el mensaje de salvación.

¿Qué de los intermediarios—podemos ir directamente a Cristo? Como lo hemos expresado previamente, la iglesia católica romana enfatiza el papel de iglesia, María y otros intermediarios. Sin embargo, el estudio de la Escritura nos lleva a la convicción que vamos directamente a Cristo con nuestras oraciones, adoración y peticiones. En Juan 10:9 Jesús afirma: "Yo soy la puerta; el que entre por esta puerta, que soy yo, será salvo." En Juan 14:6 Jesús declara: "Yo soy el camino, la verdad y la vida —le contestó Jesús—. Nadie llega al Padre sino por mí." Jesús no habla de mediadores por medio de los cuales la gente puede venir a Él. Los apóstoles entendieron esto claramente. Ante el sumo sacerdote, que muchos judíos consideraban como mediador, Pedro declaró: "En ningún otro hay salvación, porque no hay bajo el cielo otro nombre dado a los hombres mediante el cual podamos ser salvos," (Hechos 4:12). Pablo enfatiza esto cuando le escribe a Timoteo: "Porque hay un solo Dios y un solo mediador entre Dios y los hombres, Jesucristo hombre" (1 Timoteo 2:5). Hebreos 7:25 claramente enfatiza el papel de Jesucristo como nuestro único y suficiente Mediador: "Por eso también puede salvar por completo a los que por medio de él se acercan a Dios, ya que vive siempre para interceder por ellos."

NOTAS

[1] Vea Martin Farrell, *The New America Catechism* (Des Plaines, Illinois: FARE, Inc., 1978), 96

[2] Ibid., 96.

[3] Para una discusión de esto, vea Brewer, "The Fallacy of Catholicism," audiocinta, Mission to Catholics, P. O. Box 19280, San Diego, CA 92119.

LECCIÓN 7

EL PURGATORIO

Aunque la iglesia católica enseña que Jesucristo murió en la cruz para salvar la humanidad, ha añadido la doctrina del purgatorio a la doctrina bíblica de la salvación.

En 1274, el Segundo Concilio de Lyons hizo la siguiente declaración formal de la doctrina del purgatorio:

> Si los que verdaderamente se han arrepentido mueren en misericordia antes que hayan hecho suficiente penitencia por sus pecados de omisión y comisión, sus almas serán limpiadas después de la muerte en los castigos del purgatorio o en los castigos de limpieza. Los sufragios de los fieles en la tierra serán de gran ayuda para aliviar estos castigos, como por ejemplo, el sacrificio de la misa, oraciones, limosnas y otras obras religiosas que, en la manera de la iglesia, los fieles están acostumbrados a ofrecer a favor de otros de los fieles.[1]

La teología católico romana enseña que el purgatorio es un estado intermedio entre la muerte y el juicio final y que el alma de los fieles que mueren en pecado venial van al purgatorio para purgar por sus pecados. Existe diversidad de opinión en cuanto al tipo de sufrimiento y del lugar donde esto ocurre. Sin embargo, el concepto del purgatorio es una doctrina oficial de la iglesia católico romana. El purgatorio no vino a ser una doctrina oficial sino hasta el Concilio de Florencia en 1439. El subsiguiente Concilio de Trento "definió la existencia del purgatorio, con la insistencia que las almas detenidas allá son ayudadas por actos de intercesión de los fieles y especialmente por el sacrificio de la misa."[2]

El teólogo católico Avery Dulles, admite que "el purgatorio no se enseña específicamente en la Biblia." Menciona dos citas. Una de ellas es 2 Macabeos 12:45, que se refiere a la acción de Judas Macabeo al enviar una ofrenda a Jerusalén para hacer sacrificio por sus soldados que habían muerto en idolatría.[3] Este pasaje describe el evento durante las guerras macabeas en las cuales se encontraron "amuletos sagrados de ídolos de Jamnia" (v. 40) en la ropa de los soldados que habían muerto en la batalla. Judas Macabeo consideró eso un sacrilegio. Reunió dineros de sus soldados y envió una ofrenda a Jerusalén como sacrificio expiatorio para ser ofrecido por los pecados de los saldados.

Tres pasajes adicionales del Nuevo Testamento que algunos católicos usan en apoyo de la doctrina del purgatorio son: Mateo 5:26; Mateo 12:32 y 1 Corintios 3:15. Como se puede ver, el primer pasaje habla de una situación terrena con un juez terreno; el segundo pasaje habla del pecado contra el Espíritu Santo que no es perdonado ni esta vida ni en la siguiente. Este pasaje contradice el concepto del purgatorio que clama que la persona puede ser perdonada después de la muerte. El tercer pasaje usa la analogía del fuego "como por fuego," para explicar cómo las *obras* de los cristianos serán probadas (no las *personas* mismas sino las obras que ellos hacen).

La iglesia católica usa este pasaje para enseñar que la gente que muere en el estado de gracia, pero con pecados no confesados, tendrá que ir al purgatorio donde será limpiada y preparada para ir al cielo. Esta limpieza se puede lograr por medio de celebraciones de misas especiales por un sacerdote y oraciones ofrecidas por los amados a favor del fallecido.

Varias observaciones se tienen que hacer en cuanto a este pasaje. Primero, Macabeos describe una práctica *judía* no una práctica *cristiana*.[4] Segundo, este pasaje habla de la creencia en la *resurrección*, no de la creencia en el *purgatorio*. Tercero, este pasaje, de acuerdo a la teología católico romana tiene que referirse al pecado *mortal* (de la idolatría). De acuerdo a la teología católica solamente personas con pecados veniales no confesados irán al purgatorio. Los que tengan pecados mortales van al infierno, no al purgatorio.[5]

La Biblia enseña que las personas van al cielo o al infierno después que mueren. Estos pasajes son: Lucas 23:43; 2 Corintios 5:8-9, Lucas 16; Mateo 25:31-46; 1 Juan 5:13. Esta es otra de las doctrinas que la iglesia católica ha añadido que no tiene base en la Escritura. El peligro de esta doctrina es que puede ofrecer una esperanza falsa a personas que no han recibido a Cristo como su Salvador, que cuando mueran, sus familias orarán por ellos para que vayan al cielo. Una de las cosas más tristes de esta doctrina es que socava la seguridad de la salvación. La gente puede vivir una vida devota, cumplir con los requisitos de la iglesia, y aun así no tener el gozo ni la seguridad de su salvación.

Un examen de estos pasajes nos lleva a estar de acuerdo con el teólogo católico romano Richard McBrien: "Para todo propósito práctico, no existe base bíblica para la doctrina del purgatorio."[6]

NOTAS

[1] Hardon, *The Catholic Catechism*, 277.
[2] McBrien, 1144
[3] Hardon, *The Catholic Catechism*, 276
[4] Hocking presenta este punto
[5] Para una discusión de esto, vea Robleto, p. 110.
[6] Op. citada McBrien, 1143. McBrien declara: "No se quiere decir que no haya ninguna base para la doctrina, sino solamente que no hay una base claramente bíblica para la doctrina." Vea también Williams, *Contemporary Catholic Catechism*, p. 251.

LECCIÓN 8

LA CABEZA DE LA IGLESIA

En 1870, el Primer Concilio Vaticano declaró la primacía del papa como sucesor de Pedro y cabeza de la iglesia. El almanaque católico explica que:

> La primacía del papa es un poder real y supremo. No es simplemente una prerrogativa de honor – es decir el ser reconocido como el primero entre iguales. Ni la primacía implica que el papa sea simplemente el oficial que preside sobre la colectividad del cuerpo de obispos. El papa es la cabeza de la iglesia. El Segundo Concilio Vaticano elaboró esta doctrina. La enseñanza entera se basa en la Escritura, la tradición y la experiencia a través de los siglos de la iglesia.[1]

Los Documentos del Vaticano II afirman:

> A fin que el episcopado mismo sea uno y sin divisiones, Él [Jesucristo] colocó al bendecido Pedro sobre todos los otros apóstoles, y lo instituyó como una fuente visible y permanente y fundamento de unidad de fe y compañerismo. Toda esta enseñaza en cuanto a la institución, la perpetuidad, la fuerza y la razón para la sagrada primacía del pontífice de Roma y de su infalible autoridad para enseñar, este Sínodo sagrado de nuevo lo propone para ser firmemente creído por todos los fieles.[2]

La porción principal de la Escritura que usa la iglesia católico romana para sustentar su contención que Jesucristo edificó la iglesia sobre Pedro es Mateo 16:18 "Yo te digo que tú eres Pedro, y sobre esta piedra edificaré mi iglesia, y las puertas del reino de la muerte no prevalecerán contra ella." El argumento de la iglesia católica es que la "roca" se refiere a Pedro. Sin embargo, el idioma griego, en el cual se escribió el Nuevo Testamento, hace una distinción entre Pedro y la roca. La palabra "*pétros*" está en género masculino y significa una piedra separada. La palabra "*pétra*" es de género femenino y significa la base de la roca o de donde viene la roca. A Pedro siempre se le refiere en la segunda persona (tú), mientras que la "roca" se refiere a un demostrativo cercano en tercera persona (esta). Cristo le indicaba a Pedro algo diferente a él mismo como el fundamento de la iglesia. Es importante indicar que el versículo no dice: "Tú eres *'pétros'* y sobre este *'pétros'* edificaré mi iglesia." ¿Por qué el versículo distingue entre los dos? La razón es que un significado específico se comunicaba con el uso de las dos palabras. Algunos presentarán el argumento que Jesús hablaba en arameo cuando dijo esto, lo cual es verdad. Sin embargo, dos hechos tienen que considerarse. Primero, ¿por qué simplemente el Espíritu Santo no transliteró una palabra en arameo en otro caso cuando Pedro es llamado Cefas? El Espíritu Santo guió a los escritores a hacer la distinción. El segundo hecho es que la iglesia católica aceptó el canon griego y no reconoció el canon arameo. ¿Sería inconsistente aceptar todo el canon griego, excepto por este versículo?[3]

La "*pétra*" que se usa aquí apunta a la confesión hecha por Pedro. "Tú eres el Cristo, el Hijo del Dios viviente." Esto va bien con la pregunta que Jesús le hizo a Pedro en el versículo 13: "¿Quién dice la gente que es el Hijo del hombre?" La pregunta no era quién era Pedro sino quién era Jesucristo. La respuesta de Pedro le fue revelada por Dios (v. 17). La revelación tenía que ver con la divinidad de Jesús. **Es sobre esta roca sólida** ("*pétra*") que la iglesia de nuestro Señor Jesucristo se edifica. Además, James McCarthy nos recuerda que Mateo se escribió para una audiencia judía. Cita a G. Campbell Morgan, quien afirma que la palabra "roca" en toda la Escritura hebrea, fue usada simbólicamente para referirse a Dios.[4] Tales pasajes incluyen 1 Samuel 2:2; Salmo 18:32 e Isaías 44:8.

Pedro mismo afirma que Jesús es la "*pétra*" cuando dice:

> "Miren que pongo en Sión una piedra principal escogida y preciosa, y el que confíe en ella no será jamás defraudado." Para ustedes los creyentes, esta piedra es preciosa; pero para los incrédulos, "la piedra que desecharon los constructores ha llegado a ser piedra angular", y también: una piedra de tropiezo y una roca que hace caer a los destinados (1 Pedro 2:6-8).

La palabra usada para piedra en este pasaje es "*lithon*," pero, la palabra usada para "piedra de tropiezo" es "*pétra*." Esta es la misma palabra que Pablo usó en 1 Corintios 10:3-4 para referirse a Cristo.

> Todos también comieron el mismo alimento espiritual y tomaron la misma bebida espiritual, pues bebían de la roca espiritual que los acompañaba, y la roca era Cristo.

Existe evidencia tanto en el Antiguo como el Nuevo Testamento que el simbolismo de la roca se refiere a Dios y luego a Cristo. Es importante asentar la verdad que la iglesia no es construida sobre un hombre, **sino sobre Jesucristo, el Hijo del Dios viviente.**[5]

Bartholomew F. Brewer, que era un sacerdote católico romano y autor de *Pilgrimage from Rome*,[6] hace las siguientes observaciones en relación con la enseñanza católico romana que la iglesia se edificó sobre Pedro.[7]

1. ¿Actuó Pedro como si fuera la cabeza de la iglesia?

En Hechos 8:14, los apóstoles enviaron a Pedro y a Juan para que examinaran el ministerio de Felipe en Samaria. No fue Pedro el que envió a alguien. Él fue enviado por los apóstoles.

En Hechos 10:25-26, Cuando Cornelio cayó a los pies de Pedro en reverencia, Pedro le dijo: "Levántate, pues yo mismo también soy hombre."

En 1 Pedro 5:1, Pedro se llama a sí mismo "compañero" de los demás ancianos. No hay evidencia que él se haya considerado como alguien que tenía autoridad sobre los apóstoles.

2. ¿Actuaron los otros apóstoles como si Pedro fuera la cabeza de la iglesia?

Si Pedro hubiera sido designado por Jesús como el pontífice supremo, ¿por qué continuaron los apóstoles debatiendo quién de ellos era el más grande? Vea Marcos 9:34; Lucas 22:24.

En Gálatas 2:1-10, Pablo describe su viaje a Jerusalén para reunirse con los líderes (Santiago, Pedro y Juan). Note que no se reunió con Pedro a solas. Como resultado de esta reunión, se acordó que Pablo y Bernabé enfocaran su ministerio en los gentiles. Los líderes, incluyendo a Pedro, irían a los judíos.

En 2 Corintios 12:11 Pablo declara: "nada he sido menos que aquellos grandes apóstoles, aunque nada soy." ¿Hubiera hecho tal afirmación si Pedro hubiera sido reconocido como el vicario de Jesucristo?

3. ¿A quién afirman las epístolas como la cabeza de la iglesia?

Efesios 1:22; 2:20-21; 5:23; Colosenses 1:18; 1 Corintios 3:11. Estos pasajes dejan bien claro que Jesús es la cabeza de la iglesia.

4. ¿Quién resolvió el problema del concilio de Jerusalén?

¿Pedro o Santiago? En Hechos 15:13-20 Pedro y Pablo, y otros dieron su testimonio de lo que Dios había estado haciendo entre los gentiles. Fue Santiago, sin embargo, quien propuso la solución al problema que encaraban. La carta enviada a los gentiles decía: "ha parecido bien al Espíritu Santo, y a nosotros. . ." No hay mención de que Pedro haga un pronunciamiento autoritativo que proclamara la resolución de este problema.

5. ¿Quién reprendió a Pedro?

En Gálatas 2:11-14, Pablo reprendió a Pedro por su hipocresía y mala influencia sobre Bernabé. Pedro comía con los gentiles, pero cuando aparecieron los judíos se retiró de los gentiles dando la impresión que todavía observaba las restricciones judías.

6. ¿Quién es el sumo sacerdote de la iglesia?

En 1 Pedro 3:18; Hebreos 7: 26-27; Hebreos 9:25-28 y Efesios 1:22, Cristo es el sumo sacerdote de la iglesia. Efesios 2:20 deja bien claro que la iglesia "edificados sobre el fundamento de los apóstoles y los profetas, siendo Cristo Jesús mismo la piedra angular."

De estas porciones de la Escritura aprendemos que Pedro era un apóstol por derecho propio (1 Pedro 1:1), Pedro jamás fue elevado sobre otros y no actuó como si fuera la cabeza de la iglesia. Los otros apóstoles no trataron a Pedro como si fuera la cabeza de la iglesia. Pedro mismo dijo que la iglesia se edificaba en Jesús y las epístolas afirman esta enseñanza. Fue Santiago no Pedro quien propuso la solución al problema discutido en el Concilio de Jerusalén. Pablo sintió que tenía la libertad de reprender a Pedro por su inconsistente conducta de comer con los gentiles creyentes, pero luego de retirarse de ellos cuando los judíos aparecieron. Finalmente en el libro a los Hebreos encontramos la clara y autoritativa doctrina que Jesús es el todo suficiente sumo sacerdotes de la iglesia. La iglesia se edifica en Jesucristo, el Hijo del Dios viviente, y no en e

NOTAS

1   Felician Catholic Almanac, op, Cit., 182.
2   Abbot, Documents of Vatican II, p. 38.
3   Vea McCarthy, *The gospel According to Rome*, 242, 43.
4   McCarthy, *The Gospel According to Rome*, 240, 41
5   Para un tratamiento a fondo de esta doctrina lea William Webster, The Matthew 16 Controversy: Pedro y la Roca (Battleground: Christian Resources Inc., 1999).
6   Bartholomew, F. Brewer, Pilgrimage from Rome (Greenville, SC: Bob Jones University Press, 1986).
7   Brewer, The Primacy of Peter, op. cit.

LECCIÓN 9

EL BAUTISMO

En el proceso de hacer discípulos uno de los asuntos más importantes es la necesidad de tratar con el bautismo. Los dos aspectos principales de este asunto son la edad en que la persona se debe bautizar y el significado del bautismo cristiano.

Es común que una persona de trasfondo católico que ha tenido la experiencia de la salvación por medio de la fe en Jesucristo pregunte: "¿por qué tengo que bautizarme otra vez? ¿No era válido el primer bautismo?" Estas preguntas tienen que tratarse con sensibilidad e integridad. Una implicación a esta pregunta es que los padres del nuevo creyente eran sinceros cuando lo bautizaron. Su sinceridad tiene que aceptarse sin cuestionamientos. Indudablemente, deseaban que su bebé se relacionara debidamente con Dios desde el principio. Los padres tienen que ser afirmados en este deseo. Pero la pregunta que tiene que hacerse es: ¿es la sinceridad suficiente? Hubo un tiempo cuando ciertos tipos de inoculaciones se administraban a los niños en la creencia que prevendrían ciertas enfermedades. Ahora sabemos que algunas de esas inoculaciones tenían efectos laterales potenciales que eran peores que la enfermedad que se trataba de evitar. Por lo mismo, los padres del nuevo creyente tenían las mejores intenciones cuando hacían bautizar a sus niños, pero a la luz de lo que la Biblia enseña, el bautismo infantil no imparte salvación al bebé y puede darle un falso sentido de seguridad en relación con la vida eterna. Lo que debe hacerse no es condenar a los padres por haberlos bautizado de bebitos, no hay que condenarlos por sus buenas intenciones sino invitarlos a estudiar lo que la Biblia dice del bautismo infantil y del bautismo de creyentes.

Pasajes bíblicos que usa la iglesia católica

La iglesia católica usa varios pasajes de la Escritura para apoyar la práctica del bautismo infantil. Sin embargo, se tiene que indicar desde el principio que no existe ni un solo versículo en la Biblia que explícitamente enseña el bautismo infantil. La iglesia católica usa los siguientes pasajes:

Las familias que fueron bautizadas

La Biblia registra varias familias que fueron bautizadas. Primero, encontramos que Pedro bautizó a Cornelio y su casa (Hechos 10:48). Luego, encontramos a Pablo y sus compañeros de trabajo bautizando a Lidia y su casa (Hechos 16:15), el carcelero de Filipo y su casa (Hechos 16:33), Crispo y su casa Hechos 18:8, y la casa de Estéfanas (1 Corintios 1:16). El argumento que se presenta es que si la "casa" se bautizó, entonces se incluía los niños de estas familias y que esto justifica la práctica católica de bautizar infantes. ¿Pero qué es lo que la Biblia enseña? La Biblia dice que se bautizaron a los que *creyeron*. El carcelero de Filipo "en seguida fue bautizado él y toda su familia." Oyeron la buenas nuevas de salvación, pusieron su fe en Cristo y entonces se bautizaron. Este patrón se encuentra en otras ocasiones citadas en la Escritura. Los bebés no tienen la capacidad mental para entender el evangelio y personalmente poner su fe en Cristo. La enseñanza bíblica es que creer es un prerrequisito para el bautismo (p. ej., Hechos 2:40; Marcos 16:16).

Los niños fueron presentados a Jesús

La iglesia católica también cita Lucas 18:16-17 para apoyar su argumento a favor del bautismo de niños. En este pasaje, Jesús dice: "Dejen que los niños vengan a mí, y no se lo impidan, porque el reino de Dios es de quienes son como ellos. Les aseguro que el que no reciba el reino de Dios como un niño, de ninguna manera entrará en él."

A fin de entender este pasaje más claramente, el contexto tiene que estudiarse. Como McCarthy lo indica, éstos eran padres judíos que traían a sus niños a Jesús para que les impusiera sus manos y orara. Y eso fue precisamente lo que hizo Jesucristo. Él los *bendijo* no los *bautizó*.[1]

La verdad del asunto es que este pasaje en sí provee suficiente razón para oponerse la práctica de la iglesia católica de bautizar niños para limpiarlos del pecado original. Si tenemos que ser como los niños para recibir el reino de Dios, es su fe sencilla e inocente la que nosotros, como adultos, debemos tener a fin de recibir la gracia salvadora.

El texto habla del nuevo nacimiento

La iglesia católica usa Juan 3:5 para apoyar su argumento que la gente recibe gracia por medio del sacramento del bautismo. "Yo te aseguro que quien no nazca de agua y del Espíritu, no puede entrar en el reino de Dios."

Lo que la Biblia enseña del bautismo

Bautismo de creyentes

La Biblia enseña que la gente necesita creer en Jesucristo antes de ser bautizado.

Hechos 2:41 dice: "Así, pues, los que recibieron su mensaje fueron bautizados, y aquel día se unieron a la iglesia unas tres mil personas." Este era el mensaje del evangelio presentado por Pedro el día de Pentecostés. Al oír el mensaje, "se sintieron profundamente conmovidos" y le dijeron a Pedro y a los otros apóstoles "Hermanos, ¿qué debemos hacer?" (Hechos 2:37). Pedro les respondió: "Arrepiéntanse y bautícese cada uno de ustedes en el nombre de Jesucristo para perdón de sus pecados" (v. 38). Los que fueron bautizados tenían la capacidad de entender el mensaje, arrepentirse de sus pecados y hacer una decisión personal para ser bautizados. Esta porción, junto con otros versículos de la Biblia (p. ej., Marcos 16:16: Hechos 8:12), aclaran que la persona tiene que hacer la decisión personal de colocar su fe en Jesucristo como Salvador antes de ser bautizado. Los niños no pueden hacer esto, por lo tanto, el bautismo bíblico se reserva para los que han hecho la decisión de recibir a Cristo.

El bautismo es un símbolo externo de una realidad interna

Uno de los pasajes más claros en cuanto al significado del bautismo se encuentra en Romanos 6:3-4 que dice: "¿Acaso no saben ustedes que todos los que fuimos bautizados para unirnos con Cristo Jesús, en realidad fuimos bautizados para participar en su muerte? Por tanto, mediante el bautismo fuimos sepultados con él en su muerte, a fin de que, así como Cristo resucitó por el poder del Padre, también nosotros llevemos una vida nueva." El bautismo es un símbolo externo de una realidad interna. Cuando recibimos a Cristo como nuestro Salvador, morimos a nuestra vida pasada y empezamos a vivir una vida nueva que Él nos ha dado. El bautismo por inmersión, por lo tanto, es un cuadro gráfico de la muerte y la resurrección de Cristo. El significado literal de la palabra griega *baptizo* es sumergir.

El bautismo es un acto de obediencia

Antes de ascender al cielo, Jesús les dio a sus discípulos sus instrucciones finales:

Jesús se acercó entonces a ellos y les dijo: —Se me ha

dado toda autoridad en el cielo y en la tierra. Por tanto, vayan y hagan discípulos de todas las naciones, bautizándolos en el nombre del Padre y del Hijo y del Espíritu Santo, enseñándoles a obedecer todo lo que les he mandado a ustedes. Y les aseguro que estaré con ustedes siempre, hasta el fin del mundo (Mateo 28:18-20).

Los discípulos recibieron las siguientes instrucciones de Cristo. En Hechos 2:40 leemos: "los que recibieron su mensaje fueron bautizados." En Hecho 9:18 leemos que después que Pablo había tenido las maravillosas experiencias con Jesús, Ananías oró por él y Pablo "Se levantó y fue bautizado."

Por lo tanto, el bautismo de creyentes, es el símbolo externo de una realidad interna (el nuevo nacimiento) y un acto de obediencia a Cristo, quien mandó a sus seguidores a compartir las buenas nuevas de salvación y a bautizar a los que pusieran su confianza en Él. El estudio de los siguientes pasajes bíblicos iluminará más esta doctrina.

Juan 3:5
¿Es el bautismo esencial para la salvación?

La iglesia católico romana tradicionalmente ha visto a Juan 3:5 como corroboración del sacramento del bautismo de agua. La iglesia insiste que cuando Cristo declara: "quien no nazca del agua . . ." indica la necesidad del bautismo de agua como conducto sacramental de la gracia de Dios por medio de la justificación inicial. Como Kart Keating afirma, "Jesús dijo que nadie puede entrar en el reino de los cielos a menos que haya nacido de agua y del Espíritu Santo (Juan 3:5)."[2] Consecuentemente, cuando el sacerdote toca el agua e invoca la venida del Espíritu Santo en los aproximadamente dieciséis millones de niños que anualmente en Norteamérica la iglesia católico romana pasa por el sacramento del bautismo, el sacerdote continúa proclamando que los que han sido sepultados con Cristo en la muerte del bautismo también son igualmente levantados a una nueva vida. La iglesia católico romana defiende esta posición al reunir apoyo de los padres de la iglesia.[3] Pero ¿es este el verdadero significado de las palabras de Cristo?

Tenemos que revisar varios puntos para traer el texto a su contexto apropiado. Primero, históricamente, es equivocado suponer que Cristo hablaba de la práctica del "bautismo cristiano" ya que el bautismo practicado por la iglesia todavía no existía. Históricamente es más preciso creer que cuando Cristo habló del "bautismo" probablemente tenía en mente los lavados rituales realizados por al religión judía. El hecho que Jesús corrigiera a Nicodemo por no estar consciente de "estas cosas" (3:10) fuertemente sugiere que a este "maestro de Israel" se le culpaba su falla en entender el significado "espiritual" de las prácticas que eran comunes en la tradición religiosa de Israel, no por la falta de clarividencia al fallar y no ver anticipadamente la práctica cristiana.

El simbolismo del agua en conexión con la obra del Espíritu de Dios de inmediato se ve en el Antiguo Testamento. Varios textos serán suficientes para demostrar que el agua es el símbolo de la obra del Espíritu:

> **Salmo 51:2,** "Lávame de toda mi maldad y límpiame de mi pecado." Aunque no se menciona expresamente el "agua" se implica en el "lavamiento." Sin embargo, note que el salmista está consciente que su problema es interno (v. 6). Tal obra no se puede resolver por medio de un lavamiento externo con agua. Además, si el lavamiento literal se esperara entonces debiera de seguirse con la purificación con hisopo (v. 7). Claramente, el lenguaje es metafórico de la limpieza lograda por el Espíritu de Dios.

> **Isaías 1:16:** "¡Lávense, límpiense! ¡Aparten de mi vista sus obras malvadas! ¡Dejen de hacer el mal!" Es claro aquí que la limpieza no es física, sino en vez un cambio radical de conducta.

> **Jeremías 33:8:** "Los purificaré de todas las iniquidades que cometieron contra mí; les perdonaré todos los pecados con que se rebelaron contra mí." De nuevo el lenguaje de "limpieza" es simbólico porque no ha habido tiempo cuando Israel haya sido físicamente bautizado. El cruce del Mar Rojo no puede ser el significado porque es un evento en el pasado.

> **Ezequiel 36:25-26:** "Los rociaré con agua pura, y quedarán purificados. Los limpiaré de todas sus impurezas e idolatrías. Les daré un nuevo corazón, y les infundiré un espíritu nuevo; les quitaré ese corazón de piedra que ahora tienen, y les pondré un corazón de carne." Aquí Dios usa el efecto de la limpieza del agua como símbolo de la obra regeneradora de Su Espíritu.

Estos versículos serán suficientes para demostrar que el agua literal nunca es un agente activo en producir limpieza del pecado o la regeneración. El agua siempre es simbólica de la obra del Espíritu Santo. Todo esto sugiere que ser "nacido de agua y del Espíritu" como lo anota Juan 3:5 puede ser la manera en que Jesús se refería a la obra histórica de la regeneración.

Segundo, que Jesús no se refiere al bautismo en agua como condición inicial para la justificación es evidencia abrumadora del resto del evangelio de Juan. Como Norman Geisler y Ralph Mackenzie indican: "Además, si aquí se especificara el bautismo como condición para la salvación, entonces esto sería contradictorio a todo lo que el entero evangelio de Juan dice: 'para que todo aquel que cree en él no se pierda, sino que tenga vida eterna' (Juan 3:16; vea los vv. 18, 36). Es más, todos los versículos que sólo demandan creer no se limitan a este encuentro. Están esparcidos en todo el evangelio de Juan (p. ej., Juan 5:24; 6:35; 7:28; 8:24; 9:35; 10:38; 11:26; 12:44-48; 20:31)".[4] Es simple eiségesis, impulsada por presuposiciones ideológicas, tomar el pasaje de Juan 3:5, que se abre a varias interpretaciones e imponer un significado cuestionable tal que contradice lo que es la inmensa enseñanza del evangelio. Al hacerlo así, como Norman Geisler y Ralph Mackenzie notan de la iglesia católica, ésta ha leído ritual sacramental en la realidad; se ha confundido el símbolo con la sustancia.[5]

Pero si el bautismo con agua no se describe, entonces ¿cuál es el significado? Existen varias posibilidades:

"Nacer del agua" se puede referir al agua del niño antes de nacer, así Jesús dice que los salvos nacen biológicamente en el mundo, pero espiritualmente al reino de Dios (vea 3:4).

"Nacer del agua" puede ser una manera simbólica de hablar del poder regenerador de la palabra de Dios (Efesios 5:26; 1 Pedro 1:23).

Como se notó con el uso de "agua en el Antiguo Testamento cuando se habló del Espíritu de Dios, "nacer de agua" puede ser sinónimo de "nacer del Espíritu." Consecuentemente algunos traducen el texto de la siguiente manera: "Tienes que nacer del agua (o sea) del Espíritu."[6]

"Nacer del agua" se puede referir al bautismo de arrepentimiento practicado por Juan el Bautista (Mateo 3:2, 11). En este caso puede ser que Jesús reconociera la insuficiencia de arrepentimiento solamente como simbolizado por el bautismo de Juan. Hay más en cuanto a la salvación que sólo el arrepentimiento del pecado. La regeneración preactiva de la persona del Espíritu también es indispensable.

Lo que debe notarse en todas las posibilidades anteriores es que en ninguna parte el bautismo cristiano está a la vista y ciertamente no el bautismo de regeneración.

Tercero, al solidificar nuestra convicción que Juan 3:5 no enseña la necesidad del bautismo de agua solamente tenemos que indicar al ladrón en la cruz quien se salvó muy aparte de cualquier bautismo (Lucas 23:43) y a Cornelio quien fue salvo antes de su bautismo cristiano (Hechos 10:45).[7]

Finalmente, apelando a los padres en apoyo de la doctrina bíblica puede ser problemática. Aparte del hecho que solamente la Biblia es inspirada e infalible, los padres a menudo son contradictorios en sus puntos de vista doctrinarios. Es equivocado seleccionar y escoger selecciones aisladas de un teólogo antiguo o de un obispo, mientras que se ignoran los muchos lugares en que se está en desacuerdo y en cómo sus afirmaciones encajan comprensivamente en sus creencias.

NOTAS

[1]   James G. McCarthy, The Gospel According to Rome, (Eugene: Harvest House Publishers, 1995), 324.

[2]   Karl Keating, *Catholicism and Fundamentalism*, (San Francisco, Ca.: Ignatius Pres, 1988), 178. Vea también Ludwig Ott, *Fundamentals of Catholic Dogma*, (Rockford Ill.: Tan Books and Publishers, 1960), 354.

[3]   La Iglesia Católico Romana cita La *Epístola de Bernabé*, Justino, Tertuliano, y Cipriano in apoyo del bautismo de niños.

[4]   N. L. Geisler and R. E. Mackensie, Roman Catholics and Evangelicals: Agreements and Differences, (Grand Rapids: Baker Books, 1995), 484.

[5]   Ibid., 485.

[6]   Como la frase "nacido del agua y del Espíritu" está gobernada por una sola preposición (*ejx udatov kaiv pneuvmatov*) la conjunción "y" (*kaiv* se ve como epexegetical significando así, *es decir*. Consecuentemente la frase se puede traducir "nacido del agua es decir el Espíritu".

[7]   Otros textos que prueban que la salvación es independiente del bautismo cristiano que incluyen Hechos 2:41; 8:13; 18:8. En 1 Corintios 1:17 Pablo hace una distinción entre el evangelio y el bautismo, lo cual es catastrófico para el bautismo de regeneración. La declaración de Pablo es casi herejía si el sacramento del bautismo es salvador y esencial para el evangelio.

CUARTA PARTE

CONTEXTUALIZAR LAS ESTRATEGIAS

CAPÍTULO 8

DESARROLLAR ESTRATEGIAS EVANGELIZADORAS

Introducción: El viaje de Rafael

Una de las bendiciones que recibimos mientras que servíamos como misioneros en la república de Panamá y enseñábamos en el Seminario Bautista Teológico de Panamá fue el compañerismo con Rafael. El había crecido en un devoto hogar católico romano en Honduras. Su deseo de ser sacerdote empezó cuando sirvió como acólito o monaguillo en la parroquia local. Tenía una mente brillante que le ayudaba a memorizar grandes porciones del manual del catecismo. Como adolescente se matriculó en una escuela antes de ir al seminario. Su admiración por sus profesores creció al observarlos y logró un conocimiento personal de su devoción por la iglesia y por la gente a la cual servían. Al completar el entrenamiento del seminario, Rafael fue ordenado sacerdote.

Como sacerdote, Rafael halló gran satisfacción al oficiar la misa y servir a la gente. Una de las cosas que le irritaban, sin embargo, era el hecho que muchos padres seguían las sugerencias del santoral del almanaque católico para nombrar a sus hijos en el bautismo. Algunos de los nombres fueron de santos reconocidos mientras que otros fueron de personalidades oscuras. Para hacer peor las cosas, algunos padres seleccionaban solamente porciones de un nombre encontrado en el santoral del almanaque. Por ejemplo, en el día de la Inmaculada Concepción, algunos padres seleccionaban el nombre "Concepción" para su hijo o hija. Rafael argüía con los padres en contra de ponerle a su niño un nombre extraño con el cual tendría que vivir por el resto de su vida.

Inicialmente, Rafael se concentró en sus deberes sacerdotales sin ninguna duda o reservación. Sin embargo, con el correr del tiempo, empezó a cuestionar si en verdad tenía el poder de transformar el pan y el vino en el cuerpo y la sangre real de Jesucristo en la celebración de la eucaristía. Cuando expresaba estas dudas, su obispo le decía que era incorrecto cuestionar las enseñanzas de la iglesia católica. Se pensó que no tenía suficiente trabajo para desafiarlo intelectualmente, el obispo le asignó una tarea. El número de evangélicos estaba creciendo persistentemente en Honduras, por eso el obispo le asignó a Rafael la tarea de estudiar la Biblia y desarrollar maneras para refutar las enseñanzas evangélicas con la Escritura. Aceptó el desafío, Rafael emplearía muchas horas cada semana estudiando cada una de las doctrinas evangélicas a la luz de la Escritura. Su investigación, sin embargo, lo llevó en una dirección inesperada. Entre más estudiaba la Biblia, se aumentaban las preguntas sobre su propia iglesia. En adición a la eucaristía, empezó a tener preguntas del fundamento bíblico de las doctrinas católicas tales como la penitencia, la confirmación, el bautismo, la eucaristía y la necesidad de las obras para merecer la salvación. Al estudiar, su frustración aumentaba porque los profesores del seminario que admiraba como estudiante, se mantuvieron usando las tradiciones de la iglesia como fundamento para estas creencias en contra de la Biblia misma. Con el avance del tiempo, entre más preguntas hacía, más se alienaba de sus superiores. Frustrado y confundido, Rafael abandonó el sacerdocio y se trasladó a su país natal, Panamá.

Un día al viajar en tren a través del istmo de la ciudad de Panamá hasta Colón, Rafael vio a un hombre norteamericano sentado al otro lado del pasillo leyendo su Biblia. Rafael se acercó y le preguntó: "¿Entiende usted ese libro?" El hombre le respondió: "Con la ayuda del Espíritu Santo, continúo aprendiendo de él cada día. Lo que es más importante es que el mensaje que se encuentra en este libro cambió mi vida completamente." Rafael le inquirió como había sido eso. El hombre respondió compartiendo su testimonio de su conversión a Cristo y usaba pasajes de la Escritura para explicar cómo la gente puede recibir el perdón de sus pecados y tener la seguridad de estar en paz con Dios al colocar su fe en Jesucristo como su Salvador personal. "Eso," replicó Rafael, "es lo que he estado buscando toda mi vida. Fui un sacerdote católico romano por muchos años, pero no estuve seguro a dónde iría cuando muriera." Escuchó atentamente la respuesta a sus preguntas con pasajes bíblicos, y nunca arguyó con él de sus creencias. Al tiempo en que terminaba el viaje, Rafael oró recibiendo a Cristo como su Salvador personal. Sabiendo que Rafael todavía tenía muchas preguntas doctrinales que necesitaban respuesta, el hombre que más tarde encontró era el misionero Paul C. Bell, lo invitó a participar en un estudio de la Biblia semanal. Cada martes en la noche, Rafael se presentaba en la casa del misionero con la Biblia en la mano y con muchas preguntas en su mente. Al encontrar las respuestas bíblicas para sus preguntas creció el gozo de Rafael y aumentó su confianza. Después de dos años de estudio, Rafael sintió el llamamiento real para servir de pastor en una iglesia que el misionero había iniciado. En adición a sus deberes pastorales, Rafael enseñó en el seminario por treinta años y fue el instrumento para la preparación de muchos para el ministerio cristiano. Siempre fue un deleite la experiencia de oírlo hablar de su "viaje que cambió su vida."

LECCIONES DE ESTRATEGIA EVANGELIZADORA

Introducción

Como lo hemos notado en todos los estudios de este libro, muchos evangélicos sinceros, dedicados, bien intencionados han cometido serios errores al tratar de guiar a las personas de trasfondo católico romano a una relación personal con Jesucristo. Uno de los errores más comunes que algunos evangélicos han hecho es el de tratar de hacer que los católicos hagan la decisión de recibir a Cristo en la primera visita. Aunque es verdad que algunos católicos con quienes el Señor ya ha estado obrando serán receptivos en la primer visita, la verdad es que para la vasta mayoría de ellos se tiene que haber establecido una relación de confianza antes se que abran para escuchar el testimonio de una persona y la presentación del plan de salvación. Un segundo error que cometen algunos evangélicos es asumir que todos los católicos son lo mismo. Esta imagen estereotipada lleva a algunos evangélicos a intentar el uso de los mismos métodos evangelizadores con todos ellos.

Como resultado de los errores, muchos católicos están confundidos, y hasta ofendidos, por la imagen que de ellos tienen algunos evangélicos al tratar de testificarles. A menudo esto también resulta en que simplemente los católicos no entienden de lo que los evangélicos están hablando. Un tercer error que cometen algunos evangélicos es el de tratar de probar que los católico romanos están equivocados en todo lo que creen y practican. Se asume de parte de algunos evangélicos que si se les puede convencer a los católicos que están equivocados, éstos automáticamente llegarán a ser receptivos al mensaje del evangelio. En la mayoría de los casos, sucede lo contrario. Los católicos a menudo se sienten ofendidos, amenazados y disgustados cuando sus creencias y prácticas, que son queridas para ellos, son criticadas y atacadas. El cuarto error, que está relacionado con el anterior, es que algunos evangélicos creen que tienen que "corregir a los católicos" en cada punto doctrinal antes que sean receptivos al mensaje del evangelio. Al hacerlo así, a menudo se concentran en puntos que son importantes, pero no esenciales para la salvación. A fin de ser testigos eficaces, los evangélicos tienen que enfocarse en una *relación personal de la salvación en Jesucristo.* Este es el asunto más significativo que tiene que tratarse. Muchos católicos son tan sinceros, dedicados y devotos como los evangélicos más dedicados. El punto principal es que muchos de ellos no han recibido a Cristo como su

Salvador personal. Esto tiene que ser el enfoque de nuestro testimonio. Un quinto error que cometen algunos evangélicos es que desean que los católicos abandonen sus prácticas (p. ej., su devoción a la virgen María y a los santos) inmediatamente después de haber hecho su profesión de fe en Cristo. Lo que muchos evangélicos no saben es que toma tiempo para que los católicos que han tenido la experiencia salvadora con Cristo aclaren estos asuntos doctrinales al estudiar la Palabra de Dios.

En este capítulo trataremos con estos errores al presentar algunas estrategias positivas de evangelización. La lección 10, "cómo cultivar la amistad para compartir el mensaje" se puede usar como la estrategia de capacitación para ayudar a los miembros de la iglesia evangélica para que sepan como cultivar amistades y comunicar el mensaje de salvación de maneras relevantes. La lección 11 "métodos para los diferentes grupos dentro del catolicismo," puede ayudar a los evangélicos, a estar más conscientes de los diferentes tipos de católicos que existen y las diferentes metodologías que se necesitan para comunicarse con cada grupo. La lección 12: "alcanzar a nuestros amigos católicos," puede ser útil para alcanzar este grupo tanto como instructivo para alcanzar otros grupos culturales.

LECCIÓN 10

CULTIVAR RELACIONES PARA TESTIFICAR

La evangelización personal es un de los medios más eficaces para guiar la gente al conocimiento de la salvación en Jesucristo. Por lo tanto, es necesario capacitar gente en nuestras iglesias para que testifiquen con confianza e inteligencia. En esta lección revisaremos algunos de los métodos evangelizadores que más comúnmente se usan y presentaremos un plan detallado para la evangelización relacional.

Tipos de evangelización en el Nuevo Testamento

Al estudiar el Nuevo Testamento, encontramos que existe una diversidad de modos de testificar a los que necesitan oír el mensaje de la salvación. Aunque se tiene un mensaje, se comunica de diferentes maneras dependiendo del trasfondo y las necesidades espirituales de los simpatizantes.

Evangelización de visitación – Encuentros planeados

Hechos 5:42 dice: "Y día tras día, en el templo y de casa en casa, no dejaban de enseñar y anunciar las buenas nuevas de que Jesús es el Mesías." La evangelización de visitación tiene algunos beneficios distintivos.

1. Beneficios de la evangelización de visitación

    a) Frecuentemente alcanza a personas que de ninguna manera se relacionan con la iglesia. Son personas que no tienen amigos o familiares que asisten a la iglesia. A menos que los cristianos vayan a conocerlos, jamás escucharán el mensaje.

    b) Este tipo de evangelización también alcanza a personas con las cuales Dios ya está en acción de algún modo. Al visitar a personas de nuestro vecindario hallaremos a los que ya están listos para oír el mensaje de la salvación porque otra persona ya ha sembrado la semilla del evangelio o algo sucede en sus vidas.

    c) Este tipo de evangelización ayuda por ser sistemático. En otras palabras, la iglesia se enfoca en diferentes segmentos de su

221

comunidad hasta que haya cubierto toda la comunidad.

2. Obstáculos a la evangelización de visitación

   a) Uno de los obstáculos de la evangelización de visitación es que muchos miembros de la iglesia se sienten intimidados por la idea de ir a la casa de un extraño para hablar del Señor.

   b) Otro obstáculo es que hay muchos hoy que no son muy receptivos a que un extraño llegue a su casa para hablarles de un asunto tan personal.

3. Superar los obstáculos de la evangelización de visitación

   a) Capacite a un grupo especial de personas para esta tarea. Cada iglesia tiene unas pocas personas que están especialmente dotadas en la evangelización personal y que pueden formar ese grupo dispuesto a golpear en las puertas para hablar del Señor. El método "Capacitar para testificar continuamente" ayudará mucho.

   b) Haga un acercamiento de cultivo anterior al esfuerzo de visitación. Algunas iglesias preceden el esfuerzo de visitación con eventos en la comunidad como correo directo, censo por teléfono, programas especiales, etc.

   c) Use referencias. Algunas iglesias tienen un activo programa de visitación para los que son referidos a la iglesia por los miembros de la iglesia o por agencias de servicio. La evangelización de visitación todavía es una opción viable para la iglesia local. Sin embargo, a menudo se hallan nuevas maneras para establecer un contacto anterior con las personas que se van a visitar.

Evangelización espontánea – Encuentros no planeados

La manera con la que Pablo le testificó a Lidia es un buen ejemplo de la evangelización espontánea. Hechos 16:3 declara que Pablo se encontró con Lidia junto al río en Filipo. No la encontró en la iglesia ni hizo arreglos anteriores para testificarle. Allí a la orilla del río la oportunidad se presentó para que Pablo compartiera el testimonio del evangelio con ella. Los versículos 14 y 15 afirman que Lidia escuchó atentamente, recibió el mensaje y fue bautizada con toda su casa. La implicación es que Pablo tuvo la oportunidad de testificarle al resto de su familia.

1. Prerrequisitos para la evangelización espontánea

   a) Disponibilidad para el Señor. Las personas involucradas en la evangelización espontánea tienen que estar disponibles para el Señor. En otras palabras, tienen que estar dispuestas a compartir el mensaje de salvación al instante, sea que el momento es conveniente o no.

   b) Sensibilidad para el simpatizante. Los que participen en la evangelización espontánea tienen que ser sensibles a los mensajes que de alguna manera el simpatizante les envía. Muchas veces las personas pasan por experiencias difíciles en sus vidas y necesitan a alguien que les escuche, el testigo hallará la oportunidad para compartir las buenas nuevas de la salvación.

2. Preparación para la evangelización espontánea

   a) Oración- El testigo tiene que orar para que el Señor obre en las vidas de los simpatizantes tanto como en su propia vida. En Hechos 8 tenemos la descripción de la manera en que Felipe le testificó al etíope. ¿Fue una coincidencia que Felipe estuviera en el lugar y en el tiempo apropiados y que el etíope estuviera leyendo el pasaje apropiado en Isaías? La evidencia la encontramos en Hechos 8 que el Espíritu Santo obraba en la vida del simpatizante tanto como en la vida del testigo. No fue un caso fortuito el encuentro sino un encuentro divino. Al orar el Señor lo guiará a las personas en quienes ha obrado a fin de que compartamos con ellos las buenas nuevas.

   b) Relevancia-Anteriormente mencionamos que algunas veces los simpatizantes envían señales. Es importante que tengamos una idea de los tipos de experiencias por las cuales pasan a fin de que sepamos cómo testificarles más eficazmente En su libro *Lifestory Conversations*, Fairchild indica que hay ciertos temas en que se enfoca la gente para buscar ayuda o tratar de comunicarse. Algunos de esos temas son: (1) tristezas (p, ej., enfermedades, muerte de un amado), (2) alegrías (p. ej., logros, eventos felices), (3) transiciones (en el trabajo, residencia, estado personal, relaciones), y (4) influencias que transforman la vida (eventos, personas que han hecho contribuciones en sus vidas.

La sugerencia que hace Fairchild es que escuchemos a la gente cuando hablan acerca de estos temas, compartamos con ellos experiencias similares que hayamos tenido y les digamos cómo Cristo en medio de todo, aumentó nuestro gozo, estando presente en nuestras tristezas, nos guió al experimentar cambio o nos proveyó un ejemplo para imitarlo. En otras palabras, escuchemos su historia, compartamos la nuestra y que usemos eso como un puente para referirnos a SU historia (de Cristo). Este procedimiento nos permite ministrarle a la gente cuando están más necesitados de ayuda, tanto como presentar el mensaje de la salvación de una manera que será pertinente a sus necesidades. La evangelización espontánea puede ser el medio para alcanzar a personas que no alcanzaremos de ninguna otra manera.

Evangelización relacional-Encuentros repetidos

La evangelización relacional involucra compartir el evangelio con personas con las que tenemos contacto continuo.

1. Ejemplos del Nuevo Testamento de la evangelización relacional

    a) Andrés llevó a su hermano Pedro al Señor (Juan 1:42)

    b) Felipe trajo a su amigo Natanael a Cristo (1:45)
        Cornelio reunió a todos los suyos (familiares y amigos íntimos) para que oyeran el evangelio (Hechos 10:24)

2. Situaciones que requiere la evangelización relacional

    a) Cuando existe falta de confianza en el testigo

Hay situaciones en las cuales el simpatizante no conoce o confía en el testigo.

Ilustración: Supongamos que usted está parado en la esquina de una calle en la ciudad donde usted vive y tose y estornuda. De pronto alguien que no ha visto antes se detiene, lo mira, y saca una botellita sin etiqueta con un líquido verde y le dice: "Noté que está resfriado, tome esto, le ayudará." ¿Lo tomaría? ¿Por qué no? ¿Es la botellita, el líquido verde o la ausencia de la etiqueta? Ahora, supongamos que está parado en la misma esquina y su madre pasa y le dice: "Veo que estás resfriado." Entonces va a la cartera y saca una botellita sin etiqueta y con un líquido verde y le dice: "Tómate esto, te ayudará" Sin duda que se lo tomará. ¿Por qué? OBVIAMENTE LA DIFERENCIA SE HALLA EN LA RELACIÓN.

Existen muchas situaciones en que la gente tiene que oír el evangelio de alguien en quien ellos confían. Puede ser debido a sus tradiciones culturales o religiosas por las que han heredado una desconfianza inherente a los evangélicos. Una relación de confianza tendrá que establecerse antes que escuchen el mensaje de la salvación y para que inviten a Jesucristo a sus corazones.

b) Cuando no tienen conocimiento del evangelio

Hay situaciones en las que el simpatizante conoce muy poco de la Biblia. En esos casos, tomará encuentros repetidos para que lleguen al punto de entender el mensaje de la salvación. Estos encuentros repetidos pueden ser en la forma de conversaciones informales o de estudios bíblicos estructurados. Estas serán las veces cuando el simpatizante hará preguntas y necesite tiempo para reflexionar antes de llegar al punto de hacer una decisión.

Hemos revisado tres tipos de evangelización personal practicados en el Nuevo Testamento: Visitación, espontánea y relacional. Como hay gran número de personas (en algunos casos grupos culturales completos) que no tienen un trasfondo evangélico ni una relación significativa con alguien que sea cristiano, desarrollaremos procedimiento para el tercer tipo.

Con el uso del cultivo de relaciones para testificar como introducción, el material que sigue le ayudará para asistir personas para desarrollar un proceso sistemático para el cultivo de relaciones personales, con el propósito de llevarlos al conocimiento salvador de Jesucristo.

Los participantes tienen que ser animados para hacer lo siguiente:

1. Ganar el entendimiento de los conceptos principales.
2. Orar enfocado en los simpatizantes viables.
3. Formar un grupo de apoyo y de rendir cuentas.
4. Continúe con las actividades que le llevaron a cultivar la relación y a compartir el evangelio.

ESTRATEGIA DE EVANGELIZACIÓN RELACIONAL

A fin que la evangelización relacional sea eficaz es necesario ser deliberado y sistemático. En otras palabras, hay algunas personas en quienes

225

tenemos que concentrarnos y algunas actividades en las que tenemos que participar. Para facilitar este proceso, vamos a tratar con cinco preguntas. El testimonio que tenemos que dar hacia los objetivos que se establecen por estas preguntas.

¿Quiénes son mis simpatizantes?

A menudo, las personas no testifican porque no tienen amigos íntimos que no sean cristianos. Los estudios indican que entre más tiempo la gente sea miembro de la iglesia, el menor número de amigos tienen fuera de la iglesia. Aunque existe un lado positivo en cuanto al compañerismo que la gente experimenta en la iglesia, el lado negativo es que se pueden aislar al punto de no tener conocidos que necesitan a Cristo.

A fin de superar este aislamiento, ayuda que los miembros de la iglesia miren a su alrededor y determinen quiénes son sus simpatizantes en sus esferas de influencia. Con el uso del FORMULARIO 1 (que se encuentra en la siguiente página), los miembros de la iglesia escriben algunos nombres bajo cada una de las categorías: Familiares, Amigos, Vecinos y Compañeros de trabajo (o estudios). No tienen que llenar todos los espacios, solamente los que el Señor le guíe a incluir. Al seguir las instrucciones en el FORMULARIO 1, los miembros de la iglesia tienen que empezar a orar regularmente por los que están en la lista, a veces en el servicio de oración de la iglesia o en grupos pequeños.

FORMULARIO 1

SIMPATIZANTES EN MI ESFERA DE INFLUENCIA

AMIGOS   FAMILIARES

VECINOS   C0-LABORADORES

Instrucciones:

1. Escriba los nombres de los simpatizantes que el Señor le inspire en cada cuadrícula o sección.

2. Empiece a orar por ellos regularmente.

3. Consiga socios de oración para orar por los simpatizantes de todos los socios.

227

¿En qué nivel me comunico con mis simpatizantes?

Cuando Jesús compartió el evangelio con Nicodemo, se comunicó en tres niveles:

Nivel cara a cara (Juan 3:1-2)

La primera parte de la conversación era la fase de conocerse. Fue a esta altura que Nicodemo le compartió a Jesús lo que había observado de Él y como había llegado a la conclusión en relación a la identidad de Jesús. Muy posiblemente, Nicodemo le contó a Jesús algo de sí mismo y de su peregrinaje religioso porque Jesús más tarde hace referencia a esto (v. 10).

La conversación en el nivel de cara a cara es importante porque es el paso inicial de conocer a las personas. A menudo en este nivel aprendemos el nombre de la persona y quizá algo de la familia, los intereses, la ocupación, etc.,

Aunque este nivel de comunicación es importante, es muy superficial. A menos que hagamos un esfuerzo deliberado, conoceremos a la persona por años (p. ej., los vecinos) sin realmente conocer suficiente de ellos para tener una idea de cómo presentarles el evangelio de maneras relevantes. También, en este nivel, no se ha alcanzado suficiente confianza como para superar algunas de las barreras que existen en las mentes y corazones de los simpatizantes.

Por lo tanto, a fin de cultivar la amistad de una persona se necesita hacer un esfuerzo para profundizar el nivel de comunicación. Esto se logrará al invitar a la persona a casa o a un evento recreativo (deportes, dramas, musicales, etc.). La idea de fondo es que tenemos que tomar tiempo con la persona antes que podamos conocerla mejor. La hora del día, el tipo de actividad y la proporción del progreso en la amistad dependerán en gran manera de la personalidad e interés del simpatizante.

Nivel mente a mente (Juan 3:3-13)

Después de la comunicación en el nivel cara a cara, Jesús se comunicó con Nicodemo en el nivel de mente a mente. En otras palabras, Jesús compartió con Nicodemo algunas de las ideas básicas de la salvación. Le dijo que a fin de ver el reino de Dios, tenía que nacer otra vez. Jesús entonces respondió las preguntas relacionadas con la naturaleza del nuevo nacimiento y aun le dio una ilustración. Así como el viento, no se ve, pero sus efectos se sienten, el nuevo nacimiento no se explica en términos humanos sino que sus efectos ciertamente se observan. Por lo tanto, Jesús tomó tiempo para explicar las ideas principales del nuevo nacimiento y usó ejemplos de la vida diaria a fin de ayudar a que Nicodemo entendiera de qué estaba hablando.

Es en este nivel de mente a mente que les comunicamos a nuestros simpatizantes las ideas básicas del plan de salvación. Involucrar a los simpatizantes en el cultivo de los estudios bíblicos, invitarlos a ver una película (p. ej., la película de Jesús), un vídeo, un drama o un musical empezamos a sembrar la semilla del evangelio en sus mentes. A menudo las conversaciones en las que contestamos sus preguntas y escuchamos sus preocupaciones se prestan para la comunicación en el nivel de mente a mente. A esta altura déle al simpatizante un Nuevo Testamento marcado, un tratado evangélico que explica la salvación, o una revista cristiana apropiada. El libro *Cristianismo y nada más* de C. S. Lewis, por ejemplo le ayudará a encontrar respuestas y a entender el evangelio.

Nivel corazón a corazón (Juan 3:14-16)

Desde el nivel de mente a mente, la conversación progresó al nivel de corazón a corazón. Aquí es donde Jesús le comparte a Nicodemo desde lo profundo de su corazón. Así le dice que Él sería levantado en la cruz y que moriría (v. 14). En este punto Jesús comparte con Nicodemo la profundidad del amor de Dios. ¡Dios tanto amó al mundo que sacrificó a Su propio Hijo! (v. 16). Debió de ser un momento muy solemne cuando Jesús compartió con él lo que estaba en Su corazón.

ES EN EL NIVEL DE CORAZÓN A CORAZÓN QUE EL EVANGELIO SE COMUNICA MÁS EFICAZMENTE. También es importante saber que CUANDO COMPARTIMOS CON LA GENTE EN EL NIVEL DE CORAZÓN A CORAZÓN ACERCA DE OTROS ASUNTOS, SE FACILITA COMPARTIR CON ELLOS EL EVANGELIO. Cuando tomamos tiempo para conocer a la gente, estamos en la posición de aprender de sus necesidades, compartir los hechos básicos del evangelio y guiarlos a una decisión personal para aceptar a Jesucristo.

NIVELES DE COMUNICACIÓN

NIVEL	PROPÓSITO	TESTIFICAR
CARA A CARA	Conocer la persona	Saber del simpatizante
MENTE A MENTE	Intercambio de ideas	Hechos básicos del evangelio
CORAZÓN A CORAZÓN	Comunicar emociones	Decisión personal

Instrucciones

1. Tome el FORMULARIO 2 y transfiera los nombres del FORMULARIO 1

2. Junto a los nombres que ha escrito, indique el nivel en el cual se comunica "cara a cara," "mente a mente," "corazón a corazón."

3. Tome tiempo para orar y pedirle al Señor que lo guíe para enfocar se en uno o dos de ellos.

4. Tome tiempo para planear algunas actividades que le ayudarán a profundizar en su nivel de comunicación.

FOMULARIO 2

PROCESO PARA CONOCER MIS SIMPATIZANTES

Nombre	Nivel de comunicación	Conocimiento del evangelio	Actitud	Cambio del estilo de vida

Amigos

Familiares

Vecinos

Compañeros de trabajo

¿Dónde se encuentran en su peregrinaje espiritual?

La tercera pregunta importante que tiene que tratar en la evangelización relacional tiene que ver con el progreso en el cual se encuentra la gente en su peregrinaje espiritual. En otras palabra, ¿qué tanto saben del evangelio y cuál es su actitud hacia el evangelio?

Diferentes niveles entre la gente del Nuevo Testamento

En el Nuevo Testamento hallamos a personas en diferentes niveles de entendimiento y en diferentes estados de simpatía con el evangelio.

1. La samaritana tenía mucho que aprender del evangelio, con todo estaba dispuesta a oír el evangelio de la salvación.

2. Nicodemo conocía mucho del Antiguo Testamento, pero tenía muchas preguntas en cuanto al nuevo nacimiento.

3. El joven rico aparentemente sabía suficiente para preguntar de la "vida eterna," pero no respondió a las instrucciones de Jesús.

Presuposiciones incorrectas de parte nuestra

1. "Todos están en el mismo grado de disposición hacia el evangelio"

A veces, nos desanimados mucho cuando la gente no recibe a Cristo después que les presentamos el testimonio del evangelio. *Es importante saber que la gente tiene diferente nivel de entendimiento y que se encuentran en diferentes estados de simpatía hacia el evangelio.*

2. "Tengo que lograrlo"

A veces, actuamos como si la tarea de convertir fuere nuestra responsabilidad. ¿Qué acerca del libre albedrío de la persona? ¿Qué de la obra del Espíritu Santo? Cuando asumimos que "si solamente presentáramos el evangelio en la *manera correcta* todo el mundo recibiría a Cristo de inmediato," nos exponemos a la desilusión. Tenemos que recordar que aun Jesús encaró a personas que rehusaron Su mensaje y lo dejaron. Mucha gente está lista para recibir al Señor mientras que otros no lo están. DESCUBRAMOS DÓNDE SE HALLA LA GENTE EN SU CONOCIMIENTO Y ACTITUD EN RELACIÓN CON EL EVANGELIO, Y DISEÑEMOS LA ESTRATEGIA QUE PERMITIRÁ QUE EL ESPÍRITU SANTO OBRE EN SUS CORAZONES.

ESTADOS DE CONOCIMIENTO DEL EVANGELIO

ESTADO I	ESTADO II	ESTADO III
SIN CONOCIMIENTO	VAGO CONOCIMIENTO	BÁSICO CONOCIMIENTO

ACTITUDES HACIA EL EVANGELIO

POSITIVA	+	+	+
INDIFERENTE	=	=	=
NEGATIVA	-	-	-

La gente se encuentra en tres estados en relación con el conocimiento del evangelio:

Estado I   "Nada de conocimiento" Nada del evangelio

Estado II   "Conocimiento vago": Saben muy poco del evangelio

Estado III   "Conocimiento básico": Saben de las verdades principales del evangelio.

Indica el estado en el que están las personas por las cuales ora en este tiempo.

Hay tres actitudes que la gente tiene hacia el evangelio:

Actitud negativa: No quieren oír del evangelio

Actitud indiferente: Simplemente no están interesados

Actitud positiva: Dispuesto a oír del evangelio

Indique la actitud hacia el evangelio de cada persona por la cual está orando.

1. Consideración del asunto de conocimiento

Es importante tener una idea de qué tanto sabe la gente del evangelio para saber lo que necesitamos hacer para ayudarles a entender las verdades

233

básicas en relación con la salvación. ¿Recuerda la primera pregunta que Felipe le hizo la etiope? Fue acaso, "¿acepta usted?" o "¿entiende?"(Hechos 8:30). Para Felipe era muy importante que le etiope entendiera quién era Jesús y cómo se salvaría al poner su confianza en el Señor. Después de oír las verdades básicas del evangelio, el etiope recibió a Cristo (Hechos 8:32-37).

¿Cómo podemos ayudar a que la gente entienda las verdades básicas del evangelio?

a) Al compartir nuestro testimonio (vea el capítulo 4)

b) Al usar un tratado del evangelio (uno que sea breve, explique el plan de salvación claramente e invite a la gente a recibir a Cristo).

c) Al involucrarlos en el estudio bíblico (vea el capítulo 4)

2. Consideración del asunto de actitud

Hemos compartido varias ideas de cómo ayudar a la gente para que entienda las verdades básicas del evangelio a fin de que puedan recibir a Cristo en sus corazones. Recuerde que hay un sentido en el cual la actitud de la gente hacia el evangelio puede cambiar al estudiar la Palabra de Dios. La gente que inicialmente es indiferente se puede interesar cuando participan en el estudio bíblico.

La estrategia con los que tienen una actitud negativa hacia el evangelio tiene que ser diferente.

a) Descubra por qué tienen una actitud negativa.
     -Experiencia desagradable con un cristiano
     -Un error o pecado en sus vidas
     -Malos entendidos del cristianismo (vea la lista de "evite")

b) Trate de establecer una buena relación con esa persona
     -Escuche a la persona
     -Muestre entendimiento
     -Invítelo a participar en actividades no amenazantes (cultivo)
     -Ore mucho

Instrucciones:

1. Regrese al Formulario 2

2. Bajo "Conocimiento del evangelio/actitud" brevemente escriba (con lápiz para que pueda corregirlo) cuál es el conocimiento del evangelio de cada persona y de su actitud hacia el evangelio.

3. Sobre esta base, y las siguientes sugerencias dadas, diseñe la estrategia para ayudar a este simpatizante a saber más del evangelio y a desarrollar una actitud más receptiva hacia el mismo.

¿Qué está sucediendo en sus vidas?

El cuarto asunto que tenemos que considerar en la evangelización relacional. "¿Qué está sucediendo en las vidas de nuestros simpatizantes?" Varios estudio indican que la gente que previamente era resistente al evangelio ha venido a ser receptiva cuando atravesaban por una crisis o un cambio mayor en sus vidas. A menudo durante estos cambios de estilo de vida es cuando las vidas de las personas son tan sacudidas que tratan de encontrar respuestas y establecer relaciones que les ayuden en tales circunstancias.

Cambios de estilo de vida

1. La muerte del cónyuge – esto requiere gran adaptación

2. Separación o divorcio – muerte de un familiar o un ser querido

3. Enfermedad – personal, miembro de la familia, amigo íntimo

4. Matrimonio – deseo de edificar sobre un fundamento fuerte

5. Nacimiento del primer hijo – fuerte sentimiento de responsabilidad

6. Pérdida del trabajo – desilusión, preocupación financiera

7. Casa vacía – cuando los hijos salen del hogar

8. Retiro – pérdida de trabajo relacionado con la auto imagen

9. Otro – Experiencias que requieren ajustes mayores

Estrategia

1. Ore por ellos

2. Busque oportunidades de ministrarles

3. Gaste más tiempo con ellos

4. Comparta el testimonio del cambio de estilo de vida

5. Involúcrelos en un grupo de apoyo

6. Involúcrelos en el estudio bíblico

Instrucciones:

1. Regrese al Formulario 2.

2. Bajo "Cambios del estilo de vida," escriba las experiencias que puedan experimentar que son similares a las ya descritas.

3. Si están pasando por estas experiencias (o algunas similares), intensifique sus esfuerzos para ministrarles.

4. Reclute a personas que le ayuden a orar por estos simpatizantes (sea cuidadoso de no revelar detalles o identidades confidenciales).

¿Cómo les puedo testificar?

Después de saber algo de su peregrinaje espiritual y de las necesidades de sus simpatizantes, está en mejor posición para presentar el evangelio de manera que sea significativa para sus vidas. Dos cosas lo ayudan a guiarlos al conocimiento salvador de Cristo.

Establezca un equipo de apoyo y de rendir cuentas

¿Sabe lo que hace que los programas como Weight Watchers sean tan eficaces? Más que las dietas está el hecho que la persona que trata de perder peso no está sola. Hay un grupo que anima a la persona y al cual la persona (voluntariamente) le tiene que rendir cuentas (cuando llega el tiempo de ir a la balanza). El EQUIPO DE APOYO Y DE RENDIR CUENTAS puede ser de tremenda ayuda. Consiga 2 o 3 personas con las que convenga reunirse regularmente para orar y animarse el uno al otro al tratar de ser más eficaz.

Siga un plan metódico

Muchas ideas e intenciones maravillosas se desperdician por falta de un plan metódico. Muchos grandes testigos potenciales sencillamente no lo logran. Con oración mire el Formulario 3 y sígalo o desarrolle uno similar. No sienta que tiene que seguir estos pasos en exactamente el mismo orden, cada situación será diferente. Este plan se debe modificar de acuerdo a las necesidades y la respuesta de cada simpatizante. En algunas ocasiones, puede moverse más rápido que en otras. La cosa importante es que sea intencional y metódico en cuanto a cultivar la amistad para compartir el mensaje del evangelio.

FORMULARIO 3

TESTIFICAR A MIS SIMPATIZANTES

Nombre	Tiempo invertido	Ministerio	Testoonio	Eventos recreativos	Visita telefónica	Eventos de cultivo	Estudio bíblico	Testificar	Decisión	Asistencia a la iglesia
Amigos										
Familiares										
Vecinos										
Compañeros de trabajo										

Instrucciones:

1. **PASE TIEMPO** con cada simpatizante.

2. Busque maneras para **MINISTRAR** al simpatizante

3. Comparta su **TESTIMONIO** con el simpatizante

4. Invite al simpatizante a un **EVENTO RECREATIVO** (deporte, drama, música).

5. **LLAMADA O VISITA** al simpatizante para mantenerse en contacto.

6. Invite al simpatizante a la iglesia – **EVENTO DE CULTIVO**

7. Involucre al simpatizante en el **ESTUDIO BÍBLICO**

8. Comparta el **TESTIMONIO** del evangelio con su simpatizante

9. Anime al simpatizante a que **DECIDA** aceptar a Cristo.

10. Invita al simpatizante a que **ASISTA A LA IGLESIA.**

Conclusión

La evangelización relacional es bíblica y eficaz. Hay personas que serán ganadas para el Señor a menos que alguien tome el tiempo para cultivar relaciones con ellos, los ayude a vencer su falta de conocimiento del evangelio o la actitud negativa hacia el mismo, y les ministre cuando experimentan cambios de estilo de vida.

Este plan parece complicado, pero en verdad se muy sencillo. Simplemente involucra cinco cosas:

1. Descubra quienes son sus simpatizantes y empiece a orar por ellos.

2. Determine en que nivel se está comunicando con ellos y halle maneras de conocerlos mejor.

3. Infórmese de su peregrinaje espiritual y ayúdelos a desarrollar actitudes positivas hacia el evangelio

4. Entérese si están pasando por alguna crisis o transición en sus vidas y pase más tiempo ministrándoles.

5. Siga el plan de cultivar su amistad y compartir el evangelio. Puede tomar poco o largo tiempo, pero recuerde que no está solo. Usted es un instrumento del Espíritu Santo y que Él hace el trabajo. Sea flexible en el plan que se ha bosquejado para que sea sensitivo a la dirección del Espíritu Santo.

Una joven de otro país vino a los Estados Unidos. Alguien le preguntó si había llegado a ser cristiana, pues notó que venía de un área que es muy resistente al evangelio. La joven indicó a una dama cristiana que se había hecho su amiga y le había ministrado y dijo: "ELLA EDIFICÓ UN PUENTE DE SU CORAZÓN AL MÍO Y JESÚS LLEGÓ A MÍ POR MEDIO DE ESE PUENTE." Esta es la evangelización relacional. ¡VAYA Y EDIFIQUE PUENTES!

LECCIÓN 11

CÓMO TRATAR CON LOS DIVERSOS GRUPOS DE CATÓLICOS

Introducción

Como ya hemos dicho en otras sesiones, hay gran diversidad en el contexto religioso latinoamericano. El número de evangélicos continúa creciendo en una forma estupenda. Lo cierto es, no obstante, que la mayoría de los latinoamericanos se identifica de una forma u otra con la fe católico romana. Dentro de este grupo hay personas que siguen las prácticas de la iglesia católica con gran devoción. Hay otros que asisten a la iglesia con regularidad pero conocen muy poco acerca de las doctrinas católicas. Hay otros que son católicos de "mínima obligación" (o sea personas que han recibido los sacramentos y asisten a la iglesia sólo una o dos veces al año). Además hay muchas personas que son católicas de nombre solamente y no conocen ni aun las doctrinas más básicas de la iglesia católica.

Es muy importante establecer aquí que nuestro deseo no debe ser "ganar a los católicos" como si nuestra meta fuese simplemente la de conseguir que abandonen su religión y se unan a la nuestra. No ganamos nada, por ejemplo, si conseguimos que dejen de ser "católicos nominales" y lleguen a ser "evangélicos nominales." Nuestra meta debe ser de guiar a toda persona (no importando su identificación religiosa) que no conoce a Cristo como su Salvador personal a tener esa experiencia transformadora con Él. En otras palabras debemos enfocar en relación y no en religión. Para poder llevar a cabo esa labor con efectividad, no obstante, es importante que conozcamos cuáles son los diferentes grupos que se consideran católico romanos. Nuestro desafío no sólo es saber cómo presentarles el mensaje sino cómo hacerlo en tal forma que nos ganemos su atención y su respeto.

Los tipos de católicos

Católicos tradicionales

Los católicos tradicionales son, por lo general, personas mayores de edad que participaron en las prácticas de la iglesia católica antes del Segundo Concilio Vaticano. Muchas de estas personas se esfuerzan por continuar esas prácticas tradicionales que ahora no se practican de la misma forma. Entre estas cosas están la misa en el latín, no comer carne los viernes y la devoción a ciertos santos patronales. Estas personas manifiestan gran reverencia a Dios y a la autoridad de la iglesia. Por lo general, estas personas conocen más ciertos credos y rezos que la Biblia misma. Estas personas están en contra de la inmoralidad que denuncia la iglesia católica. Ellas observan los sacramentos con más regularidad que los otros tipos de católicos. Por ejemplo, ellos se confiesan y toman la eucaristía con más frecuencia. Además, estas personas continúan teniendo una gran devoción hacia la virgen María y los santos. Los católicos tradicionales están más propensos a tener altares y estatuas de santos en sus hogares y a observar los ritos del calendario eclesiástico que los otros tipos de católicos. Estas personas conocen más acerca del rosario y participan más en las novenas y otras prácticas en pro de los que han muerto. Muchas de estas personas no están a favor de los cambios que se han hecho como resultado del Segundo Concilio Vaticano y algunos de ellos creen que la iglesia católica se está pareciendo cada día más a las iglesias protestantes.

Católicos progresistas

Los católicos progresistas son, por lo general, más jóvenes que los tradicionales y están muy a favor de los cambios efectuados por el Segundo Concilio Vaticano. Por ejemplo, ellos están muy a favor de los cambios que se han hecho en la iglesia católica. Estos cambios incluyen el uso del idioma del pueblo en vez del latín en la misa, mayor participación de los laicos en la misa y en las actividades en la iglesia, un énfasis mayor en la lectura de la Biblia, tanto en la misa como en los hogares y un énfasis más fuerte en el ecumenismo a tal grado de que ahora llaman a los evangélicos "hermanos separados." Como resultado de estos cambios, los católicos progresistas tienen más conocimiento de la Biblia y están más abiertos a la posibilidad de participar en estudios bíblicos con evangélicos y a visitar las iglesias evangélicas.

Católicos carismáticos

Los católicos carismáticos tienen mucho en común con los católicos progresistas. Por lo general los católicos carismáticos están muy a favor de los cambios del Segundo Concilio del Vaticano y dedican tiempo a la lectura de la Biblia y a la oración. En muchos países los católicos carismáticos tienen conferencias y talleres en los cuales escuchan sermones y testimonios, cantan alegremente y oran pidiendo que el Espíritu Santo venga a sus corazones. En algunos de estos talleres los líderes utilizan materiales muy similares al de *Las Cuatro Leyes Espirituales* y animan a los oyentes a recibir a Cristo como su Salvador personal.[1] Como resultado de esto, muchos católicos carismáticos aseveran que han recibido a Cristo en sus corazones y que están llenos del Espíritu Santo. Algunos de estos católicos carismáticos están dispuestos a asistir a cultos evangélicos y a participar con gran entusiasmo. Una de las preguntas más importantes en cuanto a los católicos carismáticos tienen que ver con su comprensión de las doctrinas bíblicas. El hecho de que son carismáticos no significa que son evangélicos en sus doctrinas. Muchos de ellos, por ejemplo, continúan con su devoción a la virgen María y participan en la misa y en los sacramentos de acuerdo con las enseñanzas de la iglesia católica.

Católicos nominales

Este es el grupo más grande de todos los grupos católicos. Como lo sugiere el título, estas personas son católicas de nombre solamente. Lo más probable es que los hayan bautizado como niños en la iglesia católica y se consideran católicos, pero no asisten con ninguna regularidad ni conocen mucho acerca de las doctrinas y prácticas de la iglesia católica. Un buen número de ellos se consideran católicos sólo porque son latinoamericanos y se espera que los de esta cultura sean católicos. Este grupo se acerca a la iglesia en ocasiones importantes tales como bautismos, bodas y funerales, pero no recibe instrucción ni nutrición de la iglesia en su vida diaria. Algunas de estas personas tienen su propia devoción a la virgen María y algunos santos patronales pero no relacionan esto con las actividades regulares de la iglesia católica. Porque este grupo conoce muy poco acerca de la Biblia, es uno de los grupos que más necesidad tienen de escuchar el evangelio de Cristo.

Católicos sincretistas (catolicismo y espiritismo)

Los católicos sincretistas son personas que practican una mezcla de catolicismo, espiritismo y religiones nativas. Estas personas toman las imágenes de ciertos santos y las usan en sus prácticas espiritistas tales como la invocación a los espíritus, la adivinación, pronunciar maldición sobre una persona, librar a una persona de una obra de brujería, buscar un favor para una persona, comunicarse con los espíritus de seres queridos que han muerto, tratar de curar a una persona y proteger a una persona o a una casa de los espíritus malos. Este sincretismo es el resultado de la mezcla de creencias, prácticas paganas indígenas o importadas (del África) con algunas creencias católicas especialmente relacionadas a la devoción a los santos.[2] En muchos casos las personas simplemente le pusieron el nombre de un santo católico a una deidad pagana y continúan adorando a esa deidad bajo el nombre de ese santo. En algunos lugares, tales como Chicastenango, Guatemala, las personas indígenas sacrifican animales a sus deidades en las gradas de la iglesia católica y luego entran el santuario para encender velas a la virgen y a los santos.

Cómo presentar el evangelio a cada tipo de católicos

Católicos tradicionales

Los católicos tradicionales por lo general tienen un conocimiento muy limitado de la Biblia y están preocupados por los cambios que se han efectuado en la iglesia católica desde el Segundo Concilio Vaticano. Ellos, por lo general, son los que estarán menos dispuestos a asistir a un culto evangélico y tendrán menos confianza en una persona que venga a su casa a evangelizarles durante su primera visita. Es absolutamente necesario que se establezca amistad con estas personas antes de poder evangelizarlas. También, es más fácil que estas personas asistan a un estudio bíblico en el hogar de algún vecino evangélico que conseguir que asistan a una campaña evangelizadora en un templo evangélico. Por esa razón, las reuniones en los hogares son de suma importancia como una estrategia para evangelizarlos. También, debido al hecho que ellos están preocupados acerca de los cambios que están aconteciendo en la iglesia católica, es importante que enfoquemos la atención de ellos en el Cristo vivo, quien es el mismo ayer, hoy y para siempre. En otras palabras, debemos ayudarles a poner su confianza en Cristo quien no cambia.

Católicos progresistas

Debido a que los católicos progresistas están muy a favor de los cambios ocasionados por el Segundo Concilio Vaticano, es más probable que ellos estén más dispuestos a establecer amistad con los evangélicos, que acepten más fácilmente una invitación a asistir a un culto evangélico y que muestren más interés en participar en un estudio bíblico. Algunos de ellos, no obstante, creen que hoy día realmente no hay mucha diferencia entre los católicos y los evangélicos, puesto que ellos cantan himnos y coros muy similares a los nuestros. El desafío más grande es el de guiarles mediante el estudio bíblico a un conocimiento más claro acerca de la doctrina bíblica de la salvación y del discipulado cristiano. Un buen número de ellos ya se consideran cristianos nacidos de nuevo. Es importante comenzar con lo que ya conocen y guiarlos a una comprensión más clara de la vida cristiana.

Católicos carismáticos

Porque los católicos carismáticos tienen mucho en común con los católicos progresistas, lo que hemos dicho en el párrafo anterior se aplica a ellos también. Lo que les distingue a ellos, no obstante, es que ellos aseveran que han recibido al Espíritu Santo. Hay dos factores que debemos tener en mente al relacionarnos con este grupo. Primero, es muy importante estar seguros que ellos comprendan lo que la Biblia enseña acerca de la salvación y de la presencia del Espíritu Santo. El hecho de que han tenido una experiencia emocional no significa necesariamente que han recibido el Espíritu Santo. Segundo, el hecho de que los católicos carismáticos reclamen haber recibido a Cristo y al Espíritu Santo no significa que ellos comprenden las doctrinas de la Biblia. Por ejemplo, la mayoría de los católicos carismáticos continúan su devoción a María y continúan participando en los sacramentos de la iglesia católica. Es contraproducente, no obstante, el decirles que no es posible que ellos hayan recibido a Cristo y al Espíritu Santo. Lo que es más eficaz es decirles que la Biblia enseña que el Espíritu Santo da testimonio de Jesucristo y de Sus enseñanzas. Podemos invitarlos a estudiar la Biblia con nosotros a fin de que juntos podamos tener un concepto más claro de lo que ella enseña en cuanto a Cristo y al Espíritu Santo.

Católicos nominales

El hecho de que los católicos nominales conocen muy poco acerca de las doctrinas de la iglesia católica indica que no debemos pasar el tiempo enfocados en este tema. También, el hecho de que ellos son católicos de nombre solamente no significa que ellos tendrán gran disposición de establecer amistad con los evangélicos y de asistir a sus cultos. Si no les tratamos con respeto y criticamos a la iglesia católica, ellos se sentirán obligados a defender a la iglesia aunque no conozcan sus doctrinas. En otras palabras, lo que les hará resistentes no será sus creencias sino sus temores y prejuicios. Es muy importante, pues, no criticar a la iglesia o a las personas (ni a María y los santos) sino establecer amistad e involucrarles en estudios bíblicos que enfoque en las necesidades que ellos tienen y manifiesten el camino de la salvación.

Católicos sincretistas

Porque los católicos sincretistas practican una mezcla de catolicismo y espiritismo ellos también (así como los nominales) conocen muy poco acerca de las creencias de la iglesia católica, con ellos también es contra producente enfocar en las doctrinas de la iglesia católica.[3] Al mismo tiempo, porque ellos practican el espiritismo, es muy importante tener una estrategia de oración para que el poder de Dios pueda guiar y reforzar nuestros esfuerzos evangelizadores. Ellos necesitan llegar a conocer las enseñanzas básicas de la Biblia en cuanto a la salvación. Pero también, ellos necesitan llegar al convencimiento que Dios es poderoso para librarlos y protegerlos de toda influencia maligna. La decisión de ellos no será simplemente aceptar las doctrinas bíblicas sino abandonar las prácticas malignas y poner toda su confianza en Jesucristo quien tiene toda potestad en el cielo y en la tierra.

Conclusión

Como podemos observar por medio de este estudio, hay gran diversidad entre los católicos. Cada uno de estos grupos tiene sus propias características.[4] Es importante tener en cuenta estas características y diseñar una estrategia apropiada para presentar el evangelio en una forma que tenga sentido para cada uno de estos grupos y se relacione a sus necesidades.

NOTAS

[1]   Word of God, *Life in the Spirit Seminars* (Ann Arbor: Servant Books, 1979).

[2]   Vea, Tetsunao Yamamori y Chales Taber; *Christopaganism of Indigenous Christianity?* (Pasadena: Willim Carey, 1975), Domingo Fernández, *Superstición Africana en América* (Miami: Logoi Inc., 1973), Eugene Nida, *Understanding Latin Americans* (Pasadena: William Carey, 1974).

[3]   Oficialmente la iglesia católico romana se opone a estas prácticas (vea Nevins, *Answering A Fundamentalist* p, 106). El hecho que tantos que se llaman a sí mismos católicos practica esta forma de sincretismo lo lleva a uno a creer que no han tenido un curso para ser discípulos y que la gente voluntariamente desobedece la iglesia.

[4]   Para una más completa discusión de algunas categorías ver Kenneth S. Kantzer, *"Church on the Move,"* Christianity Today, (November 7, 1986).

	Conoce de la Biblia	Inquietudes	Tratamiento
Católico tradicional	Algo	Cambios en las prácticas tradicionales de la iglesia	Enfoque en la inmutabilidad de Cristo
Católico progresivo	Más	¿Cuál es el significado de los cambios del Concilio Vaticano Segundo?	Afirme los cambios; úselos como una puerta abierta para el estudio de la Biblia
Católico nominal	Casi nada	Se relaciona más a las devociones personales: los santos, la virgen María	Involúcrelos en el estudio bíblico. Muestre que la fe personal en Cristo cambia la vida diaria para lo mejor
Católico cultural	Casi nada	Relacionan la identidad cultural y la práctica del catolicismo romano "Ser italiano es ser católico."	Estudio bíblico a largo plazo. Muestre cómo la fe personal en Cristo mejora la vida
Católico carismático	Generalmente bueno	¿Cuál es la diferencia entre católicos y evangélicos?	Entendimiento bíblico de "recibir a Cristo." Estudiots bíblicos para hacerlos discípulos

LECCIÓN 12

ALCANZAR A NUESTROS AMIGOS CATÓLICOS LATINO AMERICANOS

Introducción

Los latinoamericanos están respondiendo más al mensaje evangélico hoy que en cualquiera otra época en su historia. Andrés Tapia asevera que en los últimos 25 años el número de evangélicos en América Latina se ha triplicado y que para el año 2010 los evangélicos constituirán una tercera parte de la población en este continente.[1] En Brasil más de medio millón de personas se están uniendo a iglesias evangélicas cada año y la proyección es que para el año 2000 el 29 por ciento de la población será evangélica. Se calcula que en el año 1990 una tercera parte de la población Guatemalteca era evangélica y que para el año 2000, la mitad de esta población lo será.[2] Samuel Escobar agrega que los evangélicos han crecido en 15 millones en la década de los 60 a, por lo menos, 40 millones en nuestro día.[3] De acuerdo con el obispo católico, brasileño, Boaventura Kloppenburg, la América Latina se está haciendo protestante más rápidamente que Europa Central en el siglo dieciséis.[4]

La población Latino Americana en los Estados Unidos también está mostrando gran receptividad al mensaje evangélico. Varios estudios que se han hecho, tanto por católicos como por evangélicos, revelan que en los últimos quince años un millón de Latino Americanos se ha adherido a las iglesias evangélicas. Estos estudios indican que cada año entre 80,000 y 100,000 hispanos estadounidenses se están identificando con el pueblo evangélico.[5] Se calcula que hoy el 23 por ciento de la población latinoamericana en este país es evangélica.[6]

El hecho de que nuestro pueblo hispano está respondiendo al mensaje evangélico en una forma maravillosa no significa que la tarea ha sido fácil o que lo será en el futuro. Además debemos reconocer que aun si se cumple la proyección de que para el año 2010 una tercera parte de los latinoamericanos habrá aceptado el mensaje evangélico, quedarán dos terceras partes que no lo han hecho. No debemos olvidar, no obstante, el hecho de que los campos latinoamericanos están blancos para la siega. ¿Cómo responderemos en el futuro cuando se nos pregunte qué hicimos con la oportunidad grandiosa que Dios nos dio para ganar a nuestro pueblo en nuestra generación?

Para cumplir la Gran Comisión en el contexto latinoamericano es necesario que demos atención a unos factores que son de suma importancia. Primero, debemos conocer bien el contexto socio-religioso de nuestro pueblo Hispano. Segundo, debemos conocer las doctrinas y prácticas principales de la religión que predomina, la católica. Tercero, debemos diseñar estrategias evangelizadoras que se adapten al contexto en el cual vivimos. Finalmente, debemos diseñar estrategias de formación discípulos que tomen en cuenta el trasfondo religioso de los nuevos creyentes y los guíen a una nueva compresión del señorío de Cristo en sus vidas, sus familias, sus comunidades y sus iglesias.

El contexto socio-cultural latino americano

Hay gran diversidad cultural, lingüística, política, económica y religiosa entre la población latinoamericana. Aunque el español es la lengua predominante (excepto en Brasil), se hablan varios idiomas de origen europeo (tales como portugués, francés, alemán, italiano) además de 250 idiomas indígenas.[7] A pesar de la diversidad, hay ciertos valores que la mayor parte de la población tiene en común. Escritores tales como Miguel de Unamuno, Samuel Ramos, Santiago Ramírez, María Elvira Bermúdez y Octavio Paz aseveran que entre los valores de la sociedad latinoamericana se encuentran: (1) la importancia de la dignidad personal, (2) la importancia de la unidad de la familia (tanto nuclear como extendida), (3) un sentir profundo de espiritualidad, (4) la libertad de expresar sus emociones, (5) el amor hacia el arte y la música, (6) la importancia de celebrar las victorias de la vida, (7) el deseo de ser personas respetuosas y decentes y (8) la importancia de la amistad.[8]

Aunque sabemos que estos valores se encuentran en diferentes grados en diferentes grupos e individuos, es importante notar que tenemos mucho en común con las personas en este contexto aun cuando éstas pertenezcan a otros grupos religiosos.

Hace poco le pregunté al antropólogo Don Larson qué pensaba acerca del libro escrito por el misiólogo Donald McGavran titulado "Puentes de Dios." Al instante me contestó el Dr. Larson: "el libro es excelente, pero que el título está equivocado." El agregó que el título debió haber sido "Túneles de Dios." Luego explicó que como seres humanos tenemos más similitudes que diferencias y que debemos pensar en excavar túneles entre lo que tenemos en común en vez de tratar de construir puentes sobre supuestos abismos.

Nuestra actitud como evangélicos

Con esto en mente es importante que pensemos acerca de las cosas que tenemos en común con las personas que nos rodean, aun cuando éstas no formen parte del grupo religioso al cual pertenecemos. Por ejemplo, debido al interés profundo en la unidad de la familia, hoy hay gran preocupación en los corazones de los padres debido a los estragos causados por las prácticas de la sociedad moderna. ¿Qué acontecería si tomásemos tiempo para conocer bien a nuestros vecinos y colegas (en la escuela o el trabajo) y les ministrásemos con nuestra amistad, nuestro testimonio, con estudios bíblicos y con nuestros recursos financieros? En otras palabras, el valor que se tiene por la familia puede ser un túnel a través del cual establecemos amistad y comunicamos el evangelio de nuestro Señor Jesucristo.

Una de las cosas que hace difícil la tarea evangelizadora es que enfocamos en las diferencias que tenemos con las personas que no son evangélicas y por consiguiente sentimos temor y nos cuesta saber cómo tratarles. Por lo contrario, si pensamos en todas las cosas que tenemos en común, encontraremos muchas formas de entablar amistad y de presentarles el evangelio. Estas personas son seres humanos que enfrentan muchos de los desafíos que nosotros encontramos, que sienten muchas de las emociones que nosotros sentimos, que experimentan muchos de los sufrimientos que nosotros experimentamos, que tienen muchas de las aspiraciones personales y para sus familias que nosotros tenemos, que celebran muchas de las victorias que nosotros celebramos, que sienten muchas de las inquietudes que nosotros sentimos y que tienen muchas de las necesidades que nosotros tenemos.

Las enseñanzas De Jesucristo

Nuestro Señor Jesucristo tomó en cuenta el trasfondo religioso y las necesidades de las personas al presentarles el mensaje de salvación. Por ejemplo, a la mujer Samaritana que fue a sacar agua del pozo, Cristo le ofreció el agua de vida. A Zaqueo, quien era odiado por el pueblo, lo primero que Cristo hizo fue ofrecerle compañerismo. Al líder religioso, Nicodemo, quien no había encontrado satisfacción en la ley, Cristo le habló del nuevo nacimiento. Por medio de sus palabras y ejemplo, Jesús nos enseñó a:

1. Amar a nuestros prójimos como a nosotros mismo (Mateo 27: 37-40)

2. Ministrar en sus necesidades a quienes son diferentes a nosotros (Lucas 10: 30-40, El buen samaritano)

3. Perdonar a otros (Mateo 18: 21-22)

4. Amar a nuestros enemigos y orar por quienes nos persiguen (Mateo 5:43-48)

Aunque es cierto que en el pasado las relaciones entre católicos y evangélicos han dejado mucho que desear, es también es muy cierto que hay dos razones por las cuales nosotros los cristianos evangélicos deberíamos re-examinar nuestras actitudes hacia los católicos: (1) Cristo nos mandó amar a otros (2) Algunos católicos están mostrando más amistad hacia los cristianos evangélicos.[9]

Para poder evangelizar es importante que tengamos el espíritu de Cristo. En el pasado un buen número de los cristianos evangélicos han estado más interesados en probar que los católicos están equivocados que en guiarlos a un encuentro personal de salvación con Cristo.

Principios básicos

Al prepararnos para esta tarea hay pautas que debemos seguir:

1. Debemos utilizar un plan de oración continua. Ninguna cantidad de "conocimiento" en sí traerá a las personas a los pies de Jesús, sólo el poder de Espíritu Santo.

2. Debemos esforzarnos por conocer bien las doctrinas de las personas que deseamos evangelizar.

3. Debemos mostrar respeto hacia las creencias de las personas aunque no estemos de acuerdo con lo que creen.

4. Debemos distinguir entre las doctrinas oficiales de la iglesia católica y lo que creen las personas en particular.

5. Debemos usar la Biblia como nuestra única autoridad. A la vez debemos distinguir entre lo que es bíblico y lo que es tradicional en nuestras propias prácticas religiosas.

6. Debemos reconocer nuestros propios prejuicios contra las personas que tienen creencias diferentes.

7. Debemos cultivar un espíritu de amor y compasión.

8. Debemos ayudar a las personas a descubrir por si mismas lo que dice la Biblia en cuanto a la salvación.

9. Debemos concentrarnos primero en lo que tiene que ver con la salvación.

Sugerencias prácticas
1. **Lo que *no debemos hacer*:**

   a. No debemos criticar a la iglesia católica, sus doctrinas, sus prácticas o sus miembros. Aun pensando que tenemos razón, es contra productivo criticarlos por dos razones
     (1) No está de acuerdo con el Espíritu de Cristo.
     (2) Sólo producirá antagonismo.

   b. No debemos ridiculizar ninguna de las prácticas de la igle sia católica. Algunos evangélicos tienen la costumbre de bur larse de sus sacramentos (imágenes, estampas, crucifijos, etc.). Recordemos que para un católico estas son cosas muy queridas.

   c. No debemos ser negativo simplemente porque diferimos con alguien. Se puede estar en desacuerdo sin ser negativo o descortés.

2. **Lo que *sí debemos hacer*:**

   a. Debemos amar a nuestros amigos católicos. Encontremos oportunidades para manifestarles nuestro amor en formas prácticas.

   b. Debemos orar por nuestros amigos Católicos. Muchos de ellos no han tenido la oportunidad de que alguien ore por ellos mencionando su nombre y sus necesidades específicas. Ore: "Señor, te pido por (nombre), Tú sabes que él tiene la necesidad de (nómbrela) y Señor, Tú has prometido oír nuestras oraciones, bendice a (nombre) ayúdale, etc."

En algunas ocasiones ayuda comenzar con el Padre Nuestro y luego mencionar las necesidades en una forma más espontánea. Esto ayuda a nuestros amigos católicos a sentirse más cómodos sabiendo que tenemos algo en común.

   c. Veamos lo bueno en ellos. Cuando alguno nos diga, "Yo soy Católico," preparémonos espiritual y emocionalmente para decirle: "Tengo mucho gusto en conocerle." Dejemos que el amor de Cristo fluya a través de nosotros. Recordemos, cada persona que conozcamos es una persona por la que Cristo murió.

Por favor, en este punto no me malentiendan. Yo no estoy sugiriendo que comprometamos nuestras doctrinas en alguna forma. Estoy sugiriendo enfáticamente, sin embargo, que: "HABLEMOS LA VERDAD EN AMOR" como dice Efesios 4:15. Estamos obligados a hablar la verdad. Debemos hacerlo, sin embargo, en tal forma que mostremos el amor de Dios. Este amor nos dirige a ser pacientes, corteses y justos en la evangelización de nuestros amigos católicos.

Conclusión

Como sabemos, hay gran diversidad cultural y religiosa en la América Latina. Siguiendo el ejemplo del Jesucristo debemos esforzarnos por conocer bien a los grupos de personas con los cuales queremos compartir el mensaje de salvación. Al mismo tiempo debemos estar conscientes del hecho de que como seres humanos viviendo en la misma región del mundo hay mucho que tenemos en común con ellos. De nuevo, así como nuestro Señor Jesucristo, debemos adaptar la presentación del mensaje a las necesidades específicas de cada persona.

Al emprender esta gloriosa tarea debemos tener en mente lo que aconsejó el apóstol Pedro: "Estad siempre preparados para presentar defensa con *mansedumbre* y *reverencia* ante todo el que os demande razón de la esperanza que hay en vosotros" (1 Pedro 3:15).

NOTAS

[1]   Andrés Tapia, *"Why Is Latin America Turning Protestant?"* (¿Por qué se está haciendo protestante la América Latina?) en *Christianity Today* (Abril 6, 1992), p. 28.

[2]   Thomas S. Giles, *"Forty Million and Counting" Christianity Today* (April 6, 1992), p. 32.

[3]   Samuel Escobar, *"A New Reformation,"* (Una nueva reforma), en *Christianity Today*, (abril 6, 1992), p. 30.

[4]   Tapia, op. cit., p. 28.

[5]   Rev. Ricardo Chávez, portavoz de la Conferencia Católica de California, "The San José Mercury News," Feb. 28, 1990, p. 12A.

[6]   "Catholic Leaders Worried Over Loss Of Hispanics to Protestant Churches," The Atlanta Journal and Constitution, (May 14, 1989).

[7]   Eugene Nida, *Understanding Latin Americans*, Pasadena: William Carey Library, 1974), p. 5.

[8]   Nida, p. 9.

[9]   Escuchemos lo que el Sacerdote William dice: "En el pasado los católicos no hemos tratado bien a otros cristianos. Los hemos tratado como cristianos dudosos, con el mismo calor como tratamos a los comunistas. Hemos enseñado que sus iglesias no son cristianas sólo porque reconocemos una iglesia y una unidad, la establecida por Roma. Una co-existencia pacífica es la que esperamos desde ahora." *Contemporary Catholic Catechism, 96.*

CAPÍTULO 9

DISEÑAR ESTRATEGIAS CONGREGACIONALES

Introducción: La nueva familia de María

Después de años de observación y preocupación, decidí intentar la creación de un estilo congregacional que disminuyera los obstáculos tradicionales y culturales que encuentran los católicos cuando visitan las iglesias evangélicas típicas. Cuando la iglesia me pidió ser el pastor, discutí con los líderes la visión que yo tenía para una congregación culturalmente relevante en una comunidad predominantemente católica. Tuvieron la gentileza de estar de acuerdo con el experimento. Sin ir a los detalles aquí, brevemente mencionaré algunos de los cambios que hicimos en lo que era una congregación muy tradicional.

Primero, acordamos que entraríamos al santuario en espíritu de reverencia y adoración. En vez de hablar con los demás creyentes miembros de la iglesia tomaríamos tiempo para orar en silencio y así preparar nuestros corazones para la adoración mientras que el órgano toca suavemente. Segundo, acordamos que no saludaríamos a los visitantes individual o públicamente, sino que daríamos una bienvenida general y que nos saludaríamos los unos a los otros mientras que se cantaba una alabanza. Enfatizamos que los visitantes necesitan sentirse genuinamente bienvenidos y amados. Tercero, acordamos usar una pantalla para proyectar las alabanzas y los himnos para que los visitantes fácilmente pudieran seguirlos y participar. Cuarto, acordamos que los sermones del domingo por la mañana serían positivos e inspiradores. Enfatizamos que nunca diríamos nada crítico o negativo de otras religiones sino que nos enfocaríamos en indicarle a Cristo a la gente. Quinto, acordamos dar la invitación para hacer la decisión de recibir a Cristo diferentemente. En vez de ponerse en pie y pasar al frente les pediríamos a todos que se inclinaran para orar. Entonces les pediríamos a los que desearan recibir a Cristo que levantaran sus cabezas y miraran al pastor, y oraran la oración dirigida por el pastor y luego llenaran una tarjeta con la información personal para que el pastor o alguien más de la iglesia los pudiera visitar y conversar con ellos acerca de su decisión. También acordamos que después del servicio tendríamos una breve recepción para los que desearan conversar con el pastor. Finalmente, decidimos colocar los anuncios, que serían breves, al final del servicio para que el servicio fluyera naturalmente y sin interrupciones.

No mucho después que implementamos estos cambios, recibimos la visita de una bella familia peruana que recientemente se había mudado al área. Samuel, María y dos hijos habían sido visitados por un miembro de la iglesia que les había hablado de la necesidad de tener la experiencia personal de la salvación en Jesucristo. Después de predicar un sermón evangelizador, les pedí a los que desearan invitar a Jesús a sus vidas que me miraran mientras que otros permanecían con sus cabezas inclinadas. Tanto Samuel como María me miraron, y oraron la oración conmigo y escucharon atentamente a las breves instrucciones que les di. Al concluir el servicio ambos estaban en la recepción. Dijeron que el servicio y el sermón les había tocado profundamente y que deseaban conocer más de su camino con el Señor. Los invité a que se unieran a nuestra clase de nuevos creyentes esa tarde. Preguntaron: "¿ustedes asisten a la iglesia por la noche también?" Sin embargo, acordaron venir a la clase.

En la clase María dijo que había abierto su corazón a Cristo y que tenía una paz que no había experimentado antes, pero que todavía tenía muchas preguntas. Ella explicó: "La razón de que mi nombre sea María es que mi madre es fuertemente devota de la virgen María." Luego preguntó: "Si continúo viniendo a esta iglesia, ¿tendré que odiar a la virgen María?" Le respondí: "No, ¿quién le dijo tal cosa?" Ella me contó que había tenido compañeros de trabajo en el Perú quienes le habían dicho que todo lo relacionado con María era idolatría y paganismo y que "tenía que deshacerse de María" si iba a ser "cristiana." Le dije que en nuestra clase de hacer discípulos para nuevos creyentes trataríamos con esa doctrina dentro de pocas semanas, pero que mientras tanto, ella tenía que saber mi posición respecto a María. Le dije que María había sido muy una persona muy especial y consagrada por Dios para que hubiera sido escogida para darle el nacimiento a su Hijo. También le dije que hay muchas cosas en la vida de María que tenemos que imitar tales como su obediencia, su espíritu sacrificial, su fe, y su compromiso de indicar a la gente la obediencia a Jesucristo. Ella estuvo de acuerdo en continuar asistiendo a la clase y que anticipaba el tiempo cuando se tratara con mayor detalle esta doctrina. Inicialmente en la clase tratamos con tópicos como la seguridad de la salvación, la importancia del estudio de la Biblia, el bautismo de creyentes, la confesión bíblica, la Cena del Señor y la naturaleza de la iglesia del Nuevo Testamento.

Con estudio, el compañerismo de nuestra iglesia vino a ser muy significativo para esta familia. Ella era maestra de escuela y él era un terapista físico. Los trabajos que les habían ofrecido, sin embargo, no se realizaron. Al saber esto los miembros de la iglesia intervinieron y les proveyeron albergue y comida absolutamente gratis, les ayudaron a conseguir un carro, les asistieron para encontrar un nuevo empleo y simplemente los amaron. Después de asistir por seis meses, decidieron obedecer a Cristo en el bautismo de creyentes. Cuando María descendió a las aguas bautismales me dijo: "La noche antes de casarme no podía dormir porque estaba muy emocionada y anoche tampoco pude dormir. Esta es una experiencia tan maravillosa." Cuando Samuel y María compartieron con sus familias en Perú lo que habían hecho, sus familiares se molestaron en extremo. María explicó que los padres de Samuel habían deseado que hubiera llegado a ser sacerdote, y la familia de María había soñado que ella fuera monja. Ahora estaban perturbados porque habían "abandonado la religión de sus familias." Por mucho tiempo sus familiares no respondían a su correspondencia. Les animamos para que continuaran amando a sus familias y nos refrenamos de criticarlos o de presionarlos mientras que orábamos por ellos. Después de pocos meses, su hijo mayor celebraría su cumpleaños y María invitó a sus padres. Ellos aceptaron con la condición que no esperaran que fueran a asistir a la iglesia evangélica. Cuando llegaron se conmovieron grandemente por el amor que era evidente en esta familia y con el hecho que los dos nietos eran tan respetuosos y oraban antes de comer y de irse a la cama. Eso hizo que los abuelos le dijeran a María: "Esta religión no puede ser tan mala si produce estos resultados en la familia." Entonces estuvieron más dispuestos a conversar del Señor.

Un año después, Samuel y María sintieron el llamamiento de Dios al ministerio cristiano. Con la ayuda de la congregación, ambos fueron a estudiar en un seminario evangélico. Samuel es ahora pastor de una iglesia y María es la directora del ministerio de niños. Ambos aman al Señor con devoción y continúan creciendo en su experiencia cristiana. Hace algún tiempo le pregunté a María: "¿Cuál es su punto de vista de María ahora que usted ha estudiado la Biblia?" Ella me respondió: "Todavía tengo un gran aprecio por María. Estoy verdaderamente inspirada por su ejemplo, pero ella no murió por mis pecados. Mi devoción suprema es para el Señor. Le oro solamente a Él."

Escuchando su testimonio y viendo lo que el Señor ha hecho en la vida de esta pareja y en sus hijos me siento muy inspirado. También soy fortalecido por el hecho de que he aprendido de los errores que hice mientras que procuraba ministrarle a Nora unos años atrás. Me estremezco cuando pienso que hubiera resultado una hermosa pareja con un tratamiento sensible al testificarles y al hacerlos discípulos que como lo que hice en el pasado. También me anima mucho el papel de nuestra congregación que ha sido culturalmente sensible al ministrarle a esta pareja. Necesitamos muchas más congregaciones como esta.

LECCIONES DE LA ESTRATEGIA CONGREGACIONAL

Aunque muchos de los cambios que han tenido lugar en la iglesia católico romana desde el Concilio Vaticano Segundo tales innovaciones como la misa celebrada en el idioma del pueblo, mayor participación de parte de los asistentes, música contemporánea (tipo de alabanza), permanece el hecho que muchos católico romanos encuentran diferencias significativas en las congregaciones evangélicas. Una de estas diferencias tiene que ver con el concepto de la iglesia que se encuentra en cada uno de los dos grupos. Para muchos católicos, la iglesia es el santuario en el cual adoran. Esto tiene implicaciones por diferentes razones (p. ej., estatuas, pinturas, veladoras, agua bendita) que encuentran en sus iglesias tanto como la actitud con la cual la gente entra a su iglesia. A menudo las prácticas que son muy significativas y queridas para los evangélicos (p. ej., tener un espléndido tiempo de compañerismo, antes que empiece el servicio) pueden interpretarse por los católicos visitantes como falta de reverencia. Entre otras diferencias se encuentra el hecho que en la mayoría de países, los católicos adoran en las catedrales históricas y en santuarios localizados en las partes más prominentes de las ciudades. Iglesias evangélicas que se inician en edificios pequeños y modestos a menudo son un desafío en áreas predominantemente católicas.

Otro desafío surge del hecho que cuando los católicos se unen a iglesias evangélicas, tienen vacíos en sus vidas que no llenan las iglesias evangélicas. Estos vacíos resultan de algunas de las practicas religiosas que usaban cuando eran católico romanos tales como el bautismo de niños, la primera comunión para los niños, juntarse como familia para conmemorar el aniversario de la muerte de un miembro de la familia, y tener celebraciones especiales durante la cuaresma, navidad y otros días especiales.

Aun otro desafío encarado por los católicos cuando visitan las iglesias evangélicas sucede cuando se les pide que se pongan de pie, y den su nombre y aun digan unas pocas palabras. En su deseo de hacerlos sentirse bienvenidos, algunos líderes de iglesias evangélicas intimidan y alienan a sus visitantes católicos. Otras prácticas tales como tener muchas alabanzas congregacionales, tener adoración muy informal y poner presión para que hagan una decisión pública hace que muchos visitantes católicos se sientan incómodos y no dispuestos a regresar.

En la lección 13 "el concepto de la iglesia" trataremos el concepto que muchos católicos tienen de la iglesia. En esta discusión enfatizamos el hecho que en última instancia no es la historia ni la majestad de los edificios lo que atrae a la gente, sino el verdadero amor cristiano, relaciones redentoras y un espíritu de servicio. Aunque es importante tener limpieza y belleza, y los lugares de adoración tan atractivos como sea posible, hacemos algunas sugerencias de cómo ministrar a las necesidades espirituales a fin de llevarlos a Cristo.

En la lección 14 "ceremonias bíblicas para actos socio-religiosos," intentamos ayudar a los evangélicos a que tengan un mejor entendimiento de los eventos religiosos que son importantes para los católico romanos. Sin embargo, a la vez desafiamos a los evangélicos a diseñar ceremonias que sean verdaderamente *bíblicas* y culturalmente *relevantes*. Estos sustitutos funcionales no solamente pueden llenar un vacío socio/espiritual de los que eran católicos sino que contribuye a su crecimiento espiritual tanto como a su habilidad de alcanzar a sus amados para Cristo.

En la lección 15 "cultos relevantes en un contexto latinoamericano," ayudamos a los evangélicos a evaluar sus servicios desde la perspectiva de sus amigos católicos. En otras palabras, ¿qué significan las cosas que hacemos en nuestros servicios de adoración para nuestros amigos católicos? ¿Qué tenemos que hacer diferentemente a fin de evitar barreras innecesarias sociales y tradicionales? Las respuestas a estas preguntas pueden guiar a diseñar servicios de adoración que verdaderamente honran a Dios mientras que a la vez comunican de una manera positiva significado relevante a nuestros visitantes católicos. Estas lecciones pueden contribuir para establecer las estrategias contextualizadas en el desarrollo de la congregación.

LECCIÓN 13

EL CONCEPTO DE LA IGLESIA

Introducción

Es de suma importancia que conozcamos el concepto que por lo general tienen los católicos romanos en cuanto a la iglesia. Esto tiene implicaciones para la metodología que usamos para ganarles para Cristo y para animarles a que se integren a una congregación en la cual puedan continuar aprendiendo acerca de la Palabra de Dios y creciendo en su fe.

Concepto católico de la iglesia

La iglesia es el templo (El edificio)

Aunque la iglesia católica no enseña oficialmente que la iglesia es el edificio, en cierto sentido el concepto de muchos católicos en cuanto a la iglesia se parece al de los judíos en el tiempo del Antiguo Testamento, es decir, que la iglesia es el templo. Este concepto tiene varias implicaciones importantes.

La Arquitectura

Una implicación es que la arquitectura y la belleza del templo dan validez a su religión. Las catedrales y los templos grandes e impresionantes inspiran un sentido de confianza en muchos católicos. Ellos sienten que la "iglesia verdadera" es la que posee los edificios más grandes y bellos. En muchos casos, estas catedrales católicas se encuentran en el centro de la ciudad y son utilizados para las ceremonias (bodas, funerales, etc.,) de las personas más prominentes en las esferas sociales y políticas. Hay un sentir en los corazones de muchos católicos que su religión es la religión "oficial" pues sus templos tienen todos las señas de aceptación, reconocimiento y respeto. En contraste con esto, muchos católicos tienen la impresión que los edificios pequeños y humildes de muchos grupos evangélicos reflejan una falta de validez religiosa. Si estos grupos evangélicos realmente fueran la "iglesia verdadera," ellos tendrían los edificios que reflejan el respeto y el reconocimiento oficial de parte de las altas esferas de la sociedad.

La base histórica

Otra implicación es que la base histórica de los templos (Catedrales) católicos manifiesta que ésta es la religión verdadera. Los católicos no solo tienen templos grandes e impresionantes sino que muchos de estos fueron construidos en la era de los españoles. En otras palabras, la presencia de estos templos es para muchos católicos evidencia de que su religión ha sido la religión oficial de la América Latina y de su país por varios siglos. En contraste con esto, muchos católicos ven los templos evangélicos como edificios que se han construido recientemente y que carecen de una base histórica que dé validez a la religión que ellos profesan. Algunos de los católicos piensan: "¿Por qué debo identificarme con una de estas sectas nuevas cuando mi familia ha pertenecido a una religión que ha sido reconocida oficialmente a través de los siglos?

La iglesia es donde está Dios

Otro concepto que tienen muchos católicos es que la presencia de Dios está en el templo. Este concepto tiene varias implicaciones.

1. La presencia de Dios y los sacramentos

De acuerdo con la doctrina católica, la presencia de Dios está relacionada con los sacramentos. Al celebrarse la eucaristía, por ejemplo, no sólo se hace memoria de la muerte y la resurrección de Jesús sino que creen que el pan y el vino se convierten en el cuerpo y la sangre de Cristo. Esto hace que Cristo esté presente en una forma corporal no sólo en una forma espiritual. Por eso es que los católicos hablan acerca de la adoración de la hostia, pues para ellos significa la adoración de Cristo.

2. La presencia de Dios y los sacramentales

Los sacramentales son las cosas materiales y simbólicas que ayudan a la persona católica a expresar y practicar su fe. Los sacramentales más usados son el vestuario del sacerdote, la cruz, la señal de la cruz, el agua bendita, las imágenes, las pinturas, los altares, las veladoras, las medallas y el incienso. Es la creencia de muchos católicos que Dios se hace presente a través de los sacramentales. De nuevo, ellos no simplemente tienen la idea que los sacramentales son símbolos religiosos sino que en éstos se encuentra la presencia de Dios en una forma real y tangible. Por ejemplo, la señal de la cruz puede hacer que se aparten los espíritus inmundos y puede dar una bendición a la persona. El agua bendita rociada sobre el féretro en un funeral

CONTEXTUALIZAR LAS ESTRATEGIAS

asegura a los dolientes que el ser querido fallecido tiene la bendición de Dios. El encender una veladora y hacer un rezo frente a una imagen en el templo da a la persona la confianza que está comunicando con alguien que está presente allí mismo y que este santo o esta virgen comunicará su petición a Dios.

Es muy importante que reconozcamos que muchos católicos asocian la presencia de Dios con lo que pueden ver (las imágenes, la arquitectura del santuario), oír (la música), palpar (las medallas), probar (la hostia) y oler (el incienso). En otras palabras, la experiencia religiosa para ellos apela a sus cinco sentidos.

El hecho que los católicos creen que la presencia de Dios reside en el templo les guía a tener un sentido de reverencia. Por eso es que guardan silencio, se arrodillan para orar y las mujeres se cubren la cabeza.

Cómo superar las ideas preconcebidas en cuanto a la iglesia

En vista de los edificios tan impresionantes que tienen los católicos, su sentir de historia en cuanto a sus edificios y el concepto que tienen en cuanto a la presencia de Dios en sus templos, los evangélicos a veces tenemos grandes obstáculos que superar para que ellos visiten y se sientan en casa en nuestros templos. Aunque no podemos (ni debemos) construir grandes catedrales y llenarlas con imágenes para que se sientan cómodos, hay muchas cosas que sí podemos hacer relacionadas tanto con el aspecto físico de nuestros templos como con el aspecto espiritual.

Tener los edificios los más adecuados que sea posible

Como evangélicos nosotros tenemos la convicción que Dios no mora en casas hechas de los hombres sino en los corazones de los creyentes. Esto, no obstante, no debe prevenirnos de conseguir y mantener los edificios los más adecuados posible para la gloria de Dios y las actividades de la iglesia. Ya sea que alquilemos, que compremos o que construyamos un edificio, éste debe estar lo más limpio y atractivo posible. Después hablaremos acerca de los factores espirituales que ayudan a las personas a responder al evangelio. Es importante, no obstante, que las personas con antecedentes católicos que nos visiten se lleven la impresión que nos esmeramos por tener un ambiente propicio cuando nos reunimos para adorar a Dios.

Dar atención al simbolismo

Aunque como evangélicos no creemos que se debe tener imágenes en el templo, lo cierto es que lo que sí tenemos comunica mensajes en una forma simbólica. Tales cosas como los manteles sobre el púlpito y la mesa de la Cena del Señor, los arreglos florales, las banderas, el arreglo de los muebles en la plataforma y los cuadros en el bautisterio y las paredes tienen valor simbólico. Una de las cosas que debemos preguntar es, ¿qué significa esto para los católicos que nos visitan? Templos desaseados y mal decorados con cuadros descoloridos y banderas desgastadas pueden comunicar a los inconversos que no damos mucha atención al ambiente en el cual nos reunimos para adorar a Dios.

Proveer un ambiente espiritual

Aunque es cierto que los edificios grandes e impresionantes de las iglesias católicas apelan mucho al sentir cultural, histórico y estético de los latinoamericanos, también es cierto que, a resumidas cuentas, no son los edificios los que atraen a las personas sino el ambiente espiritual que ellos encuentran en la iglesia. Varios estudios que se han hecho acerca de las razones por las cuales las personas han respondido al evangelio y se han unido iglesias evangélicas revelan que los factores más importantes han sido el compañerismo sincero, un ambiente genuino de espiritualidad, sermones informativos y edificantes, estudios bíblicos relevantes, cultos de adoración inspiradores y cuidado pastoral compasivo. En otra sesión hablaremos con más detalle acerca de estos factores. Es suficiente mencionar aquí que como evangélicos no debemos sentirnos derrotados cuando no tenemos edificios impresionantes. Debemos hacer lo mejor que podamos, pero a la vez, debemos estar conscientes que tenemos mucho que ofrecer a las personas que no conocen a Cristo. Al mismo tiempo es importante saber el concepto que ellos tienen en cuanto a la iglesia para que podamos alcanzarles y hacerlos discípulos en una forma más eficaz. Después de ganarles para Cristo debemos enseñarles más detenidamente el concepto bíblico acerca de la iglesia.

Enseñanza bíblica en cuanto a la iglesia[1]

Debido a los conceptos equivocados que tienen muchas personas en cuanto a la iglesia es beneficioso que definamos primeramente lo que no es la iglesia.

Lo que no es la iglesia

La iglesia no es una organización que debe tener un gobierno centralizado en alguna parte del mundo. No es un cuerpo uniforme, sino unido. No es una institución que salva en sí misma, puesto que quien salva es Cristo. No es perfecta, puesto que está compuesta de seres humanos. No es un fin en sí misma, sino el medio para que otros conozcan a Dios. No es un edificio, sino las personas que la componen.

Lo que sí es la iglesia

La Biblia nos describe a la iglesia, así conocemos su naturaleza y tarea. Literalmente significa "los llamados" a una compañía de creyentes redimidos por Cristo y unidos mutuamente por vínculos de fe y afecto. Este concepto es muy importante en el Nuevo Testamento, y por esta razón el término Iglesia aparece 109 veces. En 17 de estos pasajes se refiere a todo el pueblo de Dios esparcido por el orbe, pero en el resto de los pasajes se refiere a la iglesia local, un grupo de creyentes geográficamente localizados en un lugar como familia espiritual.

1. La iglesia es el cuerpo de Cristo

En primer lugar se la presenta como el cuerpo de Cristo. Con tal figura se enfatiza la vida común que se comparte con Cristo. (Romanos 12:5; Efesios 4:4).

2. La iglesia como el grupo de creyentes

En segundo lugar se la presenta como la compañía de creyentes en Cristo, redimidos por la acción de Dios; así a tales creyentes les caracteriza el ser: escogidos, redimidos, renacidos y sellados (Efesios 1:3-13).

3. La iglesia como el organismo con Cristo como la cabeza

Cristo es la cabeza de la Iglesia. O lo que es lo mismo, la iglesia es su cuerpo (Efesios 1:22-23). Cristo gobierna por su Espíritu Santo y su Palabra. Existe una relación paralela de esposo-esposa, (Efesios 5:23 y Filemón 2:7). Este concepto tiene unas consecuencias directas, como que la iglesia no puede quebrantar el espíritu de Cristo, sin que ello vaya en perjuicio de sí y su propio testimonio. Dice Niles al respecto: "La iglesia no es solamente un instrumento del evangelio, sino una parte del mismo evangelio". Y otra derivada es que como organismo, es una realidad viviente. Son los creyentes esparcidos e incrustados en la sociedad.

4. La iglesia como la familia de Dios

La Biblia describe a la iglesia como a "la familia de Dios" (Efesios 2:19-22).

5. La naturaleza intrínseca de la iglesia

La iglesia tiene una naturaleza intrínseca, pues aunque imperfecta por estar compuesta por seres humanos, contribuye decisivamente a elevar la dignidad. Por ejemplo: es el templo del Altísimo; Cristo obra dentro de la iglesia; El Espíritu Santo está presente guiando y facultando a los creyentes. Es la esperanza de la raza caída. Y todo esto sucede porque fue fundada por Cristo, con una expresa promesa de permanencia victoriosa. (Mat.16:18).

El concepto de iglesia, por consiguiente, no necesita cambiarse en cada generación o época. Es permanente, como lo es su fundador. Su propósito y relación con Dios permanecen lo mismo para cada generación; lo que sí cambia, y es aconsejable que sea así, son los métodos de adaptación a la realidad social cambiante.

DISTINCIÓN DE LA IGLESIA: KOINONÍA.

Una nota distintiva de la iglesia es el ser una fraternidad basada en el compañerismo de los creyentes. A esto se le llama "Koinonía" en el Nuevo Testamento, que significa básicamente comunión entre unos y otros, es decir compañerismo entre los miembros y con Dios (Filipenses 1:5 y Juan 13:35). Valor e intrepidez hacia los que se oponen. (Hechos 4:29).

Dinámica del compañerismo.

El compañerismo forma un círculo del cual Cristo es el centro. Hay algunos valores que surgen del mismo y que son bien tangibles; el valor interno de los símbolos; bautismo, como confesión y testimonio que identifica. Comunión o cena del Señor, como conmemoración que crea unidad. El compañerismo es por tanto un apoyo a nuestra individualidad, que promueve intrepidez y compasión entre unos y otros. Este compañerismo no se basa en un mero hecho social, sino en el Espíritu de Dios que rompe soledades y transmite poder espiritual.

Si el compañerismo se quebranta dentro de la iglesia, entonces se produce un lapso espiritual o lo más peligroso un retroceso.

Uso de la palabra "koinonia".

Esta palabra tiene tres usos básicos en el Nuevo Testamento:

1. Con el significado de sociedad en una causa mutua (Romanos 15:26; 2 Corintios 8:4; Hebreos 8:16).

2. Con el sentido de compartir con intensidad (Filipenses 1:5). Su afecto más inmediato es lealtad. El compañerismo espiritual dentro de la iglesia esta inspirado en esa lealtad por encima de soberbias, intereses y personalismos.

3. Con el sentido de compañerismo con el Espíritu de Dios, (1 Corintios 1:9; 1 Corsintios10:16; Gálatas.2:9). Esta clase de compañerismo lo provee la iglesia, y sus beneficios son vitales para el creyente. Porque no es un compañerismo a secas, es un compañerismo entre los hombres redimidos y Dios.

LA MISIÓN DE LA IGLESIA.

Para cumplir su misión la iglesia local o familia espiritual se debe organizar. Ya hemos mencionado que Cristo es la cabeza, como supremo inspirador y ayudador. Por lo tanto inspirados en Él y guiados por el ejemplo de las iglesias del Nuevo Testamento la iglesia desarrolla su organización interna basada en los ministerios que tiene que realizar. Para ello el grupo de creyentes bautizados, comprometidos, eligen como congregación a las personas que desempeñarán distintos ministerios; pastores, maestros, diáconos, predicadores, evangelistas, misioneros, etc. Estas personas son elegidas según los dones que Dios le ha dado para que sirvan en aquel ministerio al cual han sido llamados. (Filipenses.1:1, Hechos 6:3, Tito 1:5-7, Efesios 4:11-13). El ministerio de la iglesia está basado en una labor redentora en el nombre de Cristo.

La labor de la iglesia es redentora.

El mandato de "id y haced discípulos..." es primordial para cumplir esta labor que se le ha encomendado. Si el grupo de creyentes, los llamados, abandonara este mandato ya no tendría lugar ni en el tiempo ni en la eternidad (Mateo 28:19-20; Génesis 12:2-3,7; Gálatas 3:16). Jesús inicia una nueva época y constituye su iglesia como un nuevo orden. Con un mandamiento muy definido: ir a la humanidad. Con un supuesto siempre en vigor: Cristo es su Señor.

La misión de la iglesia es una invitación a un encuentro redentor con Dios.

Este encuentro es de naturaleza personal. El hombre pecador se acerca a Dios y lo hace con confianza y arrepentimiento, y el poder de Dios regenera dando lugar a una nueva criatura. A esta relación está llamada la iglesia con su testimonio.

La labor de la iglesia no es política.

Está interesada en el bienestar del Estado, está interesada en la justicia, pero ello no la liga a compromisos de orden partidista o ideológico de ningún tipo. Su presencia en medio de cualquier estado es de fermento. El mundo sufre por fracasos en sus asuntos políticos, sociales y económicos. Por ello se hace necesaria la sólida presencia de la iglesia en los problemas humanos. Si el mundo ha de solucionar sus crisis será de dentro hacia fuera; es decir, hay que empezar por sanear el corazón. Por ende, se debe mantener la separación de la iglesia y el estado.

La misión de la iglesia es conducir a una madurez espiritual equilibrada.

Evangelizada la persona, sigue siendo labor de la iglesia conducirle a la madurez. El convertido inicia ahora un proceso de desarrollo que ha de llevarle a la madurez equilibrada. Para poder complementar esta etapa, la iglesia dará; instrucción, desarrollo de posibilidades ministeriales y creará la responsabilidad en su membresía en cuanto a la adoración comunitaria, sostenimiento económico de los ministerios de la iglesia, estudio de la Biblia con la iglesia, reuniones de oración junto con la iglesia. Todas estas responsabilidades tienen poder del Espíritu y son de bendición.

Conclusión

La Biblia enseña claramente que la iglesia es el cuerpo de Cristo y no el edificio. No obstante, al tratar con nuestros amigos católicos, es importante que comprendamos el concepto que ellos tienen de la iglesia. Esto debe motivarnos a mantener nuestros edificios lo más limpios y atractivos posibles. Al mismo tiempo debemos manifestar las características verdaderas de la iglesia que honra a Cristo tales como amor, compañerismo, servicio cristiano, predicación bíblica, adoración inspirada, discipulado eficaz. Esto ayudará a los visitantes a sentirse bienvenidos y a reconocer que la iglesia verdadera es la que honra a Cristo con sus acciones y sus enseñanzas.

Estas características que hemos mencionado en cuanto a la iglesia se deben tener en cuenta al comenzar nuevas congregaciones.

NOTAS

[1] Esta sección fue tomada de un material de desarrollo de discípulos en Daniel R. Sánchez, Jorge Pastor, *Evangelicemos a Nuestros Amigos*, (Birmingham: Woman's Missionary Union, 2000).

LECCIÓN 14

LAS CEREMONIAS BÍBLICAS PARA ACTOS SOCIO-RELIGIOSOS

Introducción

La fiesta es una de las prácticas que más caracterizan al pueblo latinoamericano. Hay muchas oportunidades en su vida para celebrar. Esto incluye tanto los ritos de transición (como nacimientos, confirmación y bodas) como la celebración de días con significado social, político o religioso. La iglesia católica ha sabido aprovechar estos días para darles significado religioso e identificar a las personas con esta institución. Los días significativos en la vida de la persona presentan oportunidades para cultivar su amistad y crear oportunidades para presentar el mensaje de salvación. Para poder comprender la naturaleza y el significado de estos días, comenzaremos con una descripción de la forma en que se celebran. Después hablaremos acerca de la manera en que podemos planificar actividades para estos días festivos.

Descripción de celebraciones especiales

En la vida del latinoamericano hay muchas oportunidades para celebrar. Estas celebraciones se pueden dividir entre varias categorías: 1) celebraciones socio/religiosas y 2) celebraciones personales. Aunque éstas se pueden dividir en esta forma para analizarlas, lo cierto es que éstas están tan entrelazadas que no se pueden separar totalmente. Es decir, las fiestas personales incluyen aspectos tanto religiosos como sociales.

Celebraciones socio/religiosas

Hay celebraciones religiosas oficiales que están en el calendario litúrgico de la iglesia católica. Estas celebraciones las discutiremos en la próxima sección. A la vez hay celebraciones extraoficiales que también tienen gran significado en las vidas de los católicos. En esta sección daremos atención a ambos tipos de celebraciones.

Celebraciones relacionadas con el año litúrgico

Hay algunos días durante el año cuando la atención de nuestros amigos católicos se concentra en Cristo. Durante estos días especiales se le manda a los católicos a leer la Biblia y a orar. Esto provee de una magnífica oportunidad para invitar a nuestros amigos católicos a participar con nosotros en estudios bíblicos relacionados a los temas que se enfatizan durante estas temporadas del año eclesiástico. Tales días son oportunidades propicias para hablarles sobre su relación personal con Cristo.

Advenimiento

Este período comienza cuatro semanas antes del nacimiento de Cristo. Durante las primeras dos semanas la segunda venida de Cristo como Juez y Señor en el fin del mundo es celebrada. De diciembre 17 al 24, el énfasis cambia hacia una anticipación de su natividad en la festividad de la navidad. Lecturas bíblicas recomendadas: Pasajes que se refieran al Mesías.[1]

Natividad

Este período comienza con la festividad de la navidad, diciembre 25, y dura hasta el domingo después de la epifanía, (enero 6).[2] El bautismo del Señor, observado en el domingo siguiente a la epifanía, termina con la festividad de la natividad. Lecturas bíblicas recomendadas: Pasajes que describen el nacimiento de Jesús.[3]

Cuaresma

La estación de la penitencia La cuaresma comienza con el miércoles de ceniza, la que se celebra entre febrero 4 y marzo 11, dependiendo sobre la fecha de la resurrección. La cuaresma tiene 40 días con seis domingos. El desenlace de la cuaresma en la última semana se llama semana santa. Sus tres últimos días (jueves santo, viernes santo, y sábado santo) son conocidos como la traída pascual.[4] Lectura bíblica recomendada: Pasajes que se refieren al bautismo y la penitencia.

Pentecostés

El Pentecostés, cuyo tema es la resurrección del pecado a la vida de gracia, incluye 50 días, desde la pascua de resurrección hasta la fiesta del Pentecostés. La pascua de resurrección, el primer domingo que sigue al equinoccio de primavera, ocurre entre el 22 de marzo y el 25 de abril. La fase final del Pentecostés, entre la fiesta de la ascensión del Señor y el Pentecostés, presenta la anticipación de la venida y acción del Espíritu Santo. Lectura bíblica recomendadas: Hechos y Juan.[5]

Domingos ordinarios del año

Incluye períodos entre la pascua de resurrección y la cuaresma, así como todos los domingos después del Pentecostés hasta el último domingo del año litúrgico. El propósito fundamental de esta estación es elaborar el tema de la historia de la Salvación.[6]

Celebraciones relacionadas con los sacramentos

a) **Bautismos** - El bautismo de un niño no es sólo una ceremonia religiosa sino social. Después del bautismo se reúnen los familiares y amigos para celebrar este acto importante en la vida de esta familia.

b) **Confirmación y primera comunión** - Después de haber pasado por la instrucción del catecismo, el niño recibe el sacramento de la confirmación y luego puede participar en la eucaristía. Por lo general se viste a los niños de blanco y así como en el bautismo, la familia se reúne para celebrar.

c) **Bodas** - El matrimonio es considerado un sacramento y por eso se celebra en la iglesia. A la vez, el matrimonio es un acto social que es celebrado por los familiares y amigos con gran alegría.

d) **Oración por los enfermos** - El sacramento de la extrema unción ahora se está usando no sólo para preparar a la persona para la muerte sino para orar por la salud de la persona. En estas ocasiones también se reúnen los familiares y amigos.

Celebraciones extraoficiales

Hay celebraciones que no aparecen oficialmente en el calendario litúrgico pero que son practicadas en las comunidades locales con la aprobación del sacerdote.[7]

a) **Celebraciones de navidad**

1) **Posadas** - En algunos países latinoamericanos se observa la costumbre de dramatizar el esfuerzo de José y María por encontrar alojamiento. Las personas que participan en la procesión continúan hasta que encuentran un hogar que les recibe, les sirve refrescos y les da la oportunidad de celebrar.[8]

2) **Acostada del niño** - En esta celebración se invitan amigos y familiares para presenciar la acostada del niño Jesús en el pesebre que es parte de una escena de navidad puesta sobre una mesa en un hogar. Después de la acostada del niño hay refrescos y compañerismo.

3) **Pastorelas** - En algunos lugares se tienen dramas que representan el nacimiento del niño Jesús. Estos incluyen la llegada de los pastores y los reyes magos.

b) **Celebraciones de semana santa**

1) **Procesiones** - En muchos lugares hay procesiones que llevan imágenes de Jesús en la cruz y de María.

2) **Estaciones de la cruz** - En algunos países las personas participan en una peregrinación al visitar las estaciones de la cruz que han sido puestas allí para que la persona medite en la vía dolorosa que caminó Jesús rumbo a la cruz.

3) **Dramas de la crucifixión** - Así como en el tiempo de navidad se tienen las pastorelas, en el tiempo de la cuaresma se tienen dramas que representan la crucifixión de Jesús.

Celebraciones personales

Muchas de las fiestas personales pueden ser clasificadas como ceremonias de transición. Estas indican la transición de una etapa de la vida a otra. Estas incluyen nacimientos, cumpleaños (en algunos países quinceañeras), bodas, día del padre, día de la madre, funerales y aniversarios (de matrimonio y de cumpleaños o fallecimiento de un ser querido). Estas celebraciones son de gran importancia pues dan oportunidad para expresar gratitud a Dios y a los seres queridos, proveen ocasiones para que la familia se reúna, pase un rato alegre, manifieste su cariño y comunique sus valores a la nueva generación.

Celebraciones que cultivan la amistad

Al hacer este repaso de las celebraciones en las vidas de los católico romanos, sin duda encontramos que tenemos muchas cosas en común por virtud de que somos parte de la misma cultura latinoamericana. Al mismo tiempo sabemos que hay cosas significativas en las cuales diferimos debido a nuestras convicciones como evangélicos. Estas diferencias, no obstante, no deben guiarnos a separarnos totalmente de nuestros familiares, amigos y vecinos católicos. Esto implicaría un concepto equivocado de la santificación. Jesús oró: "no te ruego que los quites del mundo, sino que los guardes del mal" (Juan 17:15). El también dijo: "Vosotros sois la luz del mundo" (Mateo 5:14). Para cumplir la voluntad de nuestro Señor, debemos de buscar formas de tener compañerismo con las personas católicas sin violar nuestras convicciones evangélicas. Esto tiene implicaciones para nuestra vida personal y nuestra vida como iglesia.

Celebraciones en los hogares

Las celebraciones en los hogares presentan la oportunidad de cultivar la amistad lo cual en muchos casos abre la puerta para comunicar en evangelio a nuestros familiares y amigos católicos.

Una ocasión tuve la oportunidad de predicar una campaña evangelizadora en una iglesia situada en una ciudad metropolitana. En tres noches tuvimos 75 profesiones de fe. Como 60 de estas personas fueron traídas a la iglesia por una hermana que vivía en un edificio multifamiliar. La razón por la cual ellos respondieron a su invitación fue que ella se había interesado por ellos. Una vez por mes ella tenía una fiesta de cumpleaños en su apartamento para todas las personas de ese edificio que habían cumplido años durante ese mes. Además de esto, ella invitaba a las parejas recién llegadas a venir a su casa para un café o una cena. Ella llegaba a conocerles tan bien que sabía cuando enviar tarjetas de cumpleaños, aniversarios y días festivos. Después cuando ella les invitaba a tener un estudio bíblico en su apartamento ellos respondían con entusiasmo. Al hacer esto, no era difícil conseguir que ellos asistieran al templo para cultos de evangelización.

Cuando mi esposa y yo nos mudamos a otra ciudad, nos dimos cuenta que éramos los únicos evangélicos en nuestra comunidad. Al llegarse el tiempo de uno de los días festivos fuimos invitados a uno de los hogares donde se iban a reunir las personas de nuestra comunidad. Al principio no sabíamos qué hacer, pues sabíamos que algunos iban a estar tomando bebidas alcohólicas. Después de orar decidimos ir. Esto nos dio la oportunidad de conocer a muchas personas. Como resultado de esto, después de varios meses, yo gané a uno de mis vecinos para Cristo. Varias de nuestras vecinas le pidieron a mi esposa que comenzara un estudio bíblico en nuestra vecindad. Esto resultó en la conversión de varias señoras. Una de ellas fue abandonada por su esposo. Nosotros la invitamos a ella y a sus dos hijas a que comieran la cena de navidad con nosotros. Ella nunca se olvidó de nuestro interés por ella y sus hijas durante ese período tan difícil en sus vidas.

Mi esposa fue ganada para Cristo durante una fiesta de cumpleaños. La mamá de mi esposa era muy devota a su religión católica, pero les permitió a sus hijos asistir a esta fiesta. Al estar allí, los invitados no sólo jugaron juegos alegres sino que escucharon el testimonio de un jovencito que había aceptado a Cristo. Allí mismo, mi esposa y sus hermanitos recibieron a Cristo en su corazón.

Una iglesia que está ganando a muchos latinoamericanos para Cristo ha adiestrado a los miembros a tener comidas campestres (picnics) a las cuales invitan a personas que no conocen a Cristo. En estas celebraciones ellos no "predican el evangelio" ni tienen "estudios bíblicos." Esto lo harán después. Lo que sí hacen es pasar un rato lo más alegre posible. Esto les da la oportunidad de conocer mejor a vecinos y colegas del trabajo, de escucharles hablar acerca de sus éxitos e inquietudes. A muchos de los invitados les impresiona tanto el ambiente jovial y sano de este grupo que muestran interés en conocer más acerca de la Palabra de Dios.

Cuando estaba de pastor en una iglesia en Panamá una pareja me llamó para venir a conversar conmigo. Al inicio de nuestra conversación, ellos me preguntaron que si cierta pareja que ellos mencionaron era miembro de nuestra iglesia. Cuando les dije que sí, ellos me dijeron: "Nosotros asistimos a una fiesta de cumpleaños en su apartamento y quedamos muy impresionados porque nadie estaba embriagado, nadie estaba maldiciendo y todos estaban deleitándose en una manera muy sana y alegre." Ellos continuaron: "Nosotros queremos que usted nos dé la instrucción que les dio a ellos porque nosotros queremos tener la clase de familia que ellos tienen." Esto me dio una oportunidad magnífica para hablarles de Cristo.

Como podemos ver hay un sin número de oportunidades para cultivar la amistad y preparar el terreno para compartir el mensaje de salvación con nuestros familiares, amigos y vecinos católicos. Estas celebraciones en nuestros hogares pueden llegar a ser el puente que muchas personas necesitan para superar los obstáculos de prejuicio, falta de información y falta de comunicación.

Celebraciones en el templo

Como ya hemos visto, hay muchos eventos que los católicos celebran en el templo. Estas celebraciones no sólo son expresiones de fe sino oportunidades para unificar a la familia. Debido a nuestra comprensión de la Palabra de Dios, hay ciertas prácticas que los evangélicos no podemos celebrar. Por ejemplo, no podemos tener bautismos de infantes porque esto va en contra de lo que enseña la Biblia. Al mismo tiempo es importante que reconozcamos que en las vidas de los nuevos creyentes hay ciertos vacíos debido al hecho de que no hay celebraciones en las iglesias evangélicas para conmemorar algunos de los eventos más significativos en las vidas de las personas. La respuesta, obviamente, no es cambiar nuestras doctrinas sino encontrar maneras de celebrar estos eventos en formas que sean netamente bíblicas pero a la vez relevantes al contexto latinoamericano. Algunos misiólogos han llamado a estas prácticas "equivalentes dinámicos o substitutos funcionales."[9] A continuación mencionaremos algunos equivalentes dinámicos y ceremonias similares con enfoque bíblico.

Celebraciones equivalentes dinámicos

a) Dedicación de infantes en vez de bautismo

Para la pareja católica el bautismo del infante es una ceremonia religiosa y social. Debido a la doctrina del pecado original, los católicos creen que los niños nacen con pecado y que si se mueren antes de ser bautizados irán al limbo. Ellos también creen que tienen la obligación hacia su familia de bautizar al niño y de celebrar este evento. Cuando se convierten las personas al evangelio y luego tienen un niño, a veces sienten un vacío, pues no tienen la oportunidad de hacer algo con significado religioso y de celebrar con su familia.

La dedicación de un niño provee la oportunidad de que la pareja participe en el acto religioso de dar gracias a Dios por el niño que han recibido y de dedicar al niño a Dios. Al celebrarse este tipo de ceremonia en la iglesia se puede usar el pasaje de la presentación de Jesús en el templo. Además se debe enfatizar que no sólo el niño se está dedicando al Señor sino que la pareja también lo está haciendo. Aunque no tenemos la costumbre de tener padrinos en estas dedicaciones, sería provechoso pedir que toda la iglesia se ponga de pie y prometa ante el Señor que vigilará por el bienestar espiritual de ese niño. Además de la celebración en la iglesia se le debe animar a la pareja a que tenga una celebración en su hogar y que invite a los familiares. Entre más dignidad se le dé a la dedicación de niños, más significado tendrá en nuestras iglesias y más satisfacción traerá a los padres.

b) Profesión de fe en vez de confirmación

Cuando los niños católicos reciben el sacramento de la confirmación y participan en la primera comunión, la familia los viste de blanco, celebra el evento y toma fotografías para que esa experiencia nunca se olvide. Cuando los niños hacen profesión de fe en las iglesias evangélicas, en la mayoría de los casos no hay ninguna clase de celebración ni en el templo ni en la casa. ¿Qué hay de malo en que se tenga una celebración en el templo y en la casa conmemorando este evento tan significativo? Este tipo de celebración además de afirmar la decisión que ha hecho el niño puede dar la oportunidad de que haya una celebración en el hogar en el cual los familiares puedan escuchar el mensaje de salvación.

c) Culto memorial en vez del rosario

Para muchos católicos el reunirse para rezar el rosario durante el aniversario de la muerte de un ser querido tiene mucho significado. Sabemos como evangélicos que la Palabra del Dios no aprueba la oración por las almas de los que han muerto. Esto, no obstante, no debe estorbarnos de tener un culto memorial para dar gracias a Dios por la vida de nuestro ser querido y para dedicarnos al Señor a fin de que tengamos la seguridad de ver a nuestro pariente en el cielo. Esta celebración ofrece la oportunidad de presentar el mensaje de salvación y de animar a las personas a que se preparen para encontrarse con Dios.

d) Oración por los enfermos en vez de Santos Oleos

En muchas ocasiones los católicos llaman al sacerdote para oficiar en el sacramento de la Extrema Unción a fin de que la persona enferma esté preparada para la eternidad. Aunque los evangélicos no creemos que un rito religioso pueda preparar a una persona para la eternidad, es beneficioso si tenemos la práctica de orar por los enfermos y de acompañar a la familia durante la hora de sufrimiento y dolor. Si los nuevos creyentes se sienten solos en momentos tales como estos, ellos extrañarán la presencia de una persona que les dé palabras de consuelo.

e) Dedicación de la familia en vez de bendición de la casa

Algunos católicos tienen la costumbre de llamar al sacerdote para que rocíe agua bendita sobre su casa y así "echarle la bendición" a esa residencia. Los evangélicos no creemos que tal rito tenga verdadero significado espiritual. Por el otro lado, sí tendría mucho significado si una familia invitara al pastor y a los miembros de la iglesia a visitar su hogar y orara a Dios dedicando a la familia al Señor y animando a la familia a usar su casa en tal forma que traiga honra y gloria a Dios. La familia puede invitar a sus parientes y vecinos a este evento el cual puede proveer la oportunidad de presentar un testimonio evangélico.

Ceremonias similares con enfoque bíblico

Hay ceremonias que son similares tanto en un contexto católico como evangélico. En estos casos es beneficioso dar un enfoque bíblico a esa ceremonia.

a) Bodas

Aunque la ceremonia sea un tanto similar, la forma en que se celebra, las oraciones que se hacen, los consejos que se dan a la pareja y ambiente espiritual que prevalece puede ser un testimonio para los que no tienen una fe personal en Cristo.

b) Funerales

Los funerales pueden presentar una oportunidad magnífica para presentar el mensaje de salvación. Esto se debe a varios factores. Primero, las palabras de seguridad que reciben los dolientes, por lo general, no se escuchan en las iglesias católicas. Basados en las enseñanzas de Cristo (Juan 5:24) podemos tener la seguridad que su ser querido que ha recibido a Cristo está en la presencia del Señor. También podemos asegurar a los dolientes que un día ellos verán a su ser querido en el cielo. Segundo, el consuelo que reciben los dolientes a través de los himnos, la lectura de la Palabra y la predicación no se ve en las iglesias católicas. Tercero, el cuidado pastoral que dan los ministros evangélicos puede significar mucho tanto para los dolientes creyentes como para los inconversos. Si el pastor toma el tiempo no sólo para oficiar en el templo y en el cementerio sino para ir a la casa de la familia después del funeral, esto causará una impresión muy favorable en las mentes de los que no son creyentes porque ellos no ven esto en su propia iglesia. Es importante notar que el oficiar funerales para las familias que no son creyentes ha resultado en la conversión de muchos.

c) Quinceañeras

En algunos países la celebración de quince años de las jóvenes es un acto muy importante. Al vestirla casi como si fuera una novia en una boda, al tener damas que le acompañan y al tener una recepción la familia está anunciando que esta joven ya esta lista para participar en la sociedad como una mujer adulta. Este tipo de ceremonia en una iglesia evangélica puede tener un significado muy espiritual. Esta puede ser una oportunidad para que la joven consagre su vida al Señor, reciba una Biblia blanca como símbolo de su consagración y celebre en una recepción como símbolo de haber llegado a esta etapa importante en su vida. La forma en que se celebra este evento puede ser un testimonio para los que no conocen a Cristo.

Semana santa

La semana santa es la estación del año en la cual los católicos sienten más fervor religioso que en cualquiera otra temporada del año. Ya hemos descrito las actividades en las cuales ellos participan. Para los evangélicos esta es una de las mejores oportunidades para presentar el mensaje de salvación. Esto se puede hacer mediante la presentación de dramas alusivos a la crucifixión y la resurrección. Muchas iglesias evangélicas se llenan y muchas profesiones se hacen como resultado de estos dramas. También, muchas iglesias evangélicas tienen series de sermones acerca de las siete palabras de Jesús en la cruz predicadas una cada noche durante esa semana o el viernes por la tarde.

Conclusión

Las celebraciones son oportunidades maravillosas para cultivar la amistad de nuestros familiares, amigos y vecinos católicos y abren puertas para la presentación del mensaje de salvación. Estas celebraciones tanto en las casas como en el templo deben ser v.

NOTAS

1. Foy A. Felician, *Cathlolic Almanac* (Huntington: Our Sunday Visitor, 1977), 285.

2. *Epiphany* significa la manifestación de Dios a los gentiles (los sabios de oriente). Vea Williams, *Contemporary Catholic Catechism,* 37.

3. Ibid., 285.

4. Ibid.

5. Ibid., 285-289

6. Ibid., 286

7. Ricardo Ramirez, *Fiesta, Worship and Family* (San Antonio, Texas: Mexican American Cultural Center, 1981), pp. 11, 25.

8. M. Celestine Castro, M. C. M., *Posadas* (San Antonio, Texas: Mexican American Cultural Center, 1981).

9. Vea Ralph D. Winter, *Perspectives On The World Christian Movement* (Pasadena: William Carey Library, 1992), D-177 y Tetsunao Yamamori and Charles Taber, *Christopaganism of Indigenous Christianity?* (Pasadena: William Carey, 1975), 184-91).

LECCIÓN 15

CULTOS RELEVANTES EN UN CONTEXTO LATINO AMERICANO

Introducción

La impresión que reciben los visitantes en un culto de adoración evangélico es importante. El apóstol Pablo manifestó esta inquietud a los corintios al escribirles: "Si, pues, toda la iglesia se reúne en un solo lugar, y todos hablan en lenguas, y entran los indoctos o incrédulos, ¿no dirán que estáis locos?" (1 Corintios. 14:23). El concluye diciendo: "pero hágase todo decentemente y con orden" (v. 40).

Es razonable pensar que cuando una persona católica asiste a un culto evangélico, va a encontrar muchas diferencias. Como ya vimos en una sesión anterior, el culto católico consiste de una liturgia detallada en la cual tanto el sacerdote como la congregación saben qué se va a hacer en cada momento y cuál es su parte. Debido las enseñanzas de la Biblia en cuanto a la adoración nuestras iglesias evangélicas tienen un enfoque congregacional en el culto de adoración. Por esa razón, no estamos sugiriendo aquí que, para evangelizar a los católicos, nuestras iglesias adopten un culto similar al de la iglesia católica. Lo que sí debemos examinar, no obstante, es la forma en que planeamos el culto de adoración y la impresión que reciben los visitantes. Otra forma de decirlo es que debemos planear el culto de adoración teniendo en cuenta al visitante. Con esto presente daremos atención a los factores que contribuyen para que los visitantes mantengan un espíritu de receptividad durante el culto de adoración.[1]

El ambiente en el cual se celebra el culto.

El ambiente en el cual se celebra el culto de adoración contribuye o estorba para que éste sea una experiencia inspiradora.

El ambiente espiritual

El ambiente espiritual en una iglesia evangélica es de suma importancia. Los católicos están acostumbrados a entrar al santuario con mucha reverencia, arrodillarse y pasar tiempo en oración. Para muchos de ellos es difícil acostumbrarse al ambiente que encuentran en muchas iglesias evangélicas que parecen un mercado, más que una iglesia antes que se comience el culto. La gente se está moviendo de un lado a otro, conversando en voz alta unos con otros, riéndose y los niños corren y brincan por todos lados. Reconocemos que no entramos al templo para venerar a los santos y que Dios está en nuestros corazones y no en el edificio. Además reconocemos que el ruido que se escucha es evidencia del compañerismo que están disfrutando los hermanos. Pero, con todo y eso, debemos hacer la pregunta qué hizo Pablo: ¿Qué pensarán los visitantes?

> Este carácter es un poco difícil de describir, pero en términos ordinariamente empleados son "animados", "celebración," "electricidad," y "espíritu de avivamiento." No importa los términos que se usen, cualquiera que ha adorado en muchas congregaciones crecientes estarán de acuerdo que las experiencia de adoración coloca a estas iglesias en una categoría diferente.[2]

La iglesia que tiene planes de alcanzar a muchos católicos con el evangelio debe tener un ambiente de reverencia antes, durante y después del culto. Si la primera impresión que reciben los visitantes es que nuestra iglesia parece un mercado, no van a tener un espíritu receptivo hacia el mensaje del evangelio.[3]

El ambiente físico

Algunas iglesias tienen los recursos para adquirir edificios elegantes con todas las facilidades. Hay muchas iglesias que no pueden hacer esto. Esto no quiere decir, no obstante, que no se pueda hacer nada para mejorar el ambiente en el cual se celebra el culto. Hay un buen número de cosas que se pueden hacer. En algunos casos se puede pintar el santuario. En otros casos se necesita hacer cambios para que haya más luz en el santuario. Tal vez se necesite cambiar el arreglo de las sillas para que las personas puedan entrar y salir más fácilmente. La pregunta que se debe hacer es, ¿qué impresión reciben los visitantes cuando vienen a nuestro templo? A veces los miembros nos acostumbramos a ver puertas o paredes que necesitan pintura, el jardín descuidado y los baños sucios, pero para los visitantes esto es una seña de descuido y falta de reverencia. Es necesario reconocer que muchas iglesias tienen recursos muy limitados, pero, a la vez es interesante notar que en muchos casos las casas de los hermanos son mucho más atractivas que el lugar donde se reúnen para alabar a Dios. Es importante, pues, dar atención al lugar de adoración para que todo lo que hay allí contribuya para que esta sea una gloriosa experiencia tanto para los miembros como para los visitantes.

El propósito del culto

Uno de los factores que ayuda para que el culto de adoración sea una experiencia gloriosa es definir el propósito del culto. Porque hay tantas necesidades espirituales a veces se espera que cada culto de adoración ministre a los miembros de la iglesia y a los visitantes por igual. Esto confunde a los miembros de la iglesia. A veces, cuando traen invitados el pastor predica un sermón de mayordomía y en ocasiones cuando no hay visitantes el pastor predica un hermoso mensaje evangelizador.

Un buen número de iglesias que están alcanzando a los perdidos han decidido que el culto del domingo por la mañana será un culto evangelizador. En algunas culturas el culto de la noche es más apropiado. Lo importante no es la hora sino el hecho de que el pastor y los miembros se han puesto de acuerdo y pueden colaborar para que haya visitantes allí cuando se predica un mensaje evangelizador. Los miembros también sabrán cuando es que pueden esperar sermones doctrinales y otros sermones que contribuyen a la madurez cristiana. Es cierto que cuando hay un culto inspirador todos reciben bendición. Pero también es cierto que cuando se sabe el propósito primordial del culto se podrán concentrar los esfuerzos para que los resultados sean aun más gloriosos.

El trato a los visitantes

Muchas iglesias que están alcanzando a los católicos dan atención a la forma en que tratan a los visitantes. Para los que hemos sido evangélicos por mucho tiempo es algo muy natural que se pida que los visitantes se pongan se pie, den su nombre, y nos den oportunidad para darles la bienvenida y tal vez llenar una tarjeta. A veces cuando nosotros mismos visitamos una iglesia hermana nos complace mucho el poder dar un saludo fraternal. En ciertos estudios que se han hecho, no obstante, se ha descubierto que uno de los temores más grandes que las personas tienen es hablar en público. ¿Qué acontece, pues, cuando vienen personas católicas a nuestros cultos? Les forzamos a enfrentar este temor cuando les pedimos que se pongan de pie y hablen a la congregación. Esto causa que algunos no nos vuelvan a visitar. En ocasiones los visitantes quieren venir a nuestros cultos, observar, y después decidir si se sentirían cómodos allí. Pero si causamos que la atención de toda la congregación sea dirigida a ellos, es muy probable que algunos no regresarán.

Hay tal vez dos propósitos que tenemos en mente cuando pedimos a las personas que se pongan de pie: (1) queremos manifestarles nuestra alegría por que nos están visitando; y (2) queremos tomar su nombre y dirección para visitarles o enviarles una carta. ¿Acaso no podemos hacer esto sin causar pena a nuestros visitantes?

Hay varias formas en que podemos expresar nuestro gozo por su presencia. Una de ellas es simplemente hacer un comentario general dando la bienvenida a todos nuestros visitantes. Algunas iglesias tienen la costumbre de cantar un himno de bienvenida y de saludar tanto a los miembros como a los visitantes sin pedir que los visitantes se pongan de pie o digan algo. Algunas iglesias tienen a personas en la puerta de la iglesia que se dedican a saludar a los visitantes, darles información (p. ej. la clase de escuela dominical), y ayudarles a encontrar un asiento. Algunas iglesias reservan las bancas más cerca a la entrada para los visitantes a fin de que no sientan pena al tener que estar buscando asiento especialmente cuando el culto ya ha comenzado. La forma en que se da la bienvenida a los visitantes en muchos casos varía de una cultura a la otra. La pauta a seguir, no obstante es: los católicos necesitan sentirse cómodos cuando visitan nuestro templo.

Hay varias formas para conseguir información de parte de nuestros visitantes para poder visitarles. Una forma es que los miembros que le han invitado llenen una tarjeta con su nombre y dirección. Otra forma es que haya personas en la puerta del templo para dar la bienvenida y para conseguir esta información. Es importante tener en mente que un buen número de personas que no son evangélicas sienten cierta sospecha cuando se les pide que llenen una tarjeta. Algunos tal vez pensarán que estamos tratando de inscribirles en la membresía o no saben por qué queremos esta información. Será importante, pues, tener sensibilidad hacia estos temores que tienen los visitantes y hacer todo en tal forma que tengan una experiencia positiva y gloriosa para que sientan el deseo de volver a visitarnos.

Los anuncios

Hay varias preguntas que se hacen con mucha frecuencia en torno a los anuncios. Una de estas es, ¿qué tipo de anuncios deben hacerse durante el culto de adoración? Si se está hablando acerca de un culto de adoración diseñado especialmente para ministrar a los visitantes es recomendable que se hagan sólo los anuncios que sean de interés para los visitantes. Estos son los anuncios que son de interés general. Los anuncios que tienen que ver con las organizaciones de la iglesia (p. ej., reunión de maestros de la escuela dominical) deben hacerse en el boletín o en la organización misma. Esto evita que los visitantes estén sentados allí escuchando muchos anuncios que no son de interés para ellos. Otra pregunta es, ¿en qué parte del programa se deben poner los anuncios? En muchos cultos el período de anuncios quebranta el espíritu de adoración. Algunas iglesias dan los anuncios antes que se comience el culto de adoración. Otras iglesias dan los anuncios después del mensaje y de la invitación. Esto se tendrá que decidir de acuerdo con la cultura y las costumbres locales. Se debe tener cuidado, no obstante, que los anuncios no interrumpan el espíritu de adoración que se ha establecido mediante lo que ha acontecido previamente.

La duración del culto

La cantidad de tiempo que dura el culto varía entre una cultura y otra. En algunas culturas si el culto del domingo por la mañana no termina a las doce del día los hermanos están inquietos por salir. En otras culturas los hermanos no sienten prisa de terminar el culto a cierta hora. Hay dos factores, no obstante, que deben tomarse en cuenta.

1. Primero, en muchas ciudades el estilo de vida es tal que las personas se guían por el reloj. Si las personas están acostumbradas a que las actividades se muevan al paso de conejo y el culto se mueve a paso de tortuga, ellas se sentirán aburridas fácilmente.

2. Segundo, los visitantes no están acostumbrados a los cultos que duran mucho tiempo. Aun que no se está sugiriendo aquí que el culto sea de cierta duración, sí se está diciendo que se debe dar atención a la forma en que se utiliza el tiempo.

Hay varias cosas que se pueden hacer para que el culto marche a un paso confortable.

1. Primero, como ya hemos mencionado, limite los anuncios a sólo los que sean de interés general.

2. Segundo, se pueden usar más ujieres para recoger la ofrenda. Si se duplica el número de ujieres se puede reducir el tiempo de la ofrenda a la mitad.

3. Tercero, se puede reducir el tiempo que se toma para que una persona que ha ocupado el púlpito se siente y la otra se levante.

De nuevo, no se está sugiriendo aquí que el culto se haga en una forma apresurada. Lo que sí se quiere decir es que en un culto dinámico todo marcha en una forma organizada para que haya suficiente tiempo para la adoración, el mensaje de la palabra, la invitación, y las otras actividades que son de vital importancia. En otras palabras, un culto dinámico se mueve en una forma inspiradora y segura hacia su punto culminante sin que haya interrupciones en el espíritu de adoración. Las personas sienten que una actividad guía a la otra y que cada una contribuye a la experiencia gloriosa de la adoración.

La música en el culto de adoración

La música desempeña un papel muy importante en el culto de adoración. Es a través de la música que nuestros espíritus son elevados para adorar a Dios. Hay varios factores que hacen posible que la música contribuya en una forma positiva a la experiencia de la adoración.

1. Primero, la cultura influye mucho en torno a la música que se usa en la adoración. Hay himnos que han sido traducidos en muchos idiomas y que han sido de inspiración para muchas personas a través del mundo (p. ej., "Cuan Grande Es El"). Cuando un grupo, no obstante, depende totalmente en los himnos traducidos hay una gran probabilidad que el culto de adoración no sea tan dinámico como pudiera serlo. Por lo general se toma tiempo para que un grupo que ha sido evangelizado como resultado de la obra misionera comience a escribir sus propios himnos y a usar los instrumentos que se emplean en su propia cultura. Aunque se debe tener cuidado que estos himnos y alabanzas estén correctos doctrinalmente, hay una dimensión especial cuando la congregación canta los himnos que reflejan su propia cultura. De cuando en cuando hay debates acerca de los instrumentos que se tocan en el templo. Los hermanos, sin duda, tendrán que emplear su razonamiento para que los instrumentos tocados contribuyan a la adoración y no sean piedra de tropiezo porque están asociados con alguna práctica antibíblica (p. ej., en el África hay ciertos ritmos del tambor que se asocian con la adoración satánica). El estudio del Antiguo Testamento, no obstante, revela que se utilizó una gran variedad de instrumentos para adorar a Dios.

2. Segundo, la participación de la congregación en la música contribuye a la adoración. Aunque es indiscutible que la participación de los hermanos en la música congregacional se

285

contribuye a la adoración, se debe llamar la atención a la participación de los visitantes en esta fase del culto. Si bien los hermanos se deleitan mucho cantando al Señor, muchos de los visitantes no han tenido esta experiencia y se sienten un tanto intimidados cuando la congregación se pone de pie para cantar. Algunas iglesias que están creciendo han dado atención a esto en la preparación del programa de adoración. Por lo general, estas iglesias al planear estos cultos especiales para los visitantes reducen el número de cantos congregacionales. En vez, incluyen más solos y grupos corales. Estas iglesias también imprimen himnos sencillos en el boletín para que los visitantes no tengan que pasar tiempo buscando estos himnos en el himnario y tratando de descifrar cómo se cantan las estrofas. De nuevo, el objetivo es reducir la tensión de parte de los visitantes para que tengan una experiencia positiva y sientan el deseo de volver.

La música desempeña un papel indispensable en la adoración. Cuando la música se contextualiza a la cultura y a las necesidades de las personas es un instrumento aun más útil para la adoración.

La predicación

El punto focal del culto de adoración es la predicación de la Palabra de Dios. Aunque los estilos de predicar son diferentes, hay ciertas cosas que caracterizan la predicación en las iglesias que están creciendo. Algunas de estas características son: (1) la contextualización de los temas del mensaje; (2) el tono redentor con el cual es presentado el mensaje; y (3) el mensaje exalta a Cristo en vez de criticar a los católicos.

La contextualización de los temas del mensaje

Un buen número de los pastores de las iglesias que están alcanzando a los visitantes predican mensajes bíblicos que tienen relevancia para las vidas de las personas. Estos pastores han tomado el tiempo para conocer los problemas, las inquietudes, las aspiraciones de las personas en las comunidades que están tratando de alcanzar con el evangelio. Estos pastores se han hecho las siguientes preguntas: (1) ¿Cuál es la cosmovisión de estas personas? (En otras palabras, ¿qué concepto tienen ellos acerca de un ser supremo, del propósito de la vida, de su propia existencia?; ¿que vacío hay en el alma de estas personas que pueda ser saciado con el evangelio?); (2) ¿Que desafíos enfrentan estas personas es sus vidas diarias en sus hogares, sus vecindades, y en sus empleos para los cuales la palabra de Dios tiene una respuesta?; y (3) ¿Cuáles son las necesidades de estas personas que puedan servir como puente a través de cual pueda ser comunicado el evangelio.

1. La contextualización de los temas del mensaje

En los Evangelios encontramos que Jesús adaptó la presentación del mensaje a las necesidades de sus oyentes (p. ej., Nicodemo, Zaqueo). Los pastores de iglesias que están alcanzando a los católicos tratan de hacer lo mismo. Cuando las personas salen del templo después del culto no sólo sienten que han escuchado un mensaje, sienten que han escuchado un mensaje de Dios para ellos en el mundo done ellos viven. Los pastores de iglesias que están creciendo predican mensajes que tienen relevancia a las vidas de las personas.

2. El tono redentor en el cual es presentado el mensaje

Otra de las características de los mensajes predicados por pastores de iglesias que están alcanzando a los perdidos es que tiene un tono redentor. Hay predicadores que creen que están predicando el evangelio cuando denuncian el pecado y dicen a las personas cuán pecadoras son. Es verdad que la Biblia tiene mucho que decir acerca del pecado, pero eso sólo es parte del mensaje. Romanos 6:23 por ejemplo dice que "la paga del pecado es muerte." Pero si continuamos leyendo nos damos cuenta que "el don de Dios es vida eterna en Cristo Jesús Señor nuestro." Estas son las buenas nuevas que Dios ha hecho provisión para el pecado de la humanidad en Jesucristo y que si le aceptamos tenemos la vida abundante en esta vida (Juan 10:10) y la gloriosa esperanza de la vida eterna. La palabra evangelio en sí significa buenas nuevas.

Los pastores de iglesias que están alcanzando a los visitantes predican las buenas nuevas de salvación. No sólo hablan acerca del pecado. Hablan acerca de la gloriosa verdad que en Jesucristo tenemos la liberación del poder del pecado. El tono redentor del mensaje no sólo dice al ser humano que es pecador sino que puede vencer el pecado. No sólo le muestra su condición sino le enseña cómo puede ser diferente. El mensaje redentor le da una nueva visión al ser humano de lo que puede alcanzar si Cristo está en su corazón. En vez de salir del culto con un sentir de culpa y de derrota por lo que han sido, las personas que escuchan estos mensajes salen del culto con un nuevo optimismo que con la ayuda del Señor sus vidas serán diferentes. El texto "todo lo puedo en Cristo que me fortalece," llega a ser el lema de sus vidas. Los sermones predicados en las iglesias que crecen tienen un tono redentor. Los miembros invitan con gusto a sus amigos porque tienen la seguridad que van a escuchar un mensaje alentador.

3. El mensaje exalta a Cristo en vez de criticar a los católicos

Uno de los errores más grandes que se pueden cometer desde el púlpito es criticar, ridiculizar e interpretar mal las doctrinas y prácticas de la iglesia católica. Algunos hermanos han invitado a sus familiares y amigos a la iglesia y luego han tenido la triste experiencia de que el pastor ha atacado a los católicos en su predicación o ha utilizado ilustraciones que presentan a los católicos como ignorantes, idólatras y corrompidos. Esto ha ahuyentado a los católicos y desanimado a los miembros de la iglesia que estaban tratando de ganarlos para Cristo. Cristo dijo: "Si yo fuere levantado, atraeré a todos a mí mismo" (Juan 12:32). La predicación que exalta a Cristo atrae a los perdidos a El.

La invitación

Para los muchos evangélicos la invitación dada al final del sermón es de gran importancia. Teológicamente la invitación se basa en el hecho de que Jesús invitó a las personas a seguirle. En muchas ocasiones esta invitación fue dada públicamente. Allí se basa la convicción que las personas deben hacer una decisión publica de recibir a Cristo como salvador.

Sin duda en la memoria de muchos evangélicos hay escenas de los momentos de invitación en las campañas del gran evangelista Billy Graham. Es una experiencia inolvidable ver a cientos de personas pasar al frente en un estadio indicando su deseo de recibir a Cristo como su Salvador. Este tipo de invitación continúa siendo utilizado por el Señor en muchos lugares. Hay lugares, no obstante, en los cuales la invitación de pasar al frente en un templo o en un estadio no produce los mismos resultados. Como hemos dicho anteriormente, hay ciertos contextos en los cuales se necesita cultivar la amistad, presentar el mensaje en una forma gradual, dar la oportunidad que las personas respondan al evangelio en sus hogares, y prepararles para que manifiesten en el culto la decisión que han hecho.

Algunas de las iglesias que están creciendo animan a las personas a recibir a Cristo en su corazón pero no les piden que pasen al frente inmediatamente. Una iglesia se estaba reuniendo en un auditorio que no tenía pasillo en el centro. El pastor tuvo que adaptar su método de dar la invitación. Al concluir el mensaje el pastor pide a todas las personas que inclinen su rostro para pasar un momento de reflexión en torno a lo que acaban de escuchar. Luego él pide que los que deseen recibir a Cristo en su corazón levanten su rostro y dirijan su vista hacia él. Cuando las personas hacen esto él pasa un momento breve hablando con ellos acerca de lo que significa recibir a Jesucristo como salvador. Desde el púlpito el hace una oración por ellos. Después de esto él pide que las personas tomen una tarjeta que ha sido incluida en el boletín o que está en el respaldo de la banca frente a ellos. El les pide que llenen esa tarjeta prometiendo que durante esa semana él les va a visitar para hablar en más detalle acerca de la decisión que han hecho. En sus hogares el pastor contesta las preguntas de las personas y les ayuda a comprender el plan de salvación. Después de esto el pastor les alista en la clase para nuevos creyentes. No es hasta el tiempo de su bautismo que las personas se paran frente a la congregación, en este caso para dar su testimonio de salvación. En una comunidad que no ha respondido mucho al evangelio este pastor ha logrado ganar a cientos de personas. El método que él ha utilizado para la invitación ha contribuido en gran manera a este éxito.

No se está diciendo aquí que este es el único método que se debe usar. Este se está utilizando como un ejemplo de la contextualización de la invitación en un lugar específico. Para que se pueda hacer esta contextualización se necesita distinguir entre el principio y el método. El principio es que las personas deben tener la oportunidad de hacer la decisión de recibir a Cristo en su corazón. Esta decisión tiene dimensiones que van más allá de la experiencia individual. La forma en que esto se hace tiene que ver con el método y no con el principio. El pastor que mencionamos arriba cree que durante el bautismo la persona puede dar un testimonio público que ha recibido a Jesucristo. Otros tal vez lo harán de otra forma. Dentro de este principio hay variedad en cuanto a la forma cultural que se utiliza. Cristo, por ejemplo, no dio la invitación mientras el piano estaba tocando y el coro estaba cantando. Esta es una adaptación que se ha hecho en años más recientes. No hay razón por la cual pensemos que este método de dar la invitación es necesariamente más bíblico. Lo importante, pues es que se siga el principio (dar oportunidad que las personas respondan a la voz del Señor) y que se adapte el método (la forma específica de dar la invitación) al contexto local para que el mayor número posible llegue a tener la experiencia gloriosa de recibir a Cristo como su salvador.

Conclusión

El culto de adoración es un factor importante que contribuye al ministerio evangelizador de las iglesias. Para que el culto de adoración sea verdaderamente eficaz se necesita dar atención al ambiente en el cual se celebra el culto; a la definición del propósito del culto; a la forma en que se tratan los visitantes; a la forma en que se hacen los anuncios; a la duración del culto; a la música; y a la predicación. Esto requiere mucha oración, mucha planificación, y mucha dedicación. Cuando las personas salen del templo con la firme convicción que han estado en la presencia del Señor no sólo regresan sino que se animan a invitar a otros para que gocen lo que ellos personalmente han experimentado. El ambiente total del cultor prepara a los invitados a disponerse a entrar en una relacción personal con Cristo.

NOTAS

[1] Para una más extensa discusión sobre este asunto vea, Daniel R. Sánchez, *Iglesia, Crecimiento y Cultura* (Nashville, TN: Convention Press, 1993), pp. 139-42.

[2] Kirk Hadaway, *Church Growth Principles*, (Nashville, TN: Broadman Press, 1991) p. 62.

[3] Anne Ortlund, *Up With Worship* (Glandale, Ca: G/L Publications, 1975).

INSTRUCCIONES PARA EL LÍDER

Existe una variedad de maneras para enseñar este libro. A menudo se necesita flexibilidad a fin de acomodar horarios sobrecargados y numerosas responsabilidades. Lo que importa es permitir suficiente tiempo para que los participantes aprendan y apliquen los conceptos que se presentan en este seminario. Se presentan los siguientes formatos para su consideración.

I.   **Formato de estudio individual**

II. **Formato de seminario**

    Cinco sesiones (hora y media cada una)

    A. **Estudio bíblico – 20 minutos**
    B. **Actividad de grupo – 30 minutos**
    C. **Instrucción práctica – 40 minutos**

III. **Formato para capacitación en la iglesia**

    Diez sesiones (50 minutos cada una)

    A. **Estudio bíblico y actividad de grupo – 25 minutos**
    B. **Instrucción práctica – 25 minutos**

IV. **Formato de combinación de servicio de adoración – capacitación de la iglesia**

    A. **Uso del estudio bíblico como bosquejos para sermones**
    B. **Uso del formato de la capacitación de la iglesia para el resto del material**

V.   **Formato para retiro**

    Siete sesiones (dos horas el viernes por la noche; cinco horas el sábado)

    A. **Actividad de grupo – 20 minutos**
    B. **Instrucción práctica – 40 minutos**

BIBLIOGRAFÍA

Walter Abbot, S.J., *Documents of Vatican !I*, ed., (New York, Guild Press 1966).

Stephen Benko, *Los Evangélicos, Los Católicos y La Virgen María,* (El Paso, Texas: Casa Bautista de Publicaciones, 1981).

Jose Borrás, "Catholicism Today And Our Mission Task", *Baptist Witness In Catholic Europe*, (Rome, Baptist Publishing House, 1973).

Foy A. Felician, *Catholic* Almanac, (Indiana: Sundav Visitor, 1977)

Domingo Fernández, *Superstición Africana en América* (Miami: Logoi, 1973).

Austin Flannery, O.P., Vatican *Council II,* (New York, Costello Publishing Company, 1975).

John H. Hardon, *The Catholic Catechism,* (New York: Duobleday, 1981).

C. Brownlow Hastings, *A Baptist View of Changes In Roman Catholicism*, (Atlanta: Home Mission Board)

Holy Bible, Saint Joseph Edition of, Douy, (New York: Catholic Book Publishings, 1963)

Francisco de la Mesa, *El Guadalupanismo Mexicano,* (México: Porrea y Obregón, S. A., 1953).

Rt. Rev. Msgr. Michael A. McGuire, *Baltimore Catechism* No. 1, (New York: Ben zinger Brothers, 1942)

Ralph Michael, Share *The New Life With A Catholic*, (Chicago; Moody, 1975)

Giovanni Miegge, *La Virgen María*, (Buenos Aires: Methopress, 1964).

John Allen Moore, "Catholicism Today And Our Mission Task", *Baptist Witness In Catholic Europe,* (Rome: Baptist Publishing House)

Wilton M. Nelson, *Protestantism in Central America*, (Grand Rapids: William B. Eerdmans, 1983).

Alcides Conejeiro Peres, *O Catolicismo Romano A Través dos Tempos* (Rio de Janeiro: Editorial JUERP, 1995).

J. A. Phillips, *Análisis del Romanismo*, (El Paso, Texas: Casa Bautista de Publicaciones, 1956).

Ricardo Ramírez, *Fiesta, Worship and Family*, (San Antonio, Texas: Mexican American Cultural Center, 1981).

Adolfo Robleto, *Un vistazo a la Doctrina Romana*, (El Paso, Texas: Casa Bautista de Publicaciones, 1984).

Philip J. Scharper, *Meet The American Catholic*, (Broadman Press, 1969)

Paul G. Schrotenboer, *Roman Catholicism: A Contemporary Evangelical Perspective*, (Grand Rapids: Baker Book House, 1987).

Paul R. Van Gorder, *La Verdadera Iglesia*, (Tarrasa, España: Clase Bíblica Radial, 1970).

Gerald Williams, *The Contemporary Catholic Catechism*, (Illinois: FARE, Inc., 1973).

31070503R00175

Made in the USA
San Bernardino, CA
01 March 2016